工业数字化发展的
理论与实践研究

陈爽英　雷　波　冯海红　著

本书是国家自然基金项目（项目号：72072020；71672020）、四川省科技计划软科学项目（项目号：2023JDR0164）、中央高校基本科研业务费项目的研究成果

科学出版社

北　京

内 容 简 介

2015 年,"中国制造 2025""互联网+"等系列政策出台,为我国工业数字化发展按下快捷键。本书以我国工业数字化发展和四川省支柱产业数字化为背景,基于创新理论、协同理论、TOE 理论和创新驱动理论,融合宏观理论与区域行业实践,探索工业数字化的影响因素,研究工业数字化的转型方向及转型路径。在理论分析与实践调研基础上,研究不同区域、不同阶段的工业数字化路径及其动态演变;同时,结合重点产业和典型企业的数字化案例,重点分析工业数字化转型的瓶颈、方向、重点、难点和路径。本书一方面拓展了产业数字化转型理论,另一方面为制造业数字化转型实践提供有益的实践启示,并为政府制定数字化政策提供富有建设性的决策参考。

本书既适合高等院校经济管理专业的师生阅读,也适合从事数字经济或数字化管理的工作者参考。

图书在版编目(CIP)数据

工业数字化发展的理论与实践研究/陈爽英,雷波,冯海红著.
—北京:科学出版社,2023.5
　　ISBN 978-7-03-074655-9

　　Ⅰ.①工…　Ⅱ.①陈…②雷…③冯…　Ⅲ.①工业企业管理-
数字化-研究-中国　Ⅳ.①F425

中国版本图书馆 CIP 数据核字(2023)第 013452 号

责任编辑:陶　璇/责任校对:贾娜娜
责任印制:张　伟/封面设计:有道设计

科学出版社出版
北京东黄城根北街 16 号
邮政编码:100717
http://www.sciencep.com

北京中科印刷有限公司 印刷
科学出版社发行　各地新华书店经销

*

2023 年 5 月第 一 版　开本:720×1000　1/16
2024 年 1 月第二次印刷　印张:13 1/2
字数:268 000

定价:138.00 元
(如有印装质量问题,我社负责调换)

目　　录

第一篇　宏观理论篇

第二篇 区域行业实践篇

第一篇　宏观理论篇

第一篇是宏观理论篇，涵盖第1章到第4章，从工业数字化的内涵和理论基础，工业数字化驱动因素与路径选择，区域间工业数字化路径差异及路径演变着手，运用组态视角和演化视角，旨在厘清工业数字化发展的动力机制、实现路径和长期演进动力轨迹，为我国工业数字化发展提供理论依据和重要建议。具体内容为：在系统的文献回顾基础上，梳理工业数字化的理论成果；从技术、组织、环境协同联动视角系统分析工业数字化的驱动因素，厘清工业数字化发展的内在动力和发展路径；从区域资源禀赋出发，系统分析发达地区和欠发达地区工业数字化驱动路径及其异同，揭示不同资源基础下区域工业数字化的路径差异；从技术创新和制度创新协同视角，深入分析工业数字化演进过程、阶段性特征、动力演进机理。本篇通过理论分析和实证研究，深刻揭示工业数字化的驱动因素、驱动路径和演变机理，为相关政府部门提供理论依据和决策参考，也为第二篇区域行业实践篇剖析典型行业案例、总结经验、提出对策建议提供指导和启示。

第1章 工业数字化的内涵与理论基础

1.1 产业数字化

1.1.1 产业数字化的由来

新一代信息技术的发展催生了产业革命,在我国面临如何实现经济高质量发展的背景下,数字化转型为传统产业转型升级提供机遇。2015 年第二届世界互联网大会的开幕式上,习近平总书记首次提出推进"数字中国"建设[1]。2016 年 G20 杭州峰会上,国家主席习近平明确提出把握数字经济的历史性机遇,提升世界经济中长期增长潜力[2]。在数字经济实践中,一般认为数字经济包括数字产业化和产业数字化。2018 年习近平总书记在全国网络安全和信息化工作会议上再次强调,加快制造业、农业、服务业数字化、网络化、智能化[3]。推动产业数字化和数字产业化的发展,实现数字中国建设。之后,习近平总书记多次提到,推进数字产业化和产业数字化,推动数字经济和实体经济深度融合,打造具有国际竞争力的数字产业集群[4]。2021 年《中华人民共和国国民经济和社会发展第十四个五年规划和 2035 年远景目标纲要》中,"加快数字化发展,建设数字中国"独占一篇,为我国产业数字化谋篇布局。

当前,世界上很多国家纷纷推出产业数字化战略。早在 2009 年,英国政府就推出了"数字英国"战略,旨在通过 ICT(information and communication technology,信息和通信技术)实现数字化提高企业效率,将 ICT 的发展视为应对金融和经济危机的关键。而后,又陆续发布《数字经济战略(2015—2018)》《英国数字化战略》(UK Digital Strategy)等,加快数字化转型。在 2013 年的汉诺威工业博览会上,德国政府正式推出"工业 4.0"战略,目的是提高德国工业的竞争力,推动智能制造发展。截至 2015 年,约 80%的 OECD(Organization for Economic Co-operation and Development,经济合作与发展组织)成员国家都制定了国家数字经济战略或者部门政策。日本政府于 2009 年 7 月推出《2015 年 i-Japan 战略》,旨在利用数字技术建立数字化社会,提高产业竞争力和国家竞争力。此后,从 2013 年开始日本政府每年都制定《科学技术创新综合战略》，加快高端制造业发展。2011 年 5 月，澳大利亚政府也启动了国家数字经济战略（National Digital Economy Strategy，NDES）。20 世纪 90 年代，美国便启动《国家信息基础设施行动计划》，打造信息高速公路，为国家数字化战略提供技术支持。2020 年，美国进一步出台《关键与新兴技术国家战略》，目标是成为关键和新兴技术如通信及网络技术、数据科学及存储、区块链技术等的世界领导者，成为国际数字化领先者。

数字经济时代，数字技术强大的颠覆、渗透和融合能力刺激新产业、新技术、新业态、新模式不断出现，带动传统产业的现代化发展，通过不断的产业升级和战略调整，为中国经济高质量发展带来机遇[5]。当然，产业数字化虽受到美国、德国、日本和中国等多个国家的重视[6]，但对于产业数字化的研究才刚刚兴起。

1.1.2 产业数字化的内涵及特征

中国信息通信研究院指出，数字经济主要包括数字产业化和产业数字化两大部分，产业数字化是数字经济发展的主体。从具体内容上来看，不同国家、不同行业及不同学者对产业数字化也有不同的定义[6]，但其均体现了数字技术与产业融合互动的本质，即以数字技术作为核心手段，融合和赋能传统产业，实现发展模式的根本转型和升级，构建全新的数字经济发展体系，推动经济的高质量发展。

现有研究多着眼于数字技术赋能企业、行业及产业的过程机制。例如，肖旭和戚聿东[7]指出，产业数字化转型的主体现实需要是产业实现高质量发展，客体是数字技术；数字技术的影响涉及产业效率提升、产业跨界融合、重构产业组织的竞争模式、赋能产业升级多个方面。吕铁[8]认为传统产业数字化转型是利用数字技术进行全方位、多角度、全链条的改造过程，通过深化数字技术在生产、运营、管理和营销等诸多环节的应用，实现企业及产业层面的数字化、网络化、智能化发展，不断释放数字技术对经济发展的放大、叠加、倍增作用。李永红和黄瑞[9]更加强调融合的含义，指出数字技术能够带来效率提升，推动新旧动能持续转变，效率的提升会加速数字技术应用于传统行业的进程，促使数字技术与传统产业的融合。肖荣美和霍鹏[10]认为，数字技术能为传统产业赋能、赋智，提高全要素生产率，融合催生新模式、新业态，延长产业价值链，推动产业发展质量、结构升级和产业链的高端跃升。中国科学院科技战略咨询研究院课题组[11]则认为产业数字化主要是围绕业务流程将大数据、云计算、人工智能、物联网等前沿技术与生产业务相结合，打通不同层级与不同行业间的数据壁垒，使产业实现更高效的业务流程、更完善的客户体验、更广阔的价值创造，改变产业原有的商业模式、组织结构、管理模式、决策模式、供应链协同模式、创新模式等，推动垂直产业形态转变为扁平产业形态，从而形成新业态，促进产业协同发展与转型升级。

本书认为，数字技术具有广泛的渗透性和融合性特征，根据"技术—经济"范式共生演进规律，技术、经济和社会三方面合力推动传统产业数字化升级。产业数字化是数字技术与传统产业业务流程融合赋能的过程，随着数字技术不断创新驱动着融合程度的加深，逐渐由单点应用向综合协同和集成演进，从而建成产业协同的数字化生态系统，在技术创新和制度创新的合力下不断推动产业数字化向更高阶段迈进，促进三大传统产业的相互融合，最终形成动态演化的创新发展数字经济体系。

1.2 工业数字化的由来和内涵

1.2.1 工业数字化的由来与发展

随着数字经济成为全球经济增长的核心动力，政府主导的数字化战略，正成为全球新一轮产业竞争的制高点[12]。20 世纪末，美国提出"数字地球"的概念，此后美国政府出台系列政策法规，成为全球数字经济的领跑者。21 世纪以来，日本政府对发展数字经济进行顶层设计，不断推进数字化转型。欧盟 2016 年则提出"欧洲工业数字化"战略，重点促进物联网、人工智能和大数据等数字产业发展。近年来，全球科技和产业竞争更趋激烈，大国战略博弈进一步聚焦制造业，美国《先进制造业领导力战略》、德国《国家工业战略 2030》、日本"社会 5.0"等以重振制造业为核心的发展战略，均以智能制造为主要抓手，力图抢占全球制造业新一轮竞争制高点。相对于发达国家，发展中国家对于数字经济发展战略的布局较晚。中国作为发展中国家的突出代表，近年来先后推出"互联网+""工业互联网""新一代人工智能发展规划"等国家战略，推动工业数字化发展。

工业数字化是工业高质量发展和建立现代化经济体系的主要途径，实质是两化融合的升级和深化。《全面建设小康社会，开创中国特色社会主义事业新局面》指出，坚持以信息化带动工业化，以工业化促进信息化。党的十七大以来，将两化融合作为国家重要战略推动，两化融合相关研究逐渐丰富。两化融合指工业化和信息化融合，即两者相互作用和促进以实现技术效率的过程或过程状态[13]。具体而言，两化融合是指通过调整结构、更新技术、加强管理等手段，实现工业化和信息化相互作用和相互促进，反映两者在经济社会发展过程中互相协调发展的程度[14]。其中，工业化通常被定义为工业或第二产业产值在国民生产总值中比重不断上升的过程，以及工业就业人数在总就业人数中比重不断上升的过程[15]；信息化是通过信息技术的广泛革新和渗透应用来改变生产方式的过程[16]。工业化是信息化的前提和基础，信息化是工业化的延伸和发展，是推动工业化的重要手段，工业化是信息化的社会环境和主要载体[17]。

在过去十余年间的政策引领下，两化融合水平逐渐深化。我国对制约两化融合发展、企业信息技术应用的共性问题和痛点进行研究，通过研制两化融合评估体系、两化融合管理体系、搭建两化融合公共服务平台等系列举措，为工业数字化奠定深厚的基础[18]。随着数字技术及其创新的发展，数字化作为经济发展的重要动力，成为各国抢占制造业制高点的重要战略。中国顺势而为，从中央到地方、从技术到制度、从工业到产业，给予工业数字化全面指导和支持[19]。自2015年以来，中国开展《中国制造2025》、"互联网+"等重点工作，创新驱动工业数字化发展成效显著。具体来看，2016年，我国工业数字化水平达到50.7，突破50中值线，工业数字化发展阶段开始跃升为初步融合发展阶段[20]；2018年后，国家重点推动工业互联网创新发展工程，通过政策引领工业数字化迈入推进融合阶段[20,21]。总体上，2016~2020年，工业数字化以年均2.5%的增速实现稳步增长[21]，且工业数字化占行业增加值比重从16.8%增加到21%[22]，从数量扩张转向质量提升的新阶段。

工业数字化快速发展的同时，我国工业大而不强、全而不优的问题突出，重点体现在创新能力不强，制约着制造强国建设[23]。党的十八大提出实施创新驱动发展战略。此后，《中共中央 国务院关于深化体制机制改革加快实施创新驱动发展战略的若干意见》《国家创新驱动发展战略纲要》等系列政策文件出台，创新驱动内涵逐渐丰富完善，逐渐强调技术创新与制度创新的双轮驱动。从十八届五中全会提出新发展理念，指出新型工业化必须依靠创新驱动，到十九大开启全面建设社会主义现代化国家，走创新驱动的新型工业化道路，建设世界工业强国，均强调了创新的核心动力作用。与此同时，工业数字化作为创新驱动工业强国建设的重点领域，创新也是驱动工业数字化以及工业高质量发展的重要动力。工业数字化作为工业强国的必由之路，创新驱动工业数字化发展已受到国家高度关注。2015年，《中国制造2025》战略规划就提出"创新促进制造业数字化网络化智能化"。而后，自2017年《国务院关于深化"互联网+先进制造业"发展工业互联网的指导意见》发布以来，连续5年的政府工作报告中都指出要遵循工业演进规律和技术创新规律，重点建设工业互联网，以创新驱动工业数字化迈上新台阶。2021年11月，中华人民共和国工业和信息化部（简称工信部）正式发布《"十四五"信息化和工业化深度融合发展规划》，再次强调要通过创新驱动工业数字化深度融合，到2025年全国两化融合发展指数提高到105。

1.2.2　工业数字化的内涵及特征

数字化一词源于计算机专业术语，就是将模拟信息转换为二进制编码 0 和 1 的过程。有学者从技术视角提出数字化是把信号、图像和声音等通过数字来表示的过程[24]。不过，随着研究的不断发展，单纯从技术视角来解释数字化难以清晰阐释数字化内涵。现有研究更多地使用"数字化转型"一词以呈现出数字化的过程及其影响[25]。工业数字化是创新性地将数字技术组合应用到工业行动、过程和发展，赋能工业变革并重构产业结构、行为及运行系统[26]。从微观主体即企业视角看，工业数字化是数字技术推动工业企业生产、运营、管理等系统性重构，实质是从"工业化管理模式"向"数字化管理模式"的变革[27]。Li 等[28]认为数字化转型是通过数字技术促成组织惯例、资源能力、商业流程等转型的过程。Wu 等[29]认为企业数字化转型是应用数字技术的过程，核心在于收集信息、处理数据及应用数字技术辅助决策。从宏观视角，把区域、产业等作为主体，工业数字化是指数字技术持续创新并融入制造技术体系，促进工业生产效率和价值提升的过程[30]。例如，周济[31]、李廉水等[32]及李健旋[30]从创新驱动角度提出，工业数字化是运用创新，促进数字技术融合、赋能工业制造的过程。肖旭和戚聿东[7]及陈晓红等[12]从产业层面提出，数字化转型是数字技术深度融合传统产业，通过融合创新打破产业边界和空间范围，形成新的价值创造和增值的过程。

工业数字化是一个复杂系统的过程：一是围绕传统技术创新，开展数字化转型，横向延伸价值链；二是依托数字技术创新，形成新产品、新模式、新业态，纵向衍生产业链[33]。本书认为，工业数字化是由工业企业通过技术创新融合数字技术，推动业务流程数字化乃至实现综合集成，进而推动产业上下游数字化，使得数字技术与工业产业深度融合，持续创新驱动工业产业升级的过程，并形成一种由创新驱动的新经济形态。工业数字化具有如下特征：①数据驱动。数据成为工业数字化的核心要素之一，不断积累的数据资源成为企业的数字资产。②连接共生。通过数字技术推动企业流程重构，与研发、生产、制造和营销融合，实现各种技术创新及各种方式组合，在与实体经济相互融合共生的过程中创造新的价值。③创新支撑。工业数字化本质就是技术创新积累的结果，通过技术创新的扩散、渗透和融合，推动企业乃至产业数字化转型和互联互通，形成基于创新的产业数字化生态。

1.3　工业数字化与产业数字化关系

产业数字化是数字技术与产业的融合，主要包括工业、农业和服务业三大产业的数字化。我国的产业数字化则要全面推动工业、农业和服务业数字化,即要推动三大产业链的数字化,进而扩散到工业与农业的双向渗透融合、服务业与制造业双向渗透融合,以及三大产业的渗透融合。随着数字技术的扩散渗透,以大数据、云计算为代表的数字技术不断赋能产业价值链各环节,推动传统产业突破传统生产、流通和消费模式,在不同阶段产业数字化赋能升级的产业组织、产业形态和产业价值创造模式随之动态演化(图1-1)。

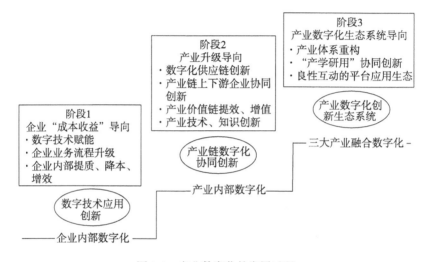

图 1-1　产业数字化的发展过程

从政策举措来看,为促进产业数字化发展,相关政策涉及工业、服务业和农业,且工业领域居首。我国作为工业大国和制造大国,工业产业是我国经济发展的支柱产业,工业数字化成为制造强国的重要途径,而工业数字化具有复杂性和长期性,因此产业数字化的相关政策聚焦于工业领域数字化。我国已经发布大量关于工业互联网和工业数字化的相关政策,如《信息化和工业化深度融合专项行动计划(2013—2018年)》《国务院关于积极推进"互联网+"行动的指导意见》《国务院关于深化"互联网+先进制造业"发展工业互联网的指导意见》和《"十四五"信息化和工业化深度融合发展规划》等。服务业数字化转型是一项复杂的系统工程,既涉及诸如大数据、云计算、人工智能、5G网络等数字技术研发、标准制定、公共平台和新型基础设施建设,也涉及平台经济和共享经济的经营模式等诸多方面[34]。我国对推动服务业数字化转型的政策也在逐步跟进,如《关于支持新业态新模式健康发展 激活消费市场带动扩大就业的意见》。农业数字化相关政策如《数字农业农村发展规划(2020—2025年)》等也相继出台。

从产业数字化规模测算看,相关研究报告也从工业、服务业、农业三个方面对产业数字化进行了测度。例如,赛迪研究院发布的《2020中国数字经济发展指数》认为，产业数字化主要包括工业数字化、农业数字化和服务业数字化三大板块，能够全面衡量产业数字化的融合水平，并用两化融合水平很好衡量工业数字化。据中国信通院发布的《中国数字经济发展白皮书（2020）》数据：2019 年，服务业、工业和农业数字化渗透率分别为 37.8%、19.5% 和 8.2%，服务业一直是产业数字化发展最快的领域，工业数字化转型正加速推进，2019 年工业数字经济增加值占行业增加值比重同比提升 1.2 个百分点，增长幅度正快速逼近服务业，成为产业数字化重要支柱产业，但增长空间仍巨大。到 2020 年，我国产业数字化规模为 31.7 万亿元，农业、工业、服务业数字经济渗透率分别达 8.9%、21.0% 和 40.7%。

综上来看，工业、服务业、农业三大产业的数字化中，工业是国民经济的主体，工业数字化复杂度和难度最大，是未来产业数字化实现更深层次发展的主要支柱，但尚未形成更深层次、更宽领域的工业数字化融合。工业数字化缺乏系统性的整体规划，在关键技术领域缺少创新，缺乏政策、资金、技术支持和配套，这制约着工业数字化融合向更高阶段发展。

1.4　工业数字化研究的理论基础

1.4.1　创新理论

约瑟夫·熊彼特于 1912 年提出创新理论，他强调建立一种新生产函数，把生产要素和生产条件的新组合引进生产体系中去，以实现对生产要素或生产条件的新组合。这种新组合旨在获取超额利润，熊彼特将创新分为五种类型：生产开发一种新的产品；采取新的生产方法或工艺生产过程；开辟一个新的市场；利用或获取新的原材料或半制成品的供给来源；采用一种新的组织方式。后来学者们将其归纳为五个创新，对应为产品创新、技术创新、市场创新、资源配置创新和制度或组织创新。

随着创新理论研究的不断发展，创新理论发展经历了四个阶段：第一阶段，是熊彼特创新理论阶段，这一阶段产生的理论有创新理论、干中学理论、技术进步论等；第二阶段，是创新解构阶段，这一阶段产生的理论有技术扩散论、内生经济增长论等；第三阶段，是创新系统理论阶段，这一阶段产生的理论有产业创新系统论和区域创新系统论等；第四阶段，是创新生态系统理论阶段，这一阶段产生的理论有技术创新进化论、数字创新理论等。该理论从技术与经济相结合的角度，探讨技术创新在经济发展过程中的作用。

数字经济时代，熊彼特创新理论产生了新的内涵。工业经济时代的创新，聚焦于新产品和新技术的研发创新。到了数字经济时代，互联网、大数据、云计算等数字技术颠覆了企业的传统组织形式，分布式制造、网络化创新、模块化开发等成为数字时代创新的典型模式，新业态、新产业、新技术持续涌现。创新不再是对单一的价值链环节进行创新，而是依托数字技术对业务全流程、组织全架构、价值全链条、企业全方位的创新。技术创新不断扩散，尤其是数字技术创新强大溢出效应的加持，使技术能够在更大范围、更深层次上进行融合，企业通过技术创新着手数字化转型，进而带动产业数字化转型，推动产业不断创新演化，并形成工业数字化这种新的经济形态。

1.4.2　协同理论

著名物理学家哈肯于 1971 年提出"协同"的概念，1976 年他系统地论述了协同理论。协同理论主要研究各子系统或各部门之间为实现系统总体演进目标相互支持、相互配合、相互影响、相互协作的共同规律[35]。协同理论主要涉及产业协同理论、协同创新理论及协同演化理论。尽管各个系统千差万别，但在整个环境中，各个系统间存在着相互影响而又相互合作的关系。例如，技术等多个要素的协同演化发展会推动经济的发展。

产业协同是一个多元要素构成的复杂的开放性系统，在产业内部、产业之间或产业集群内部、集群之间相互协调和互相促进，从而实现产业共生演化的过程[36]。当前产业协同创新逐渐引起学者关注，成为协同创新研究的新视角。产业协同创新是指以企业为核心，以产业发展为主导，为了降低研发成本与创新风险，通过跨区域、跨组织等方式加强创新要素集成，从而形成经济规模效应、产业集聚效应与区域辐射效应的产业发展新兴模式[37]。现有文献主要围绕产业内协同[38]和跨产业的协同创新来展开[39]。

Nelson 和 Winter[40]系统阐释演化经济学的思想后，演化经济学的视角成了研究产业创新的重要理论基础。在时间维度上，演化经济学主要涉及技术创新与产业发展的协同演化[41]；在空间维度上，演化经济学更关注产业集聚现象，认为产业集聚是企业自组织的综合体，并将技术创新视为其成长的重要驱动力[42]。在探讨以数字技术为基础的工业数字化融合发展过程中，应当结合协同演化的视角，从技术、经济、制度环境等多个关键要素或主体出发，剖析各个要素或主体间的相互作用[43]。发展以大数据、5G、工业互联网为代表的数字技术，并与工业生产、制造、研发等不断融合发展，以数字技术持续应用创新推动传统工业产业的数字化转型。在数字技术的推动下，工业企业不断进行产品创新、模式创新，逐渐形成更多的新产业、新模式和新业态，不断拓展产业价值创造和价值获取的方式。但在这个过程中，相关的政府政策、组织模式、资金和人才等又会在一定程度上约束工业数字化的发展,从多个要素协同的视角才能更好地解释工业数字化发展。

1.4.3　TOE 理论

Tornatzky 等[44]提出的 TOE(technology-organization-environment)研究框架认为,新技术采纳和应用受到技术、组织和环境三方面条件的共同影响,三者相互联系并相互制约。其中,技术因素通常指技术与组织的关系及技术本来的特点,既涉及现有的技术使用状态与组织匹配的情况(如兼容性、技术成本),也涵盖尚未采纳技术的特征(如有用性、易用性、相对优势);组织因素主要聚焦组织自身的情况,如资源(物质及财务资源)、组织特征(如组织规模、定位、类型、文化)、组织结构(如管理模式、沟通机制)等;环境因素相对于另外两个维度更为新颖,通常包括组织所在的政策制度环境、政府支持、市场结构、行业环境、客户关系、竞争关系等因素。

TOE 框架本质上是一种基于技术应用情境的综合性分析框架[45]。数字经济时代,该理论框架是解释数字技术应用的有力框架,也是研究工业数字化的重要理论。工业数字化的本质在于对数字技术的采纳、应用和扩散,即通过数字技术创新实现数字化。学者运用 TOE 理论框架,综合分析技术、组织和环境三方面因素如何影响各类新兴技术的应用,特别是信息技术、数字技术[46]等。例如,已有研究将 TOE 理论应用于研究地方政府网站建设[45]、网上政务能力[47],以及工业互联网实施[48]等新一代信息技术应用的影响因素。

工业数字化发展的多种影响因素可以归纳为技术、组织和环境三个方面。其中,技术因素涉及技术特征,如技术资源、技术能力等;组织因素涉及组织的特征,如组织规模、组织资源等;环境因素强调组织外部环境的影响,如行业结构、需求压力和制度环境等,会促进或抑制工业企业应用和使用数字技术。

1.4.4　创新驱动理论

以 Solow[49]为代表的新古典增长学派认为,经济增长源于外生的技术进步。而后,更多的研究开始对技术创新与经济增长和发展的正向关系进行理论推导和实证分析[50~53]。但该理论没有解释影响技术进步的因素,否认政府干预的作用,难以有效指导实践[54]。20 世纪 80 年代以来,以 Nelson 和 Winter[40]为代表的新熊彼特理论兴起,该理论认为,技术创新是经济增长的内生决定因素[50],并提出政府在经济中应适当干预[55,56]。虽然其较为全面地指出创新驱动内涵,但由于相关指标难以量化,也没有被学者们广泛接受。Porter[57]是最早提出创新驱动概念的学者,他认为经济发展可以划分为要素驱动、投资驱动、创新驱动和财富驱动四个阶段。其中，创新驱动指创新成为经济发展的主要动力。

与此同时，以 North[58]为代表的新制度经济学派则提出，制度创新会影响技术创新及经济增长，制度创新是经济增长中的决定因素。随着研究深入，技术创新、制度创新从外生变量演变为产业发展及经济增长的内生变量，形成了新古典增长学派、新熊彼特理论派及新制度经济学派等理论学派。相关理论学派为创新驱动发展的相关研究，提供了新的理论视角和指导[59]。部分学者也强调制度在创新驱动产业升级中的突出作用。例如，沈琼和王少朋[60]将创新驱动分为技术创新驱动和制度创新驱动，并通过实证发现，在中部地区技术创新和制度创新对产业升级均有显著促进作用，制度创新在推动产业升级中的作用大于技术创新。赵玉林和谷军健[61]研究发现，加入世界贸易组织以来制造业生产率增长具有阶段性，制度创新中的产权结构变迁和市场化带动生产率年均增长 2%，高于技术创新年均1.72%的贡献，不同行业技术创新和制度创新的作用具有异质性。王希元[62]实证发现市场化、政府创新扶持提高并不冲突，技术市场发育和加强知识产权保护均对创新驱动产业结构升级有显著正向影响。

自党的十八大以来，国内学者也对创新驱动内涵进行了详细论述，普遍认为创新驱动是驱动经济发展的主动力。自创新驱动战略实施后，学者们普遍认为技术创新是促进经济增长[63,64]和发展[65,66]的主导力量。洪银兴[67]指出，创新驱动发展是依靠知识、技术、制度等创新要素的新组合推动的内生增长，实现创新驱动的前提是制度创新，本质是技术创新。随着我国经济转向高质量发展阶段，学者们的相关研究也开始从单一的技术创新，转向创新驱动对经济高质量发展的系统影响[68]。例如，白俊红和王林东[69]构建创新驱动综合评价指标体系后，实证发现不同区域创新驱动对经济增长质量的影响具有差异，对全国和东部地区具有正向促进作用，而对中部地区影响不明显，对西部地区具有负向影响。王海燕和郑秀梅[70]对创新驱动发展内涵进行系统总结，提出创新驱动发展是引入知识、技术等创新要素，系统整合和盘活相关创新资源，促进传统经济优化升级。沈坤荣和曹扬[71]认为创新驱动经济增长质量，既要推动技术创新，更要推动科技成果转化为现实生产力的制度创新，以制度创新促进技术创新。陶长琪和彭永樟[72]发现，在时间维度上，我国创新驱动经济发展效应持续增长，在经济发展的不同阶段有不同的特征；在空间维度上，创新驱动经济增长在东部、中部和西部地区分别为加速效应、收敛效应和分化效应，制度创新对创新驱动至关重要。刘思明等[73]、沈琼和王少朋[60]，以及杨浩昌等[74]认为创新驱动也是一个创新系统驱动，包括技术创新与制度创新。

创新驱动的影响是系统的、长期的，广泛影响经济社会全领域，当前学者发现创新驱动影响主要包括三个方面：①在宏观层面，创新驱动是经济增长和高质量发展的主要动力。②在中观层面，创新驱动是产业升级及产业结构升级的主要动力。产业升级是创新驱动的落脚点，现有理论研究对创新驱动促进产业及产业结构升级基本达成一致的观点[75,76]，并得到大量实证研究支持[77~80]。③在微观层面，创新驱动主要是对企业的影响，既能够促进企业成长，也能提升企业创新绩效和创新能力。例如，Coad 和 Rao[81]实证发现企业创新驱动能显著促进企业成长。邱国栋和马巧慧[82]通过吉利汽车案例研究发现，企业的技术创新与制度创新内生协同耦合，能够产生黏合效应，产生推动企业成长的合力。

本书认为：创新驱动是技术创新和制度创新的协同创新，是驱动工业、产业数字化升级和经济增长的主动力，工业数字化是技术创新和制度创新协同驱动形成的一种创新经济形态。

综上，工业数字化理论体系以技术创新和制度创新为支撑，技术、组织和环境为驱动力，最终实现工业数字化，如图 1-2 所示。在组织持续的数字化投入和良好的制度环境条件下，大数据、工业互联网等数字技术持续创新，并与企业生产、制造、研发等各环节融合，技术和要素主体协同互动成为创新驱动力共同推动工业数字化融合发展，推动工业数字化不断迈向更高阶段。

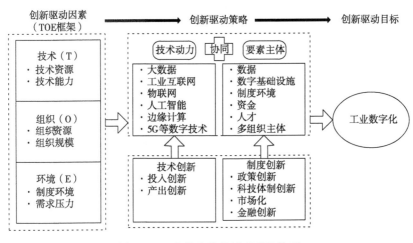

图 1-2　工业数字化的转型理论体系

第 2 章　工业数字化的驱动路径研究

2.1　引言

近年来，数字经济作为经济增长的新动能正在重塑世界经济版图。我国的数字经济在国家战略的决策部署和宏观引导下，不断凸显出战略地位。2020 年，我国数字经济规模达到 39.2 万亿元，占 GDP（gross domestic product，国内生产总值）比重 38.6%，且数字经济增速已连续三年居世界第一，成为全球第二大数字经济体；但与此同时，我国数字经济水平与世界领先国家相比，仍存在较大差距。《2018 全球数字经济发展指数报告》显示，美国和中国的数字经济发展得分分别为 84.24 和 63.05，两国分差较大；且新加坡、英国、荷兰等国的得分与中国接近，呈紧追之势。

工业数字化是中国制造业数字化、网络化、智能化发展的必由之路，是数字经济时代建设制造强国的重要支撑。但作为数字经济重要支柱的工业数字化，在我国发展并不充分：其中，工业数字化增加值仅占行业增加值的 19.5%，而服务业数字化增加值占行业增加值的 37.8%，远远低于服务业数字化水平；另外，我国省际的工业数字化存在显著差异，易引发数字鸿沟，进一步拉大省际经济发展差距[83]。如何有效推动我国工业数字化的高质量发展，切实推行国家数字经济发展战略，其重要性和紧迫性不言而喻。

工业数字化，是互联网、大数据、人工智能等新一代信息技术对传统工业产业的融合与赋能，实现聚合效应和倍增效应[84,85]。工业数字化是复杂且崭新的产业系统工程，需要政府、行业、社会民众的共同参与和相互协作。其中，政府着重提供良好的制度环境；行业着重发展产业技术及其商业化；社会民众着重提升数字素养或数字消费的能力。因此，工业数字化发展过程中，识别多重影响因素及其联合匹配，是国家数字经济发展体系及经济转型增长的关键。考虑到我国各地方的制度环境和资源禀赋存在巨大差异，如何有效识别影响工业数字化的多重因素及其协同效应，并相机选择发展策略，是值得学术界研究的问题。

学术界对工业数字化展开了诸多有益探索，主要遵循"现状与趋势—成因及影响—发展对策"的逻辑主线，进行定性描述分析或个案实践归纳，提出宏观性发展对策或导向性发展模式。另外，尽管有学者构建工业数字化的评估标准和指标体系，并开展定量分析[86,87]，但这些研究未深入分析工业数字化发展差异的原因，不能揭示多重驱动要素之间联动匹配的运行机理。本章基于"技术—组织—环境"的 TOE 理论框架，以中国 31 个省级区域的工业数字化为案例，尝试运用"组态分析"视角的定性比较分析方法（qualitative comparative analysis，QCA），即 QCA 分析方法，研究技术、组织和环境三种条件组合匹配下，工业数字化的多重影响要素和组合驱动路径。本章旨在阐释工业数字化多重条件间的复杂互动本质，以拓展和深化对该问题的解释。

2.2　文献回顾与研究模型

2.2.1　文献回顾

工业数字化是工业领域的数字化转型，即工业制造与数字技术融合发展的过程[88]。其发展主要分为两个阶段：第一阶段，传统信息技术对工业的渗透融合。主要表现为中国提出信息化与工业化协同共进的发展道路，进而学者陆续从信息化与工业化融合模式[89]、机制[90]，以及理论融合路径[13]、融合发展水平测度[14]等方面展开研究。第二阶段，数字技术对工业融合赋能，是第一阶段的升级和深化[91]。随着工业数字化的国家战略相继出台和持续推动，数字技术不断推动两化融合，智能制造成为工业数字化主攻方向[92,93]；学界开始重点研究智能制造水平的测度、影响因素、模式和影响。国家宏观层面，有学者研究发现我国智能制造总体发展水平处于 G20 国家前列，但相比发达国家仍有差距[94]，且我国整体智能制造水平不高，各省和产业间发展不均衡[30,95]。企业微观层面，有学者分析我国企业的智能制造实施模式[93]、智能制造水平的影响因素[96]；以及企业数字化绩效的促进因素[97~99]。

1. 工业数字化的影响因素研究

工业数字化为经济高质量发展的支撑，现有研究运用理论分析或实证研究方法，从企业内部因素及外部因素如政府、市场等对工业数字化的前因进行探讨。

企业内部因素，主要是能促进数字技术在企业中的创新和应用，支撑数字化转型。例如，孟凡生和赵刚[96]发现数字化转型意识、集成互联、协同融合、技术创新能够正向促进企业数字化。李健旋[30]发现技术研发、人力资本是促进工业数字化的主要内部因素。王雪冬等[100]发现，政治关联会影响中小企业政策感知能力和市场感知能力，进而影响企业数字化转型，如政治关联通过与政府建立联系，能够促进企业对政策信息的获取，从各种政策中获取银行贷款、研发补助等资源，增加对数字技术的投资。

企业外部因素，主要包括破解数字化转型困境的外部支持或压力，以及其他外部环境因素。工业数字化是一项长周期的复杂系统工程，在中国新型举国体制情境下，政府和市场等外部因素扮演着重要角色[101,102]。一方面，政府拥有集中领导优势和大量的资源。政府政策[103,104]、科技体制创新[101,105]等政策制度创新，既能为数字创新[102]和数字化转型[100]提供资源支持，也能为工业数字化长期发展提供保障[106]。另一方面，市场是当前中国市场化改革背景下资源配置的主导方式。高市场化水平能够促进数字技术企业间竞争和创新，并加速信息、数据等新生产要素流动，增强数字技术的外溢效应及创新的示范效应[107]，有利于工业数字化转型升级[62]。此外，陈爽英等[108]发现，省际政府竞争压力会激发当地政府促进工业数字化发展的热情。然而，当地方经济增长目标设定过高时，会导致政府过多干预削弱产业市场竞争[30]，从"研发投入—创新产出"端阻碍企业数字化转型[109]。

2. 工业数字化的影响研究

数字化既带来了机会，也带来了挑战。现有研究对数字化的结果进行了充分探讨，发现数字化主要产生积极影响，但也存在潜在的风险[110]。在企业层面，一方面，工业企业数字化转型能够促进效率和绩效提升。具体表现在：工业企业数字化能够推动业务流程优化和重塑，提高企业生产运营效率[111,112]；也能帮助企业及时获取市场信息和用户反馈，降低企业搜索成本，促进产品创新[113,114]；最终拓展价值创造和价值捕获的方式，显著提高企业创新绩效和市场绩效[115,116]。另一方面，工业数字化也可能不利于企业成长。例如，会引发数据安全[117]，导致组织与员工之间的数字距离[118]、提升员工离职倾向[119]，其至难以提升组织绩效等问题[97]。在宏观层面，工业数字化显著促进了区域全要素生产率增长[120]、全球价值链攀升[121]、地区收入的高增长[122]、劳动力就业结构重塑[123]及区域高质量发展[124]等，但也会造成技术性失业等就业问题[125,126]。总体上，大多数研究认为工业数字化有利于企业、产业和区域的发展，并且主张要加快推动工业数字化高增长，厘清工业数字化的作用机制和提升路径。

综上所述，学者运用现象描述或模式归纳，通过定性分析和理论探索对工业数字化进行了有益探索，但其驱动路径有待深入研究。本章将深入分析工业数字化的影响因素，揭示多方要素之间联动匹配的运行机理，以更好地解释工业数字化驱动路径。

2.2.2 研究模型

本章基于 TOE 理论框架，结合中国工业数字化的具体情境，从技术、组织、环境三方面分析驱动工业数字化的条件变量。

第一，技术条件。技术条件强调技术应用的技术资源和技术能力，借鉴已有文献[127]，主要包括数字基础设施、技术创新能力两个二级条件，它们是工业数字化的技术支撑。数字时代，宽带和无线网络，以及对传统物理基础设施的数字化改造，共同构成数字基础设施[85]。此外，技术创新能力是工业数字化的主引擎，能驱动工业数字化快速发展[128]。

第二，组织条件。组织条件强调技术应用的组织能力和组织支持。中国政府是主导工业数字化的核心组织与推动力量，借鉴已有文献[129]，组织条件包括政府重视程度和数字政府建设两个二级条件。政府对数字经济的重视程度，意味着资源的分配与倾斜，以及数字经济政策的推行[130]。此外，数字政府建设是数字经济发展的先导力量，是推动政府高效治理数字经济的重要保障[131]，已成为促进工业数字化的关键组织条件。

第三，环境条件。环境条件强调技术应用的环境压力和环境特征，借鉴已有文献[129]，主要包括同侪竞争压力和居民数字消费需求两个二级条件。工业是地方经济的支柱产业，工业数字化是政府工作的重中之重。在"锦标赛"机制下，竞争对手或邻近区域数字化发展的竞争压力，会使政府分配更多注意力促进本区域数字化发展；同级政府间竞争压力，即同侪竞争压力构成环境条件的重要维度[45]。另外，从需求侧看，居民数字消费引领产业升级，它是促进工业数字化的主要驱动力，推动着数字经济不断发展[131]。

综上所述，本章运用 TOE 理论框架，基于组态分析视角，构建工业数字化各条件变量联动匹配的研究模型（图 2-1）。具体而言，联动匹配的各条件变量分别为：技术条件下的数字基础设施、技术创新能力；组织条件下的政府重视程度、数字政府建设；以及环境条件下的同侪竞争压力和居民数字消费需求。

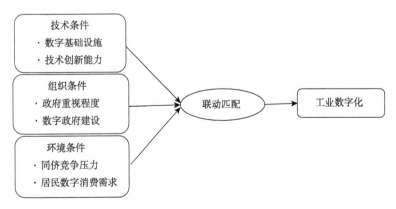

图 2-1　工业数字化各条件变量联动匹配的研究模型

2.3 研究方法与数据

2.3.1 研究方法

工业数字化作为新经济形态,使用传统的定量研究分析方法难以清晰呈现多因素之间的整体效应;使用定性分析方法则存在案例样本少,外部推广度可能较差问题。本章尝试运用 QCA 方法,研究工业数字化的多因素联合驱动机制。QCA 是从整体论视角出发,运用集合分析方法,找出不同条件的匹配模式和结果之间的逻辑关系,即条件组态,并识别条件组态中的核心条件和边缘条件。21 世纪初期以来,由于其独特性和适用性,QCA 在经济管理研究领域受到广泛关注和使用[45,132]。相对于回归分析的定量研究及案例研究的定性分析,QCA 具有以下优势:其一,采用组态视角分析,在具有等效结果下揭示各个前因条件的组合关系。回归分析主要考虑单个变量的"边际净效应",难以深入研究多个要素的协同作用或替代关系的系统效应。QCA 假定多个变量间相互依赖,不同路径能达到"殊途同归"的效果[132],因此,能够全面分析多要素的整合效应,尤其适用于打开驱动路径的"黑箱"。其二,QCA 对因果关系非对称性的假定,能拓展对研究问题的理论解释维度。QCA 放松了线性回归中关于对因果关系的强假设,能够更好地解释案例间的差异性和条件间相互依赖的组态效应[133],有助于研究工业数字化组合驱动路径的要素组合差异,及其具体原因。其三,QCA 结合定量分析和定性分析的优势,并进行跨案例比较分析,识别条件变量对结果变量的作用机制及驱动路径,一定程度上可以确保实证结果的外部推广度。

2.3.2 样本选择和变量测度

1)样本来源与结果变量

本章研究样本为中国 31 个省级行政区域,样本数据时间为 2018 年。结果变量是中国各省级行政区域的工业数字化水平。研究结果变量数据来源于中国电子信息产业发展研究院《2019 中国数字经济发展指数白皮书》,其中的指标数字经济融合指数,反映了数字技术对传统产业融合应用的增加值,主要选取工业数字化水平的相关参数如两化融合和智能制造等。

2)条件变量选择

(1)技术条件

数字基础设施。本章用"人均互联网端口数"测量数字基础设施发展水平[45]。具体而言,使用"各省互联网端口数"与"各省人口数"的比值作为研究变量,数据均来源于《中国统计年鉴 2019》。

技术创新能力。本章采用专利授权数衡量技术创新能力水平[134]。各省 2018 年专利授权数，来源于《中国统计年鉴 2019》。

（2）组织条件

政府重视程度。2016 年 G20 杭州峰会上，国家主席习近平首次提出发展数字经济是中国创新增长的主要路径[2]；随后，我国各级政府陆续出台数字经济发展的相关政策，推动产业转型升级。借鉴张国兴等[135]的计算思路，本章收集 2016 年 G20 杭州峰会后到 2018 年 12 月 31 日期间，各省出台的关于促进工业数字化发展的政策文件数量，来衡量地方政府的重视程度。具体方法如下，在各省级政府门户网站中，以产业数字化、互联网+、大数据、云计算、物联网、工业互联网、人工智能、电子商务、智能制造作为关键词，搜索省级政府发布的有关支持工业数字化的文件、意见或通知，最后汇总以上政策文件数量作为政府重视程度的代理变量。

数字政府建设。数字政府是电子政务的再创新[136]，本章以数字政务省级排名衡量数字政府建设水平，数据来源于腾讯研究院《数字中国指数报告（2019）》的"数字政务指数"排名。

（3）环境条件

同侪竞争压力。本章借鉴锦标赛机制理论[137]，使用本省数字经济排名减去毗邻省份数字经济排名的差值总和，代表各省面临的同侪竞争压力强度，差值总和越大，表明该省数字经济发展面临的压力越大。数值来源于《数字中国指数报告（2019）》中数字中国的省级排名。

居民数字消费需求。本章的居民数字消费需求，以居民信息消费支出作为代理指标。该指标数据来源于《中国统计年鉴 2019》中各省 2018 年居民信息消费需求。

3）校准

进行 QCA 分析时，首先要对研究变量进行校准，校准是指给案例赋予集合隶属的过程，测量案例是否属于某一集合。本章运用直接校准法，分别将各连续变量的 25%、50% 和 75% 分位值作为"完全不隶属"、"交叉点"和"完全隶属"三个锚点的选择。各条件变量的测量指标描述与锚点如表 2-1 所示。

表 2-1　变量的指标描述与校准

变量		指标描述	完全隶属	交叉点	完全不隶属
结果	工业数字化	工业数字化水平	39.00	30.10	25.05
技术条件	数字基础设施	2018 年的人均互联网端口数	0.72	0.58	0.54
	技术创新能力	2018 年各省的专利授权数	84 845.00	45 688.00	14 509.00

变量		指标描述	完全隶属	交叉点	完全不隶属
组织条件	政府重视程度	至2018年底,各省级政府颁布的支持工业数字化发展的政策数量	14.00	10.00	7.50
	数字政府建设	各省数字政务排名	8.52	16.00	23.51
环境条件	同侪竞争压力	各省数字中国排名与毗邻省份排名的差值总和	26.00	4.00	−25.00
	居民数字消费需求	个人信息消费支出汇总	6 990.89	6 292.77	5 327.11

2.4　实证分析

2.4.1　必要条件分析

组态分析之前,需要逐一对单个条件变量是否为结果变量的必要条件进行检验。如果一个条件在某个结果产生时总是出现,则这个条件就是结果存在的必要条件[132]。衡量必要条件的重要指标是一致性,若一致性高于0.9,则需考虑其可能为必要条件。工业数字化高水平发展时,没有任何单一前因条件的一致性高于 0.9,这表明所有前因条件在单独情况下均不能构成工业数字化高水平发展的必要条件。这表明技术、组织和环境条件需要相互联动匹配,才能够共同影响工业数字化。

2.4.2　我国工业数字化的组态驱动路径

为了能比较清晰直观地表明,实证结果中各个条件在组态中的相对重要性,本章采取 Ragin[138]提出的 QCA 分析结果呈现形式,具体如下。用实心圆圈表示条件变量出现,大实心圆圈表示核心条件,小实心圆圈表示边缘条件;空格表示该条件变量无关紧要(后续结果均如此表示)。表2-2呈现了工业数字化高水平发展的四条驱动路径。其中每一纵列代表了一种可能的驱动路径。

表2-2　工业数字化高水平发展的驱动路径

变量		A1 技术主导-组织型	A2 组织主导-技术型	A3 均衡型	A4 技术组织共同主导-环境型
技术条件	数字基础设施	●			
	技术创新能力	●	●	●	●
组织条件	政府重视程度		●		●
	数字政府建设			●	

续表

变量		A1	A2	A3	A4
		技术主导 -组织型	组织主导 -技术型	均衡型	技术组织共同主导 -环境型
环境条件	同侪竞争压力				●
	居民数字消费需求			●	
一致性		0.922	0.933	0.930	0.812
覆盖度		0.560	0.474	0.579	0.193
唯一覆盖度		0.053	0.042	0.034	0.056
解的一致性		0.922			
解的覆盖度		0.771			

注：大实心圆表示核心条件，小实心圆表示边缘条件

　　表 2-2 中呈现了解释工业数字化高水平发展的四条驱动路径，各条件组态的一致性均高于 0.8，表明纳入结果之中的条件组态均符合本章一致性门槛值，这四条路径都是驱动工业数字化高水平发展的充分条件组合。解的一致性为 0.922，即在所有满足这四类条件组态的工业数字化高水平发展的案例中，92%的案例均呈现工业数字化高水平发展。解的覆盖度为 0.771，这意味着，四类条件组态可以解释 77.1%的工业数字化高水平发展案例。在工业数字化高水平发展结果下，组态路径解的一致性和覆盖度都高于临界值，表明本章实证分析有效。

　　驱动路径一：技术主导-组织型。条件组态 A1 表明，在数字基础设施完善且技术创新能力强的省份，如果数字政府建设完善，能取得工业数字化高水平发展。其中，数字基础设施（技术）、技术创新能力（技术）为核心条件，数字政府建设（组织）为边缘条件。该驱动路径由技术的两个核心条件，组织的一个边缘条件联合驱动，故命名为"技术主导-组织型"。该驱动路径能解释约 56%的工业数字化高水平发展的案例，其中 5.3%的案例仅能被该路径解释。

　　驱动路径二：组织主导-技术型。条件组态 A2 表明，在技术创新能力强的省份，省级政府重视程度高，并且数字政府建设完善，就能取得工业数字化高水平发展。其中，政府重视程度（组织）、技术创新能力（技术）是核心条件，数字政府建设（组织）是边缘条件。该驱动路径由组织的两个条件和技术的一个条件构成，因此命名为"组织主导-技术型"。该路径能解释约 47.4%的工业数字化高水平发展的案例，其中 4.2%的案例仅能被该路径解释。

　　驱动路径三：均衡型。条件组态 A3 表明，技术创新能力强、数字政府建设完善，且居民数字消费需求大，就能促进省份工业数字化高水平发展。技术创新能力（技术）、居民数字消费需求（环境）和数字政府建设（组织）均为核心条件，且该驱动路径需要环境、技术、组织的协同并发效应，因此命名为"均衡型"。该

路径能够解释约 57.9% 的案例，其中 3.4% 的案例仅能被该路径解释。

驱动路径四：技术组织共同主导-环境型。条件组态 A4 表明，面临较高同侪竞争压力的省份，若技术创新能力强，且政府重视程度高，就能实现工业数字化高水平发展。其中，技术创新能力（技术）和政府重视程度（组织）为核心条件，同侪竞争压力（环境）为边缘条件。该驱动路径中，实现工业数字化高水平发展需要技术、组织、环境的协同并发，并且技术与组织均为核心条件，因此命名为"技术组织共同主导-环境型"。该路径能够解释 19.3% 的案例，其中 5.6% 的案例仅被该路径所解释。

2.4.3　组态条件间的潜在替代关系

比较工业数字化高水平发展组态条件的四条驱动路径，发现均有技术创新能力这一核心条件，表明技术创新能力对于工业数字化高水平发展是不可或缺的。此外，进一步分析发现，促进工业数字化的技术、组织和环境条件之间存在潜在替代关系。首先，对这四条组态路径比较发现，对于技术创新能力强的省份，数字基础设施（技术）与数字政府建设（组织）的组合，政府重视程度（组织）与数字政府建设（组织）的组合，数字政府建设（组织）与居民数字消费需求（环境）的组合，以及政府重视程度（组织）与同侪竞争压力（环境）的组合之间，可以相互替代，如图 2-2 所示。

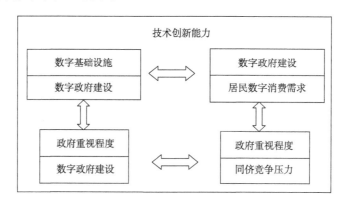

图 2-2　技术-组织-环境条件间的替代关系

此外，对比驱动路径 A1、A2 和 A3 发现，对于高技术创新能力强，并且数字政府建设水平高的省份，数字基础设施、政府重视程度、居民数字消费需求三个条件可以相互替代，以提升工业数字化水平，如图 2-3 所示。另外，对条件组态 A2 和 A4 的比较表明，对于拥有高技术创新能力的省份，若政府重视数字经济发展，不断出台推动数字经济发展的政策，那么数字政府建设可以和同侪竞争压力相互替代，进而实现高水平的工业数字化，如图 2-4 所示。

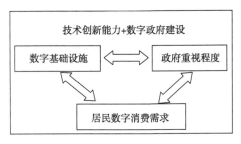

图 2-3　技术、组织和环境之间的替代关系

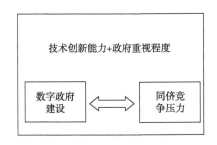

图 2-4　组织和环境之间的替代关系

2.5　研究结论与政策建议

2.5.1　研究结论

本章应用 QCA 方法，基于 TOE 理论框架的多因素影响视角，以中国 31 个省级区域为研究样本，研究中国情境下工业数字化高水平发展的多重影响因素联动形成的驱动路径，揭示了促进工业数字化的等效驱动机制和条件替代关系，本章有助于揭示驱动工业数字化的过程"黑箱"，使研究者厘清数字技术采纳应用背后的复杂机理。本章研究发现如下。

（1）技术、组织、环境条件不能单独构成工业数字化高水平发展的必要条件，工业数字化高水平发展存在四类条件组态构成的驱动路径。具体而言，工业数字化的四条驱动路径分别为：以数字基础设施、技术创新能力和数字政府建设为条件组态的"技术主导–组织型"；以技术创新能力、政府重视程度和数字政府建设为条件组态的"组织主导–技术型"；以技术创新能力、数字政府建设、居民数字消费需求为条件组态的"均衡型"；以技术创新能力、政府重视程度和同侪竞争压力为条件组态的"技术组织共同主导–环境型"。

（2）工业数字化高水平发展的驱动路径中，不可或缺的核心条件不同，并且技术、组织、环境条件之间的替代关系也不一样。具体来看，工业数字化高水平发展驱动路径必需的核心条件是技术创新能力，这表明技术创新能力不强的省份，难以实现工业数字化；且在以技术创新能力为必备核心条件的特定客观禀赋与主观因素条件下，数字基础设施、政府重视程度可以通过等效替代条件或条件组合，促进工业数字化发展。

2.5.2　实践启示

本章的实践启示有以下三方面。

其一，地方政府应基于本地已有的条件禀赋，在"整体视角"下注重多重条件之间的适配。我国工业数字化不平衡不充分的问题依旧突出，数据要素流动不畅、数字经济供需对接不充分、"数据孤岛"难以打通，制约了工业数字化发展，严重影响工业数字化对制造强国建设和经济高质量发展的引擎作用。需要"因地制宜"地推动工业数字化，形成差异化的地方工业数字化发展路径。

其二，各省应结合其区域内"技术–组织–环境"的现实条件，进行与自身实际相符的差异化探索，寻求工业数字化的最佳驱动路径——"协同联动"或是"引领带动"，驱动数字经济高效发展和区域经济高质量增长。

其三，数字政府建设和技术创新能力对工业数字化是必不可少的重要条件。"十四五"时期，新一代技术革命蓄势待发，以5G、云计算、大数据、人工智能为代表的数字技术作为此次变革的核心驱动技术，推动工业数字化，并已成为各国抢占经济制高点的重要手段。因此政府要充分发挥主观能动性、加快数字政府建设、推进数字政务"多服务汇聚，全流程在线"，以方便企业高效获取政务信息、政府数据，带动地方工业数字化；深入推进"简政放权"，凸显服务价值；丰富民众数字生活，优化区域营商环境。同时，各省也要推进技术创新，技术是所有产业发展的基础。技术创新强的区域具有先发制人的优势，尤其是颠覆式创新能够带来新形态产业、新的增长动力和释放新的增长空间。制定与国际接轨的国家创新体制及创新政策能够有效提升国内数字技术研发能力，进而提高工业数字化水平，有利于应对国际激烈竞争、抢抓战略制高点。同时，工业数字化并非采用单一技术路径便能解决的问题，而是涵盖了技术研发、技术赋能、经济模式变革、社会约束、"新基建"和新管理制度的复杂系统工程。

第3章 TOE 视角下发达地区和欠发达地区工业数字化的组态路径研究

3.1 引言

数字经济时代，工业数字化已成为经济高质量发展和可持续增长的主要动力[139,140]。为促进工业数字化，我国政府先后出台"互联网+"、《中国制造 2025》等战略规划[91,94]。当前，我国正处于工业大国转变为工业强国阶段，工业数字化转型尚处于起步阶段[140]。研究报告显示，我国企业约有 40%启动数字化转型，但仅 10%取得阶段性成效①。2021 年 3 月，《中华人民共和国国民经济和社会发展第十四个五年规划和 2035 年远景目标纲要》中，明确提出深入实施"制造强国"战略，建设"数字中国"。工业数字化高水平发展，已成为我国加快发展现代产业体系的重大现实问题；与此同时，探索工业数字化高水平发展的规律，亦成为学界亟须研究的理论问题。

当前，中国区域间工业数字化发展不均衡，且"数字鸿沟"现象比较突出[83,141]。具体而言，经济较发达的东部沿海地区，工业数字化水平较高；经济欠发达的中西部地区，工业数字化水平相对较低。那么，相对于经济发达地区，欠发达地区的经济发展水平落后、技术运用能力较低、工业基础相对薄弱[30,83]，这两类地区工业数字化发展的驱动因素有何差异，以及驱动路径有何异同？近年来，学者们发现工业数字化水平受多方面因素影响，不仅受到企业内部因素，如企业数字化转型意识[140]、技术创新[96]影响；还受企业外部因素，如政策推动[103]、政府引导[139]，以及其他环境因素影响[30,142]。在中国情境下，各省的工业数字化发展，需要同时考虑多主体、多方面因素。

然而，现有工业数字化水平影响因素的研究成果虽丰富，但主要考虑相关因素的单一作用对工业数字化发展的净效应，尚未考虑多个因素的联动影响，不能系统解释各省工业数字化发展的多因素联合机制。因此，本章借鉴现有文献[88]，

---

① 《2019 中国企业数字化转型及数据应用调研报告》发布，https://www.prnasia.com /story/258461-1.shtml.

将工业数字化作为数字技术与工业的融合，实现数字技术为工业赋能的过程。基于此，本章基于新兴技术应用扩散的 TOE 理论框架，以中国 31 个省级区域为案例，运用 QCA 方法，对中国经济发达地区与欠发达地区的工业数字化水平差异性进行解释，打开工业数字化差异化发展的"黑箱"，进一步研究中国发达地区及欠发达地区的工业数字化驱动路径的异同，因地制宜提出推动工业数字发展的策略，以促进区域数字经济高质量发展。

3.2 研究模型

基于第 2 章的文献回顾发现，现有文献通过理论分析、实证研究探索工业数字化发展，但缺乏对工业数字化驱动因素组态路径的研究，也没有深入研究经济发展程度不同的区域其工业数字化组态驱动的异同。由此，本章将基于 TOE 理论框架构建驱动各省工业数字化发展的组态分析模型，揭示多要素之间联动匹配的机理，以解释经济发达地区与欠发达地区组态驱动路径的异同，寻找工业数字化的突破点。

（1）技术条件，基于第 2 章分析，选取数字设施建设、技术创新能力两个二级条件。数字设施建设会显著促进工业数字化[91]，推动制造业产业结构升级[143]。此外，技术创新能力是工业数字化发展的重要保障，也是推动工业与数字技术融合的重要原因[144]。

（2）组织条件，主要包括地方政府支持和企业重视程度两个二级条件。政府和企业是推动数字化转型最主要的主体。政府的引导和支持，如政府采购的直接支持及政策的间接支持等手段会促进数字技术的扩散[139]。此外，企业是经济发展的主体，也是技术应用创新、数字化转型升级的主体[31]。工业企业不断重视应用数字技术进行转型，能够推动数字化水平不断向更深层次、更高阶段演进[140]。

（3）环境条件，主要包括省际竞争压力和工业发展水平两个二级条件。省级政府面对绩效考核必须做出应对，因而地理临近的同级政府间的竞争会影响本地政府注意力和行为[45]。工业数字化是推动数字经济高质量发展的主要支柱，因而，各省政府面临邻近省份工业数字化发展的竞争压力时，会激发当地政府促进工业数字化发展的热情。此外，工业发展水平是数字化转型的基础和重要载体[30]，工业发展基础好的省份能够依靠产业优势，承载工业数字化快速发展。

综上，本章构建联合驱动工业数字化发展的驱动因素模型，如图 3-1 所示。

条件变量

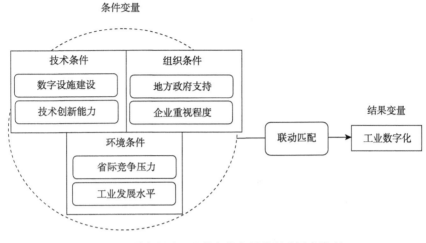

图 3-1　联合驱动工业数字化发展的驱动因素模型

3.3　研究方法与数据

3.3.1　研究方法

1）定性比较分析方法

QCA 方法，通常用于揭示现实中复杂的因果关系。本章采用 QCA 方法主要基于以下三点：其一，QCA 适用于中小样本的研究，能从整体视角对多案例进行分析，保证外部的推广效度，因此非常适合本章的研究[45,47]。其二，QCA 通过组态效应解释因果复杂性，能够帮助本章探索多要素之间的系统效应，并找出促进经济发达地区、欠发达地区的工业数字化发展的多条等效路径。其三，QCA 关于因果关系非对称性假设，即成功与失败的原因是不一样的，能帮助本章探索经济发达地区、欠发达地区工业数字化发展条件的组合差异和原因，深入分析条件间相互依赖的组态效应[132]。

2）经济发达地区与欠发达地区：基于熵值法划分

熵值法广泛运用于经济指标测量[143]，以及区域经济发展水平评价[145]等领域。借鉴现有研究[30]，鉴于数据可获得性和合理性，本章从结构水平、经济效益、经济规模、人民生活和开放水平五个方面，构建各省经济发展的评价指标体系。以上指标数据来源于《中国统计年鉴 2019》。根据熵值法，本章计算出中国各省级区域的经济发展水平综合指数，并划分经济发达地区和经济欠发达地区两类。其中，经济发达地区主要包括浙江、江苏、上海、福建、山东、广东、北京、天津八个省级区域；经济欠发达地区则包括其余的 23 个省级区域。

3.3.2　样本选择和变量测度

本章结果变量与条件变量均是年度指标，时间基准是 2018 年。

1）结果变量

工业数字化。工业数字化包括工业数字化转型的基础建设、单项应用、综合集成、协同与创新水平与能力及集成互联等[96]。根据国家工业信息安全发展研究中心和两化融合服务联盟发布的《中国两化融合发展数据地图（2018）》，工业数字化的测量体现为各省企业数字化、集成互联、智能协同和新模式等关键指标的综合发展指数，即各省两化融合水平值。

2）技术条件

数字设施建设。借鉴已有研究[143]，本章选取各省传统数字基础设施（如互联网普及率、宽带普及率、域名数等）指数和新型数字基础设施（如 5G 试点城市数、IPV6 比例、数据中心数量）指数，运用熵值法进行赋权，将综合评分作为数字设施建设的衡量标准。数据来源于《2019 年中国数字经济发展指数白皮书》。

技术创新能力。本章采用中国区域创新能力综合指标值来衡量各省的技术创新能力，包括创新的实力、效率与潜力。该指标值来自科技部发布的《中国区域创新能力评价报告 2018》。

3）组织条件

地方政府支持。地方政府支持包括政策引导和政府治理，选取各省出台的政策数量和各省网上政务服务能力的得分，运用熵值法进行赋权并计算综合得分，以代理地方政府支持。其中，政策数量方面，本章借鉴现有文献的方法[146]收集截至 2018 年 12 月各省级政府出台的促进工业数字化发展的政策文件。本章以互联网+、物联网、大数据、工业互联网、人工智能、电子商务、智能制造、两化融合、工业化、信息化和数字经济作为关键词，搜索省级政府发布的有关支持工业数字化的文件、意见或通知，汇总以上政策的数量。此外，网上政务服务能力得分，来自 2019 年国务院办公厅电子政务办公室发布的《省级政府和重点城市网上政务服务能力调查评估报告》。

企业重视程度。本章以企业电商化（数字化）购买总额的排名衡量企业重视程度。电商化采购应用会加速企业上云，推动企业内部各环节数字化，因而选择各省企业电商化的购买总额排名来衡量企业重视程度。该数据来源于中国工业和信息化部赛迪研究院、中国国际电子商务中心研究院联合发布的《中国企业电商化采购发展报告（2018）》。

4）环境因素

省际竞争压力。借鉴已有研究[45,147]，本章使用各省毗邻省份的数字经济融合总指数，即产业数字化发展水平平均值作为测量指标，以衡量省际竞争压力。该指数值来源于《2019 年中国数字经济发展指数白皮书》。

工业发展水平。借鉴现有研究[14,142]，本章以各省 2018 年第二产业增加值占 GDP 比重作为工业发展水平的代理指标。该指标值来源于《中国统计年鉴 2019》。

3.4 实证分析

3.4.1 必要条件分析

根据现有研究和案例分布情况，本章将三个锚点设置为上四分位数、下四分位数及上四分位数与下四分位数的平均值[133]，进而将原始变量数据自动转变为 0~1 的模糊隶属度数值，以此进行模糊集定性比较分析，如表 3-1 所示。

表 3-1 变量的指标描述与校准

变量		指标描述	经济欠发达地区			经济发达地区		
			完全隶属	交叉点	完全不隶属	完全隶属	交叉点	完全不隶属
结果变量	工业数字化水平	2018 年各省两化融合指数值	50.425	46.850	44.225	58.450	57.600	56.025
技术条件	数字设施建设	用 2018 年各省传统数字设施指数和新型数字设施指数来综合测算	0.037	0.015	0.007	0.088	0.067	0.048
	技术创新能力	2018 年各省区域创新能力综合效用值	26.515	21.920	19.810	53.658	52.440	32.515
组织条件	地方政府支持	至 2018 年底，各省级政府颁布的支持工业数字化发展的政策数量和 2018 年各省网上政务服务能力的综合得分	0.045	0.031	0.020	0.040	0.032	0.026
	企业重视程度	2018 年各省企业电商化（数字化）购买总额的排名	11.750	20.500	26.250	2.250	4.500	11.750
环境条件	省际竞争压力	2018 年各省毗邻省份产业数字化指数均值	35.414	27.625	25.844	42.045	37.959	35.313
	工业发展水平	2018 年第二产业增加值占 GDP 的比重	44.540	41.525	39.245	44.373	41.830	32.450

此外，根据 QCA 方法，首先要对各条件变量进行必要条件分析，若一致性高于 0.9，则需考虑其可能为结果变量必要条件。本章结果变量为工业数字化高水平时，单一前因条件的一致性均低于 0.9，这表明所有前因条件在单独情况下均不能构成工业数字化较高水平的必要条件，并且表明各单个条件变量解释力弱，需要进行组态匹配才能影响工业数字化高水平发展。

3.4.2　经济欠发达地区工业数字化的组态路径研究

经济欠发达地区工业数字化高水平发展的组态如表 3-2 所示，其一致性均高于 0.9，三种组态都是结果的充分条件，结果呈现方式同第 2 章。

表 3-2　经济欠发达地区与经济发达地区工业数字化驱动路径的组态分析

组合路径		欠发达地区工业数字化高水平发展			发达地区工业数字化高水平发展	
		技术-组织共同主导型	技术主导-均衡型	环境主导-组织型	技术-组织共同主导型	组织主导-环境型
		B1	B2	B3	C1	C2
技术条件	数字设施建设	●	●		●	
	技术创新能力	●	●		●	
组织条件	地方政府支持	●			●	
	企业重视程度	●		●		
环境条件	省际竞争压力			●		●
	工业发展水平		●	●		
一致性		0.931	0.980	0.982	0.830	0.804
覆盖度		0.487	0.455	0.525	0.331	0.415
唯一覆盖度		0.132	0.012	0.089	0.181	0.266
解的一致性		0.934			0.792	
解的覆盖度		0.676			0.597	
覆盖的案例		四川、湖北、河南、安徽、陕西	河南、湖北、陕西、河北	河南、湖北、江西、山西	广东	上海、江苏

注：大实心圆表示核心条件，小实心圆表示边缘条件

技术-组织共同主导型组态（B1）显示，在经济欠发达地区数字设施建设好、技术创新能力强、地方政府支持和企业重视程度高的省份，能取得工业数字化高水平发展。其中，数字设施建设（技术）、地方政府支持（组织）为核心条件，技术创新能力（技术）、企业重视程度（组织）为边缘条件。该组态路径能解释约 48.7% 的工业数字化高水平发展的案例，其中约 13.2% 的案例仅由该路径解释；代表性省份有四川、湖北、河南、安徽、陕西。

技术主导-均衡型组态（B2）显示，在经济欠发达地区数字设施建设和工业发展水平高，并且技术创新能力强和企业重视程度高的省份，能取得工业数字化高水平发展。该驱动路径能解释约 45.5% 的工业数字化高水平发展的案例，其中1.2% 的案例仅由该路径解释；代表性省份有河南、湖北、陕西、河北。

环境主导-组织型组态（B3）显示，在经济欠发达地区工业发展水平高、省际竞争压力较高，且企业重视程度高的省份，能取得工业数字化高水平发展。该驱动路径能解释约 52.5% 的工业数字化高水平发展的案例，其中 8.9% 的案例仅由该路径解释；代表性省份有河南、湖北、江西、山西。

3.4.3　经济发达地区工业数字化的组态路径研究

表 3-2 的结果表明，经济发达地区的工业数字化高水平发展的驱动路径有两条，其一致性均高于经验值 0.8，这表明两条组态路径都是发达地区工业数字化高水平发展的充分条件[133]。

技术-组织共同主导型组态（C1）显示，对于经济发达地区，数字设施建设好、技术创新能力强、地方政府支持且企业重视程度高的省份，能取得工业数字化高水平发展。该组态路径能解释约 33.1% 的工业数字化高水平发展的案例，其中 18.1% 的案例仅由该路径解释；代表性省份有广东。

组织主导-环境型组态（C2）显示，对于经济发达地区，省际竞争压力较大，且企业重视程度高的省份能取得工业数字化高水平发展。该组态路径能解释约 41.5% 的工业数字化高水平发展的案例，其中 26.6% 的案例仅由该路径解释；代表性省级区域有上海、江苏。

3.4.4　欠发达地区和发达地区工业数字化的组态路径比较研究

通过对比条件组态发现，经济欠发达地区和经济发达地区既有相同的通用性组态路径，也有不同的专用性组态路径。此外，两类地区构成工业数字化高水平发展的组态路径条件变量各具特色，具体如表 3-3 所示。

表 3-3　经济欠发达地区与发达地区组态路径对比分析

变量		两类地区工业数字化高水平发展组态路径			
		相同路径	不同路径		
			欠发达地区		发达地区
组合路径		技术-组织共同主导型	技术主导-均衡型	环境主导-组织型	组织主导-环境型
		B1/C1	B2	B3	C2
技术条件	数字设施建设	●	•		
	技术创新能力	●	•		
组织条件	地方政府支持	●			
	企业重视程度	●（欠发达）/●（发达）	●	●	●
环境条件	省际竞争压力			•	●
	工业发展水平		●	●	

注：大实心圆表示核心条件，小实心圆表示边缘条件

1）两类地区共同的通用性组态路径分析

对于经济欠发达地区和发达地区而言，它们均拥有相同的通用性组态路径"技术-组织共同主导型"。这表明无论对于经济欠发达地区还是经济发达地区，工业数字化高水平发展，均会受到数字设施建设、技术创新能力、地方政府支持和企业重视程度这四个条件变量的组合驱动。尤其值得注意的是，数字设施建设（技术）和地方政府支持（组织）均为核心条件变量。

2）两类地区不同的专用性组态路径分析

经济欠发达地区有两条专有组态路径：技术主导–均衡型（B2）和环境主导–组织型（B3）。在这两条路径中均有企业重视程度（组织）和工业发展水平（环境）两个核心条件变量，表明在经济欠发达地区工业发展水平、企业重视程度是极为重要的条件变量。经济发达地区仅有一条专有的组态路径——组织主导–环境型（C2）。在经济发达地区的组态路径 C2 中，企业重视程度、省际竞争压力的组合能够促进发达地区的工业数字化高水平发展。

3）两类地区组态路径潜在替代关系与对比分析

本章发现经济欠发达地区、发达地区各自组态路径内部存在潜在替代关系。

其一，在经济欠发达地区：组态路径 B1 和 B2 间，在数字设施建设、技术创新能力、企业重视程度的组合下，地方政府支持和工业发展水平存在替代关系（图 3-2）。组态 B2 和 B3 间，在企业重视程度、工业发展水平组合下，数字设施建设、技术创新能力的组合与省际竞争压力存在替代关系（图 3-3）。

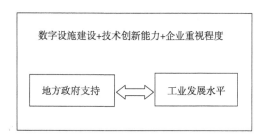

图 3-2　欠发达地区的组织与环境间替代关系

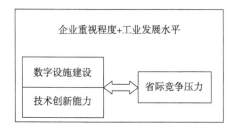

图 3-3　欠发达地区的技术与环境间替代关系

组态 B1 和 B3 间，在企业重视程度高时，数字设施建设、技术创新能力、地方政府支持的组合与工业发展水平、省际竞争压力的组合可以相互替代（图 3-4）。进一步，在组态 B1、B2 和 B3 间，当企业重视程度高时，数字设施建设、技术创新能力、地方政府支持的组合，数字设施建设、技术创新能力和工业发展水平的组合，与工业发展水平和省际竞争压力存在潜在替代关系（图 3-5）。

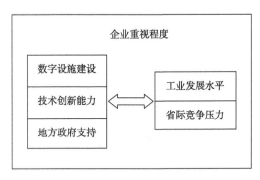

图 3-4　欠发达地区的技术、组织与环境间的替代关系之一

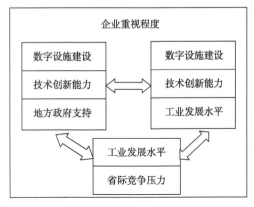

图 3-5　欠发达地区的技术、组织与环境间的替代关系之二

其二，在经济发达地区的组态路径 C1 和 C2 间，当企业重视程度高时，数字设施建设、技术创新能力和地方政府支持的组合与省际竞争压力存在潜在替代关系，这表明省际竞争压力其实也是推动工业数字化高水平发展的重要条件变量（图 3-6）。

进一步，本章通过对比经济欠发达地区和经济发达地区路径发现：企业重视程度在所有组态路径中都出现了，这表明企业自身主动去进行数字化转型是至关重要的条件。此外，对于经济欠发达地区的工业数字化而言，工业发展水平更重要，而对于经济发达地区而言不那么重要。对于经济欠发达地区而言，在数字设

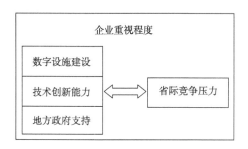

图 3-6 发达地区的技术、组织与环境间替代关系

施建设、技术创新能力与企业重视程度较高的组合下（B1 和 B2），工业发展水平与地方政府支持存在潜在替代关系，这表明经济欠发达地区政府的主观能动性强。

3.5 研究结论与政策建议

3.5.1 研究结论

本章以中国 31 个省级区域作为研究样本，从 TOE 理论出发，运用组态分析和 QCA 方法，研究中国经济发达地区和欠发达地区工业数字化发展水平的多重影响要素和驱动路径。本章研究结论主要有以下三点。其一，技术、组织和环境条件不能单独构成经济发达地区和欠发达地区工业数字化高水平发展的必要条件；经济欠发达地区工业数字化高水平的驱动路径有三条，分别为技术-组织共同主导型、技术主导-均衡型、环境主导-组织型。发达地区工业数字化高水平的驱动路径有两条，分别为技术-组织共同主导型、组织主导-环境型。其二，经济发达地区和欠发达地区工业数字化高水平驱动路径中，既有相同的共用性驱动路径——技术-组织共同主导型，也有完全不同的专用性驱动路径。其三，经济欠发达地区的三条组态路径之间存在潜在替代关系，此外，经济发达地区的两条组态路径也存在潜在替代关系。

3.5.2 政策建议

本章有以下政策启示。政策启示一，无论对于经济发达地区还是欠发达地区，数字设施建设、技术创新能力、地方政府支持和企业重视程度组合构成的技术-组织共同主导型路径都很重要。因此，各省应当加快新型数字基础设施建设，还要利用数字技术，对传统基础设施进行数字化改造升级，以支撑工业数字化快速发展。同时，地方政府要加大数字技术创新、企业上云、上平台的补贴，培育企业的数字技术应用创新能力，可以打造扶持工业领域数字化的标杆企业，推动工业企业数字化转型产业联盟的建立，引导各地企业重视数字化转型，最终实现工业数字化高水平发展。

政策启示二，对于我国经济欠发达地区而言，政府既应促进工业发展水平、也应提升企业重视程度。一方面，在原有的工业发展基础上，政府建立好企业上云、上平台的资金扶持体系和政策保障体系，发挥企业科技创新的主体作用，加快推动现有工业企业数字化转型。另一方面，对于经济欠发达地区且工业发展水平欠佳的省份，政府要开放政务数据，推动数据的开发和产业化应用，使其成为发展数据产业及经济的突破口[141]，走新一代信息技术带动的新型工业化道路，提升工业发展水平和促进数字经济高质量发展。

政策启示三，对于我国经济发达地区而言，政府应助力提升企业家的数字化素养，提高企业的重视程度。经济发达地区工业数字化的两条驱动路径中均有企业重视程度这一核心条件变量，因此，发达地区政府应当健全政策支撑体系，鼓励和支持科研机构、高等院校和互联网平台企业等主体与工业企业合作，为其提供数字技术支撑保障和数字化转型方案，引导工业企业建立数字化转型意识，从顶层设计到全流程地逐步实现数字化转型升级，推动工业数字化高水平、高质量发展。

第4章 创新驱动视角下工业数字化的组态路径及其演变研究

4.1 引言

当前，我国工业数字化基础得到夯实，但发展质量不高、融合层次不深的问题仍较突出，智能化水平低。2020年，近半数企业在研发、生产、销售等环节实现了数字化覆盖，但仅8.6%的企业在进行智能化探索，这主要是由于创新能力不强、核心技术受制于人。有学者指出，要破解工业数字化融合不充分的问题，需依靠创新驱动推动工业数字化建设[23]，通过技术创新和制度创新协同形成合力[148]。一方面，工业企业对技术创新依赖度高，工业数字化是技术创新积累并发展的结果[149]；另一方面，制度创新能打破政策制度障碍，激励企业数字创新和数字化转型，保障工业数字化高质量发展[106]。创新驱动工业数字化高水平发展，是我国从制造大国迈入制造强国的必经路径，也是我国在经济新形势下实现工业稳增长及促进新旧动能转换的重要现实问题；与此同时，探索工业数字化持续高增长的创新动力机制演化规律，也是学界迫切需要研究的理论问题。

工业数字化具有复杂性和系统性，受多方面因素影响[108]。具体来看，学者们从企业内部和外部层面分析了工业数字化的影响因素。例如，企业内部积极因素包括数字化转型意识、技术创新[96,149]等；企业外部因素包括政府政策[96]、金融发展水平[30]、市场化[62]及其他环境因素[108]。近年来，学者们也开始聚焦创新驱动工业数字化的研究[150,151]。基于创新驱动视角，学者们运用定量研究或定性分析，主要从静态视角探讨工业数字化的影响因素与作用机制。定量研究中，一些学者运用回归分析方法，聚焦工业企业层面，得出技术创新是工业数字化的主要驱动因素[96,149]；另一些学者运用统计分析方法，基于工业产业层面，发现制度创新是我国工业数字化融合发展的有效途径[30,152]。此外，也有部分学者运用定性分析，提出技术创新与制度创新协同推动工业数字化[148,153]。

工业数字化具有长期性和艰巨性，学者们开始从理论层面对工业数字化发展水平及政策演进过程进行分析。从工业数字化发展水平看，李君和邱君降[18]分析发现，2009~2019 年两化融合历经初步探索阶段（2009~2013 年）、系统推进阶段（2014~2017 年）、工业数字化初步融合阶段（2016~2017 年）和工业互联网创新发展的深化发展阶段（2018 年至今）。基于政策动力演进视角，何帆和刘红霞[154]将工业数字化政策演进划分为三个阶段：科技政策阶段（2012~2014 年）、产业政策阶段（2015~2016 年）、创新政策阶段（2017 年至今），其中，2015 年与 2017 年是工业数字化政策的关键节点，前者被视为工业数字化元年，后者标志着全面开启数据驱动、创新发展工业数字化阶段。李廉水等[32]按照政策节点，将中国智能制造的历程划分为三个阶段：第一阶段是工业化带动信息化阶段（1958~2006 年）、第二阶段是两化融合阶段（2007~2014 年）、第三阶段是信息化引领工业化阶段（2015 年至今）。然而，目前学者更多从政策这一创新要素的演进探究工业数字化发展过程，缺少对工业数字化融合发展过程中创新驱动的协同要素、组合路径及其演变的研究[26,155]。

综上，工业数字化相关研究还处于起步阶段，还存在几方面不足：第一，现有研究聚焦于技术创新或制度创新的单一因素对工业数字化的影响，工业数字化驱动路径仍是"黑箱"，且尚未考虑技术创新和制度创新的协同效应。第二，虽有少量学者提出技术创新与制度创新协同驱动的理论主张，但未揭示协同要素在工业数字化过程中的互动关联和复杂机理。技术创新和制度创新协同驱动，才能释放更大合力助推工业数字化创新发展。在此过程中，既需要技术创新投入，推动关键业务、环节、部位的数字化，促进企业全方位数字化变革[27]；更离不开技术创新产出，衡量数字技术应用绩效及融合程度，支撑工业企业数字化向综合集成迈进[152]。此外，要实现创新驱动工业数字化发展，政府在数字生态系统中的角色扮演[102]及数字时代下创新政策和科技体制创新等制度创新至关重要[74]。第三，现有研究主要基于静态角度探讨工业数字化的动力机制，部分研究已经提及要展开对中国情境下工业数字化过程的研究，数字技术持续创新演化，需要制度持续创新支撑，也驱动着工业数字化融合迈向更高阶段，但演化动力机制不清晰[155]，且缺乏宏观层面技术、制度创新要素协同驱动工业数字化及其动态演变机理的相关研究。

聚焦于创新驱动工业数字化的路径研究，必须重视技术创新和制度创新的协同效应[74]。第 2 章和第 3 章基于 TOE 理论视角，分别展开对工业数字化驱动因素组态路径的研究，并且深入研究经济发展程度不同的区域，其工业数字化组态驱动的异同，但并没有从创新驱动视角探讨工业数字化发展路径及其演变。由此，本章将根据工业数字化融合发展的不同阶段，提出以下研究问题：第一，技术创新与制度创新各创新要素是否构成工业数字化的必要条件，以及各要素对工业数字化是否存在替代关系。第二，技术创新与制度创新如何有效协同驱动工业数字化高水平融合发展。第三，技术创新与制度创新的协同驱动路径如何演变，以及组合要素如何变迁。

4.2　文献回顾

4.2.1　创新驱动效应的相关研究

当前，鉴于创新驱动的丰富内涵，学者们从研究问题出发，对创新驱动测度进行了诸多有益的探讨，主要是从以技术创新为核心的单一测量转向测度技术创新与制度创新的协同效应。具体地，包括以下两类。

其一，围绕技术创新单一要素，评价创新驱动效应。一些学者仅使用创新能力等单一指标测量创新驱动力[77]。此外，基于创新投入产出的过程视角，从理论指标体系构建上，洪银兴[67]认为既要定量评价创新投入和产出，也要定性评价创新要素集聚、人力资本投资、孵化和研发新技术。部分学者考虑用全要素生产率及其分解[78,156]，也有学者采用创新效率[157]或科技创新全要素生产率[80]来衡量创新驱动。在此基础上，部分学者也考虑创新发展环境的影响，综合多个指标来度量创新驱动能力。例如，周柯和唐娟莉[158]采用熵值法，从创新环境、创新投入、创新产出和创新贡献来反映各省的创新驱动发展能力。白俊红和王林东[69]从创新投入、创新产出和创新环境三方面来测度各省的创新驱动发展能力。由雷和李修全[151]认为创新驱动其内部驱动因素包括创新人才投入、创新机构投入、创新资金投入等；外部驱动因素包括创新产出、创新环境（如创新政策等）。然而，已有研究虽在构建创新驱动能力测度指标体系，但其内核相似度较高，多数局限于创新投入产出的视角[70]，本质上都是技术创新能力的反映。

其二，系统考虑技术创新和制度创新，评价创新驱动效应。解学芳和臧志彭[159]构建了网络产业技术创新和制度创新指数，来考察对产业发展的影响。白俊红和王林东[160]采用因子分析方法，从技术创新、制度创新、产业创新、文化创新四个方面综合测量各省的创新驱动能力。沈琼和王少朋[60]认为创新驱动分为技术创新和制度创新，并进行了简单测度。王希元[62]从市场化、政府创新扶持、技术市场发育、金融市场及知识产权保护方面对制度创新进行探讨。然而，这些研究并未对创新驱动的测度形成系统评价。创新驱动发展中，需要考虑技术创新和制度创新的协同效应。因此，刘思明等[73]构建了技术创新与制度创新协同的创新驱动力测度体系，突破现有学者仅注重技术创新的局限。在刘思明等[73]的研究基础上，杨浩昌等[74]构建了以技术创新和制度创新为核心的区域创新驱动力评价体系。这弥补了以往研究从单一方面进行测度评价的局限，以技术创新和制度创新协同的创新驱动受到学者们的关注。

4.2.2　创新驱动工业数字化的相关研究

1. 技术创新对工业数字化作用研究

技术创新是工业数字化的核心，涉及已有技术的应用创新或新技术的开发[96]。一方面，技术创新是促进数字技术应用的核心动力。企业作为技术创新的主体，数字化转型最先作用于企业的创新活动[161]。例如，学者发现装备数字化是工业数字化的基础和关键[32]，技术创新能够促进数字技术与装备的应用和创新[30]。同时，工业企业设备层、控制层等若想实现综合集成，也需要技术创新来促进数字技术的应用融合[140]。另一方面，数字技术创新促进数字技术创新成果涌现和数字产业的发展。数字产业的高渗透、溢出性特征，会促进不断创新的数字技术向工业深入渗透，进而促进工业数字化的发展[48,162]。不过，这些学者考虑的是技术创新整体对工业数字化的促进作用，少有研究细致分析技术创新促进工业数字化的各个维度。刘军等[152]从基础投入、生产应用、市场效益层面评价区域工业数字化水平。类似地，王和勇和姜观尚[163]也认为，应该考虑从技术创新投入、产出和成果转化三个方面来评价区域工业数字化的创新驱动力。

2. 制度创新对工业数字化作用研究

在中国情境下，制度在工业数字化中的作用越来越受到学术界和实践界的关注。不过，中国特色的制度怎么影响工业数字化，以及如何影响数字化转型路径，这些问题还处于初步探讨阶段[110]。自 2015 年以来，我国工业数字化制度环境不断完善，国务院、工信部和财政部等发布的一系列政策文件对工业数字化具有明显的促进作用[32,164]。唐松等[165]认为能否顺利实施创新驱动战略，关键在于能否激励市场中微观主体的技术创新意愿和能力，发现数字金融能够有力促进企业技术创新。梁琦等[107]实证发现，市场化程度越高越有利于工业数字化发展和创新质量提高。赵宸宇[116]发现知识产权保护对于数字化企业的服务化转型升级非常重要。王和勇和姜观尚[163]实证发现制度环境对中部地区工业数字化具有显著促进作用。

综合现有文献来看，学者们开始关注到制度环境对于工业数字化的重要作用，但是大多从政府政策环境[96,149]、政府支持层面[108]探讨其对工业数字化的促进作用。虽然也有研究开始探讨制度创新在工业数字化中的作用，但也主要从理论层面进行阐述。部分研究也仅关注制度创新的某个因素，如市场化程度、金融市场化水平对工业数字化的影响，缺乏对于制度创新对工业数字化影响的系统研究。

3. 技术创新与制度创新协同对工业数字化作用研究

现有研究主要探讨了技术创新和制度创新对产业升级和经济增长的协同效应。创新驱动工业数字化发展是中国制造的必然之路[31]。然而，少有研究探讨技术创新和制度创新协同对工业数字化的影响。汤临佳等[166]基于创新生态系统视角，从创新能力、服务能力、支持能力和发展能力来评价智能制造的创新系统驱动力，其中创新能力涉及技术创新投入、产出和应用，服务能力包括基础建设、服务质量，支持能力涉及金融基础、政策支持，发展能力涉及系统开放性、人才储备量和系统文化。张森等[148]从理论上提出，创新驱动工业数字化需要技术创新作为动力，制度创新作为保障的协同创新。康瑾和陈凯华[155]认为在工业数字化过程中，数字技术及其应用范式不断创新突破，技术创新与制度创新的协同关系不断增强，工业数字化的创新驱动力量也不断演变。

结合现有文献，在中国特色制度情境下，推进工业数字化发展，要充分发挥政府的积极作用，更需要发挥市场机制的决定性作用。在中国工业数字化进程中，制度不断创新为工业数字化高增长提供了良好的环境。有为政府和有效市场才能激励数字技术不断地进行应用创新和突破，实现持续的工业数字化融合创新。然而，学者们更多关注技术创新和制度创新对产业升级的作用，且相关对工业数字化的影响研究也仅聚焦于技术创新和制度创新的单一因素影响。部分研究提出要通过制度创新和技术创新协同驱动工业数字化，但多停留在理论层面，相关的实证研究仍然缺乏。

4.2.3　研究述评

随着创新驱动战略的深入实施，以及当前工业下行压力的加大，学者们重点关注如何通过数字化转型推动工业增长动能转换，来促进经济高质量发展。现有研究对工业数字化的前因及结果进行了探索，但创新驱动工业数字化的研究尚处于起步阶段。工业数字化作为长期的系统工程，创新作为驱动其发展及演进的主要动力，相关研究仍较为缺乏，值得进一步探讨。

（1）工业数字化本质上是创新驱动形成的新经济形态，从创新驱动的角度出发，有助于厘清工业数字化的动力机制。此外，现有研究更多聚焦于微观层面企业的数字化转型，缺乏从宏观视角探讨区域工业数字化融合发展动力机制的研究。

（2）基于整体视角，创新驱动工业数字化的前因研究较为分散，集中于技术创新或制度创新单个因素对工业数字化的影响，没有系统考虑各个创新要素之间的协同联动效应。虽然部分学者从工业数字化水平评价的角度对技术创新和制度创新进行解构，但是没有从整体考虑，相关研究也并未达成共识。那么，技术创新和制度创新包括哪些维度，以及它们如何有效协同促进工业数字化发展，仍然是值得关注的问题。

（3）基于过程视角，工业数字化融合发展的不同阶段，技术创新和制度创新各要素之间的协同演变，有待进一步研究。工业数字化作为一项长期的复杂系统工程，厘清其演进的动力机制规律具有重要意义。然而，工业数字化过程的相关研究较为缺乏[33,102]。

4.3　研究设计与数据来源

4.3.1　工业数字化阶段划分

根据 2013 年我国发布的国家标准《工业企业信息化和工业化融合评估规范》（GB/T 23020—2013），工业数字化依次可分为四个阶段，即初级阶段（起步建设），中级阶段（单项覆盖），高级阶段（集成提升）和卓越阶段（创新突破）。2016 年，我国工业数字化发展阶段开始跃升为融合发展阶段（图 4-1）[20]。融合发展进程中，2016 年和 2017 年，分别有 47.3%、47.7%的工业企业处于中级阶段（单项覆盖），即 50%以下的企业处于中级阶段，该工业数字化阶段表现为初步融合阶段；2018~2020 年，分别有 50.2%、52.4%、59.7%的工业企业处于中级阶段（单项覆盖），即 50%以上的企业处于中级阶段，该工业数字化阶段表现为推进融合阶段[20,21]。综上所述，按照工业数字化阶段与融合深度的不同，本章将工业数字化融合阶段划分为初步融合阶段（2016~2017 年）和推进融合阶段（2018~2020 年）。

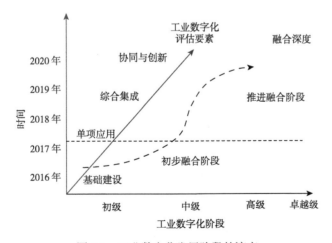

图 4-1　工业数字化发展阶段的演变

（1）初步融合阶段（2016~2017 年）。该阶段下，企业由初级阶段向中级阶段的实现跨越突破，完成"中级阶段"拐点跃升[167]。2016 年 5 月，《国务院关于深化制造业与互联网融合发展的指导意见》发布，提出强化信息技术产业支撑，完善信息安全保障，夯实融合发展基础。该阶段，工信部从政策规划、试点示范、标准引领等方面引导，解决了工业企业数字化融合路径不清、机制不明的问题。该阶段，工业数字化融合重点在于加大数字技术在研发、生产、采购、销售等单项业务环节渗透，为业务系统集成协同运作、业务全流程优化创新打下良好基础。

（2）推进融合阶段（2018~2020 年）。该阶段，工业数字化融合加速迈向中高级阶段，蓄力突破"综合集成"跨越困境[168]。2017 年底，工信部按照《国务院关于深化"互联网+先进制造业"发展工业互联网的指导意见》，通过政策引导、工程实施、试点示范等方式，重点推动工业互联网发展，促进工业数字化发展。该阶段，正加速形成以数据为核心生产力和创新要素的新模式新业态，全面铺开工业全流程、产品全生命周期及全产业链的数字化创新，集成互联、智能协同成为主攻方向，工业数字化迈入更高水平的推进融合阶段。

4.3.2 理论模型构建

本章聚焦当前中国工业数字的初步融合阶段和推进融合阶段，研究技术创新与制度创新如何联动匹配，形成不同的组态路径及路径演变，从而有效推动不同阶段工业数字化的高增长。此外，基于工业数字化及其创新驱动因素的文献研究[30,61,96]，并考虑"有限多样性"及最小公式的简洁性问题[169]，最终将技术创新确定为两个维度，制度创新划分为四个维度。

1. 技术创新与工业数字化

基于过程观，技术创新涉及创新投入和创新产出[32]。创新投入代表技术潜在能力，创新产出代表技术现实能力。创新投入是创新驱动内部因素，创新投入越多，技术潜在能力越高，同时也会产生更多的创新产出[170]；创新产出是创新驱动外部因素，创新产出越多，技术现实能力（生产力）越强[171]，创新成效的增强也会激发更多的创新投入。

创新投入与工业数字化。创新投入是工业数字化融合的前提条件[148]。工业数字化的发展离不开人才、研发经费、机器设备、互联网等创新资源投入[152]。例如，数字基础设施是实施工业数字化的基础，是实现集成互联、数据收集传输、自动化等的必需条件[48]。

创新产出与工业数字化。创新产出是工业数字化融合的重要条件。一方面，工业数字化是数字技术创新产出外溢效应的重要体现[162]。工业数字化依赖软硬件提供的数据加工处理，数字技术的研发成果转化，以及取得的市场回报等[30,152]。

另一方面，良好的创新产出能够提振数字化转型企业的信心，尤其是研发成功率、新产品收益率等[139,166]。

2. 制度创新与工业数字化

基于要素观，参照现有研究和理论分析，本章从市场化[61]、金融创新[172]、创新政策[74]、科技体制创新[73]四个方面衡量制度创新[62]。

市场化与工业数字化。创新驱动工业数字化是创新要素配置、创新技术扩散、创新成果产业化的动态过程，市场化程度越高，其过程演化越依靠市场信号和价格机制驱动，市场化对各环节影响也越大[62]。一方面，市场化会显著促进数字技术创新的溢出效应[173]。良好的市场化制度支撑大数据、云计算等数字技术创新成果产业化，形成良好的数字产业基础，能够为工业数字化提供足够的数字技术资源[162]；另一方面，工业企业的技术创新成果能够取得良好的市场效益，会加速企业的创新投入，促进数字化应用创新[148]。

金融创新与工业数字化。资金是保障工业数字化开展的重要条件。工业数字化是长期工程，需要长期的资金投入[48]。金融创新缓释企业融资约束，提高创新产出转化效率，从而促进工业数字化[30,48]；特别是数字金融创新能显著促进数字技术创新，以及工业数字化[165,174]。

创新政策与工业数字化。创新政策体现政府为了促进创新活动而实施的政策支持[73]。工业数字化政策是国家为了支持工业数字化转型和创新的集中体现[139]。在良好的创新政策环境下，工业数字化转型的风险相对较小，数字化转型动力和意愿得到增强[149]。此外，创新政策也能促进 5G、工业互联网等数字化基础设施的发展[162]。

科技体制创新与工业数字化。科技体制主要是指区域为促进科技发展而进行的制度和环境建设[74]，体现区域的技术创新体系及制度安排[73]。数字技术创新需要科技体制创新营造良好的环境[68]。例如，政府支持科技孵化器等建设，能为数字技术成果转化和企业创新提供优化的孵化环境[63]。此外，知识产权保护制度能够保护数字技术产权成果，增强市场的效率，也是激励工业数字化高增长的重要制度[106,116,148]。

综上，技术创新与制度创新的各要素驱动工业数字化发展。但这些要素如何协同驱动工业数字化发展，有待研究。基于此，本章基于溯因逻辑和组态视角，运用动态 QCA 方法，研究不同阶段工业数字化，技术创新与制度创新的组态要素协同关系及组合路径，并深入分析不同阶段工业数字化的组态路径及其演变。本章的理论研究模型如图 4-2 所示。

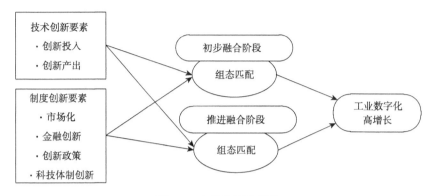

图 4-2　本章的研究模型

4.3.3　变量测量及数据来源

本章研究样本为中国各省级区域，鉴于西藏、云南，以及港澳台数据缺失较多，最终选取 29 个省级区域作为研究样本。鉴于数据可获得性，研究期间为2016~2020 年。

1）结果变量

工业数字化水平。参照已有研究[108]，本章结果变量来源于国家工业信息安全发展研究中心和两化融合服务联盟发布的《中国两化融合发展数据地图（2016~2020）》，各省 2016~2020 年两化融合水平值。该指标对工业数字化的测量，既涵盖了各省大部分的工业数字化企业，更从基础建设、单项应用、综合集成和协同与创新等多方面多指标维度进行全面测算，该指标对工业数字化的测量可信度高。

2）前因变量

借鉴现有研究，根据评价指标系统的科学、合理、完备、客观、独立及数据可获得性等原则，建立技术创新、制度创新的测度体系，分别从创新投入、创新产出、市场化、金融创新、创新政策和科技体制创新六个二级指标出发，选取 26 个三级指标，并运用熵值法得到技术创新、制度创新的要素评估结果。具体评估指标选取如下。

创新投入。工业数字化的创新投入包括人员、研发经费、智能设备和互联网基础投入[32,152]。本章选取 R&D（research and development，科学研究与试验发展）人员全时当量、人均受教育年限、R&D 研发投入强度、R&D 内部经费支出、每百人使用计算机数、每百家企业拥有网站数、互联网普及率及长途光缆长度来测量创新投入。

创新产出。创新产出主要包括知识创新、产品创新、工艺创新等[74]。本章选取人均发明专利数、人均科技论文数量、工业企业有效发明专利数、工业企业新产品开发项目数、工业企业新产品销售收入、工业企业技术改造经费及工业企业劳动生产率来测量创新产出。

市场化。市场化主要从技术成果市场化、工业行业生产市场化等维度来衡量[173]。参照现有研究[61]，本章选取技术市场合同成交额占 GDP 比重、非国有工业企业产值占地区全部工业总产值及非国有企业占比来评价市场化。

金融创新。结合现有文献，本章既考虑传统金融市场化创新，也考虑数字金融创新[165,174,175]，选取金融市场化指数、数字金融普惠指数来测量金融创新。

创新政策。创新政策是通过数字创新扶持政策来营造良好的创新环境的集中体现[74]，能够加快工业数字化转型[96]。本章选取各省截至当年累计的工业数字化政策数量、政府 R&D 支出强度及政府投资带有研发机构的工业企业数来反映创新政策。

科技体制创新。技术研发、成果转化与商业化都需要相应的科技体制创新[73]。本章选取科技企业孵化器数量、众创空间数量及知识产权制度指数来度量科技体制创新。

以上 26 个指标分别来源于《中国科技统计年鉴（2016~2020）》、《中国统计年鉴（2016~2020）》、《中国教育统计年鉴（2016~2020）》、《北京大学数字普惠金融指数（2015~2019）》、《2015 年中国知识产权发展状况报告》、2016~2019 年《中国知识产权发展状况评价报告》、《中国火炬统计年鉴（2015~2019）》和《中国分省份市场化指数报告（2018）》等权威报告和统计年鉴。

4.4　实证分析

4.4.1　必要条件分析

1. 变量计算

根据线性增长 QCA 方法[176]，纳入研究模型的变量计算如下：①在初步融合阶段（2016~2017 年），考虑到滞后效应，各前因变量为 2016 年与 2015 年对应的差值，结果变量为滞后一期工业数字化高增长，即 2017 年与 2016 年工业数字化水平的差值。②在推进融合阶段（2018~2020 年），考虑到滞后效应，各前因变量为 2019 年与 2017 年对应的差值，结果变量为滞后一期工业数字化高增长，即结果变量为 2020 年与 2018 年工业数字化水平的差值。

2. 变量校准

分析条件组态之前，本章采用直接法分别对不同时段的条件变量线性增长值进行校准。参照已有研究[133,177]，本章取各连续变量的 75%、50%和 25%分位值作为"完全隶属"、"交叉点"和"完全不隶属"3 个校准点的选择，各变量校准点如表4-1所示。

表 4-1　不同阶段下各变量的校准点

变量	初步融合阶段（2016~2017 年）			推进融合阶段（2018~2020 年）		
	完全不隶属	交叉点	完全隶属	完全不隶属	交叉点	完全隶属
工业数字化	0.350 0	1.100 0	2.350 0	1.900 0	2.300 0	3.250 0
创新投入	0.002 4	0.002 8	0.004 3	0.003 5	0.006 4	0.009 7
创新产出	0.001 7	0.003 3	0.008 2	0.004 1	0.006 9	0.011 7
市场化	0.000 1	0.000 5	0.000 8	0.000 4	0.002 7	0.004 8
金融创新	0.000 0	0.000 4	0.001 2	0.002 3	0.003 6	0.005 0
创新政策	−0.018 0	−0.009 8	−0.006 6	0.004 8	0.006 4	0.008 5
科技体制创新	0.004 0	0.006 8	0.014 7	0.000 2	0.003 0	0.008 8

3. NCA[①]方法下单一条件的必要性及瓶颈水平分析

1）NCA 方法下单一条件的必要性分析

本章采用 R 软件中的 NCA 包分别检验创新投入、创新产出、市场化、金融创新、创新政策、科技体制创新，对工业数字化高增长的必要性。NCA 分析效应量有两种方法生成上限包络线：①上限回归（ceiling regression，CR）用于连续或离散的前因变量与结果变量，并有 5 个及更多水平；②上限包络（ceiling envelopment，CE）用于二分变量或小于 5 级的离散变量。由于研究变量均为连续性变量，本章选择 NCA 中的上限回归方法进行效应量分析[177,178]。

NCA 方法既能识别单一条件是否为结果的必要条件，也能分析必要条件的效应值（effect size）。效应量 d 在 0~1，大于 0.1 表明必要条件影响越大。通常，如果效应量大于 0.1，且效应量显著则可认为该条件是必要条件[178]。为了对比稳健性，本章在表 4-2 中报告了 CR 和 CE 两种方法得出的效应量结果。

表 4-2　NCA 方法的必要条件分析结果

校准的条件	方法	精确度	初步融合阶段（2016~2017 年）				推进融合阶段（2018~2020 年）			
			上限区域	范围	效应量（d）	P 值	上限区域	范围	效应量（d）	P 值
创新投入	CR	100%	0.000	1	0.000	1.000	0.028	1	0.028	0.056
	CE	100%	0.000	1	0.000	1.000	0.021	1	0.021	0.062

---

① NCA，necessary condition analysis，必要条件分析。

续表

校准的条件	方法	精确度	初步融合阶段（2016~2017 年）				推进融合阶段（2018~2020 年）			
			上限区域	范围	效应量(d)	P 值	上限区域	范围	效应量(d)	P 值
创新产出	CR	100%	0.000	1	0.000	1.000	0.017	1	0.017	0.228
	CE	100%	0.000	1	0.000	1.000	0.029	1	0.029	0.120
市场化	CR	100%	0.000	1	0.000	0.497	0.140	1	0.140	0.009
	CE	100%	0.000	1	0.000	0.497	0.118	1	0.118	0.002
金融创新	CR	100%	0.023	0.99	0.023	0.056	0.012	1	0.012	0152
	CE	100%	0.046	0.99	0.047	0.023	0.017	1	0.017	0.110
创新政策	CR	100%	0.000	1	0.001	0.275	0.000	1	0.000	1.000
	CE	100%	0.001	1	0.001	0.275	0.000	1	0.000	1.000
科技体制创新	CR	100%	0.015	1	0.015	0.045	0.020	1	0.020	0.154
	CE	100%	0.016	1	0.016	0.066	0.023	1	0.023	0.104

注：$0.0 \leqslant d < 0.1$：低水平；$0.1 \leqslant d < 0.3$：中等水平。P 值表示 NCA 中置换检验效应量的显著性（permutation test，重抽次数=10 000）

表 4-2 显示，初步融合阶段中，创新投入、创新产出、市场化、金融创新、创新政策、科技体制创新的效应量都小于 0.1，这表明各条件变量均不是工业数字化高增长的必要条件。在推进融合阶段，只有市场化的效应值大于 0.1 且 P 值为 0.009，即市场化是工业数字化高增长的必要条件。这表明，在推进融合阶段，政府必须通过制度创新充分发挥市场化的作用，才能促进工业数字化高增长。

2）瓶颈水平分析

进一步，本章进行了必要条件组合的瓶颈水平分析，能清晰表明多个必要条件的组合情况[178]，如表 4-3 所示。单要素必要性分析结果只是对技术创新、制度创新单个要素在促进工业数字化高增长的必要性进行阐释。但工业数字化高增长通常受多个创新要素共同影响，即当给定工业数字化高增长水平时，6 个创新要素的组合效果并不清晰。

表 4-3　NCA 方法下必要条件组合分析的瓶颈水平

工业数字化高增长	初步融合阶段（2015~2016 年）						推进融合阶段（2017~2019 年）					
	技术创新		制度创新				技术创新		制度创新			
	创新投入	创新产出	市场化	金融创新	创新政策	科技体制创新	创新投入	创新产出	市场化	金融创新	创新政策	科技体制创新
0	NN	NN	NN	NN	NN	NN	NN	NN	NN	0.0%	NN	NN
10	NN	NN	NN	NN	NN	NN	NN	0.0%	NN	0.3%	NN	NN
20	NN	NN	NN	NN	NN	NN	NN	0.5%	NN	0.5%	NN	NN
30	NN	NN	NN	0.6%	NN	NN	NN	0.9%	0.9%	0.7%	NN	NN

续表

工业数字化高增长	初步融合阶段（2015~2016年）						推进融合阶段（2017~2019年）					
	技术创新		制度创新				技术创新		制度创新			
	创新投入	创新产出	市场化	金融创新	创新政策	科技体制创新	创新投入	创新产出	市场化	金融创新	创新政策	科技体制创新
40	NN	NN	NN	1.3%	NN	NN	NN	1.3%	6.4%	0.9%	NN	0.2%
50	NN	NN	NN	2.1%	NN	NN	1.2%	1.7%	11.8%	1.2%	NN	1.3%
60	NN	NN	NN	2.9%	NN	NN	3.0%	2.1%	17.2%	1.4%	NN	2.3%
70	NN	NN	NN	3.7%	NN	0.8%	4.7%	2.5%	22.7%	1.6%	NN	3.4%
80	NN	NN	NN	4.5%	NN	3.5%	6.4%	2.9%	28.1%	1.8%	NN	4.4%
90	NN	NN	NN	5.3%	NN	6.1%	8.1%	3.3%	33.6%	2.1%	NN	5.5%
100	NN	NN	1.0%	6.1%	6.0%	8.8%	9.8%	3.7%	39.0%	2.3%	NN	6.6%

注：CR方法；NN=不必要；瓶颈水平范围：0~100%

结果表明：①初步融合阶段，工业数字化实现快速增长时（60%~90%），要求金融创新水平从2.9%提升到5.3%，科技体制创新水平从0.8%提升到6.1%，而其他条件则不存在瓶颈水平。②在推进融合阶段，为实现工业数字化增长水平的快速提升（从60%提升到100%），既需要金融创新（从1.4%提高到2.3%）、创新产出（从2.1%提高到3.7%）的平缓式提高，也需要创新投入（从3.0%提高到9.8%）、市场化水平（从17.2%提高到39.0%）的陡然式提高。③综合两个阶段的瓶颈水平分析结果发现，金融创新对于两个阶段高水平的工业数字化高增长均有重要意义；此外，在推进融合阶段，若要达到较高水平的工业数字化高增长，对于创新投入、创新产出、市场化、金融创新、科技体制创新的要求更高，而且对于市场化的要求显著大于其他要素。这表明，随着工业数字化的不断推进，对于单个创新要素或是要素组合的要求不断提高。

4. QCA方法下单一条件的必要性分析

QCA主要用于单个条件的必要性分析，以及条件组态的充分性分析[169]。判断必要条件存在的标准是一致性高于0.9。根据QCA必要条件分析，所有前因变量的一致性均低于0.9，结果与NCA分析方法分析结果基本一致，如表4-4所示。

表4-4　QCA方法下的单一要素的必要性分析

条件变量	工业数字化高增长			
	初步融合阶段（2016~2017年）		推进融合阶段（2018~2020年）	
	一致性	覆盖度	一致性	覆盖度
高创新投入	0.531	0.560	0.709	0.724
低创新投入	0.537	0.515	0.437	0.397

续表

条件变量	工业数字化高增长			
	初步融合阶段（2016~2017 年）		推进融合阶段（2018~2020 年）	
	一致性	覆盖度	一致性	覆盖度
高创新产出	0.632	0.676	0.701	0.660
低创新产出	0.456	0.431	0.427	0.419
高市场化	0.544	0.532	0.638	0.632
低市场化	0.557	0.575	0.417	0.389
高金融创新	0.736	0.691	0.719	0.660
低金融创新	0.388	0.418	0.377	0.380
高创新政策	0.489	0.488	0.576	0.567
低创新政策	0.580	0.584	0.534	0.501
高科技体制创新	0.520	0.555	0.632	0.619
低科技体制创新	0.577	0.547	0.487	0.460

4.4.2　单阶段的组态路径分析

初步融合阶段工业数字化高增长有四种组态，如表 4-5 所示；推进融合阶段工业数字化高增长有两种组态，如表 4-6 所示。

1. 初步融合阶段：工业数字化高增长的组态路径分析

1）条件组态分析

初步融合阶段，工业数字化高增长有 4 条驱动路径，单个解和总体解的一致性均高于 0.8，即 4 条驱动路径都是工业数字化高增长的充分条件组合（表 4-5）。解的覆盖度为 0.544，显示每个组态均能解释相当比例的区域工业数字化高增长的结果。

表 4-5　初步融合阶段工业数字化高增长的组态路径

条件		工业数字化高增长			
		D1	D2	D3	D4
技术创新	创新投入			●	⊗
	创新产出	●	●		
制度创新	市场化	•	●		
	金融创新		●	⊗	●
	创新政策			●	●
	科技体制创新	⊗		●	●

续表

条件	工业数字化高增长			
	D1	D2	D3	D4
一致性	0.933	0.930	0.907	0.820
覆盖度	0.325	0.384	0.142	0.160
唯一覆盖度	0.032	0.068	0.062	0.043
解的一致性	0.891			
解的覆盖度	0.544			
覆盖的案例	江西、吉林、河南、湖北	重庆、陕西、江西、河南	四川	山西

注：●表示核心条件，●表示边缘条件，空格表示该条件可有可无，⊗表示核心条件不存在

"创新产出主导+市场化辅助"驱动型策略（D1）表明，对于科技体制创新不足的省份，如果以高创新产出为主导，以高市场化为辅助，那么该省份能够产生工业数字化高增长。其中，高创新产出是核心条件，高市场化是边缘条件。这表明，在政府科技体制创新不足但创新产出增长较快的省份，政府可以通过市场化增强市场力量，加快数字技术创新成果应用转化，增强现实的技术能力，来推动工业数字化高增长。典型省份有江西、吉林、河南、湖北。

"市场主导+创新产出"驱动型策略（D2）表明，高创新产出、高市场主导（高市场化、高金融创新）为核心条件的组态路径，驱动工业数字化高增长。这表明，创新产出增长较快的省份，可以通过市场化创新、金融创新来增强市场力量，加快现实技术应用转化能力的提升，能够产生工业数字化高增长。典型省级区域有重庆、陕西、江西、河南。

"政府引导+创新投入"驱动型策略（D3）表明，在金融创新不足的省份，如果具有高创新投入、高政府引导（高创新政策、高科技体制创新），那么该省份能够产生工业数字化高增长。其中，高创新投入、高创新政策、高科技体制创新均为核心条件。这表明，通过创新政策、科技体制创新能够增强政府引导的力量，充分发挥政府在工业数字化初步融合阶段中的引导作用，并且引导创新投入的增加，即增强潜在的技术能力，产出更多的创新成果来促进工业数字化高增长。典型省份为四川。

"制度创新"驱动型策略（D4）表明，在创新投入不足的省份，如果具有高金融创新、高创新政策、高科技体制创新，那么该省份可以实现工业数字化高增长。其中高金融创新、高创新政策、高科技体制创新均为核心条件。这表明，政府通过金融创新增强市场力量，通过创新政策、科技体制创新增强政府力量，能够产生政府和市场协同或互补的效应，来促进工业数字化高增长。典型省份为山西。

2）条件间的潜在替代和互补关系分析

通过对初步融合阶段的 4 条组态对比发现，技术创新和制度创新各变量间存在潜在的协同或替代关系。协同关系主要体现在两方面。一方面，比较组态路径 D1 和 D2 可以发现，高创新产出和高市场化存在协同关系。在组态路径 D1 和 D2 中，两者均同时出现，若当且仅当一个条件存在时，组态路径 D1 和 D2 将不存在。由此表明，高创新产出和高市场化作为推动工业数字化高增长的两大力量能够协同并形成合力。另一方面，比较组态路径 D3 和 D4，高创新政策和高科技体制创新存在协同关系。在组态路径 D3 和 D4 中，两者均同时出现，若当且仅当一个条件存在时，组态路径 D3 和 D4 将不存在。尽管政府主导的高创新政策和高科技体制创新能够协同并形成合力，但不足以成为工业数字化高增长的充分条件组合。两者的合力只有在高创新投入或高金融创新支持时才能形成驱动组态，前者为工业数字化高增长提供足够的创新投入，后者则为工业数字化高增长打通外部创新投入的获取渠道。

初步融合阶段的组态路径中，条件变量间替代关系体现如下。比较组态路径 D3 和 D4，高创新投入和高金融创新存在潜在替代关系（图 4-3）。这表明在政府主导的高创新政策、高科技体制创新背景下，既可通过引导创新投入的增加，来提升潜在技术能力，也能通过金融创新，充分发挥市场力量为工业数字化提供金融资本的支持。高创新投入与高金融创新得其一，即可产生工业数字化高增长。

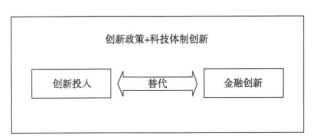

图 4-3　组态路径 D3、D4 中创新投入与金融创新的替代关系

2. 推进融合阶段：工业数字化高增长的组态路径分析

1）条件组态分析

推进融合阶段，工业数字化高增长有两条组态，一致性均高于 0.8，这表明两条组态都是充分条件组合（表 4-6）。而且两条组态的核心条件一样，表明两条路径解构成二阶等效组态[133]。

表 4-6　推进融合阶段工业数字化的高增长组态路径

条件		工业数字化高增长	
		E1	E2
技术创新	创新投入	●	●
	创新产出		●
制度创新	市场化	●	●
	金融创新	●	●
	创新政策		
	科技体制创新	●	
一致性		0.887	0.897
覆盖度		0.373	0.410
唯一覆盖度		0.040	0.077
解的一致性		0.901	
解的覆盖度		0.451	
覆盖的案例		浙江、北京、湖北、湖南	北京、浙江、湖北

注：●表示核心条件，•表示边缘条件

　　"市场主导下创新投入+科技体制创新"驱动型策略（E1）表明，在高创新投入（潜在技术能力强）的省份，如果政府不断促进市场化，推进金融创新来增强市场力量，并且通过科技体制创新弥补市场失灵，那么该省份可以产生工业数字化高增长。其中，创新投入、市场化和金融创新为核心条件，科技体制创新为边缘条件。典型省级区域有浙江、北京、湖北、湖南。

　　"市场主导下技术创新"驱动型策略（E2）表明，在高创新投入、高创新产出的省份，如果政府不断促进市场化，并推进金融创新来增强市场力量，可以产生工业数字化高增长。其中高创新投入、高市场化、高金融创新为核心条件，高创新产出为边缘条件。这表明，对于潜在技术能力及现实技术能力都很强的省份，要取得工业数字化高增长，只需依靠充分发挥市场的作用，实现创新投入产出的良性循环来促进工业数字化高增长。典型省级区域有北京、浙江、湖北。

　　2）条件间的潜在替代和互补关系分析

　　对比推进融合阶段的两条组态路径发现：一方面，协同关系主要表现为高创新投入、高市场化和高金融创新的协同关系。在组态路径 E1 和 E2 中，三者均同时存在，当且仅当一个条件存在时，组态路径 E1 和 E2 将不存在。由此，高创新投入、高市场化和高金融创新是推动工业数字化高发展的三种重要力量，能够协同互补并形成合力。另一方面，替代关系主要表现在高创新产出和高科技体制创新之间，如图 4-4 所示。高创新投入、高市场化和高金融创新这种合力只有获得高创新产出或高科技体制创新支持时才能成为驱动组态，前者可提供现实的技术能力支撑，后者则可提供知识产权保护机制等弥补市场失灵。两者任一均可，而无须兼得就能产生工业数字化高增长。

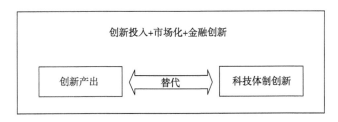

图 4-4　组态路径 E1、E2 中创新产出与科技体制创新的替代关系

此外，高创新投入、高市场化和高金融创新在两条组态路径中均为核心条件，表明创新投入、市场化和金融创新是工业数字化高增长的必要条件[132]，这与 NCA 分析结果基本一致。

4.4.3　多阶段的组态路径演变分析

1. 单个核心条件轨迹

基于多时段多线性增长 QCA 方法，本章比较分析工业数字化的初步融合阶段和推进融合阶段的组态解，以识别不同阶段工业数字化，其高增长的组态路径演变轨迹[176]。具体而言，当某种条件或组态在两个阶段稳定出现时，那么该条件或组态是不同阶段内工业数字化高增长的主导轨迹；当某种条件或组态仅在某个阶段出现时，则该条件或组态是工业数字化高增长的转折轨迹。核心条件是对工业数字化高增长具有重要影响的条件，而边缘条件只起辅助贡献[132]。鉴于两个阶段工业数字化高增长的组态路径均不完全相同，即不存在主导两个时期工业数字化高增长的主导组态轨迹。因此，本章通过对组态核心条件的变化分析，以探究不同阶段工业数字化高增长动力的演化轨迹。

综合比较两个阶段的组态路径发现，不同阶段内既存在稳定出现的核心条件主导轨迹，也有仅在初步融合阶段出现的核心条件转折轨迹，比较结果如表 4-7 所示。这表明不同阶段内既要重视稳定出现的主导动力，又要充分把握工业数字化高增长的演化规律。初步融合阶段和推进融合阶段的组态路径中，共有三个在不同阶段都出现的核心条件变量——创新投入、市场化和金融创新。这表明，这三个核心条件变量是不同阶段工业数字化高增长的主导轨迹。若要实现持续的工业数字化高增长，必然要求创新投入、市场化及金融创新水平相应提高。此外，初步融合阶段的工业数字化高增长组态路径中有三个专有的核心条件变量——创新产出、创新政策和科技体制创新；但在推进融合阶段的组态路径中，这三个条件变量为边缘条件或不出现。这表明，推进融合阶段，工业数字化高增长的主导条件发生了转折,创新产出、创新政策和科技体制创新不再具有主导效应,如表 4-7 所示。

表 4-7　工业数字化高增长组态路径的演变轨迹

条件		组态路径						组态的核心条件及轨迹		
		初步融合阶段 2016~2017 年				推进融合阶段 2018~2020 年		初步融合阶段	推进融合阶段	不同阶段的核心条件变化轨迹
		D1	D2	D3	D4	E1	E2			
技术创新	创新投入			●	⊗	●	●	是	是	主导
	创新产出	●	●				•	是	否	转折
制度创新	市场化	•	●			●	●	是	是	主导
	金融创新		●	⊗	●	●	●	是	是	主导
	创新政策			●	●			是	否	转折
	科技体制创新	⊗		●	●	•		是	否	转折
一致性		0.933	0.930	0.907	0.820	0.887	0.897			
覆盖度		0.325	0.384	0.142	0.160	0.373	0.410			
唯一覆盖度		0.032	0.068	0.062	0.043	0.040	0.077			
解的一致性		0.891				0.901				
解的覆盖度		0.544				0.451				

注:●表示核心条件,•表示边缘条件,空格表示该条件可有可无,⊗表示核心条件不存在

2. 条件间轨迹的相互作用

与此同时,单个核心条件轨迹只能解释单要素的变化轨迹,条件间轨迹的相互作用和共演化才能揭示工业数字化高增长背后的复杂原因。在初步融合阶段,既有创新产出(核心条件转折轨迹)与市场化、金融创新(核心条件主导轨迹)耦合的组态路径(D2),也有创新投入(核心条件主导轨迹)和创新政策、科技体制创新(核心条件转折轨迹)耦合的组态路径(D3),以及金融创新(核心条件主导轨迹)与创新政策、科技体制创新(核心条件转折轨迹)耦合的组态(D4),如图 4-5 所示。这表明,在创新产出增长较快的省份,需要通过市场机制协同引导资源合理配置;在创新投入增长较快的省份,需要通过政府引领数字化方向,为数字化提供资源支持和路径指导,进而产生工业数字化高增长。初步融合阶段中存在核心条件主导轨迹和核心条件转折轨迹并发的路径,而且核心条件转折轨迹——创新产出、创新政策和科技体制创新仅在初步融合阶段出现,这可能与工业数字化初步融合阶段推进路径不清、制度环境欠缺、数字化基础薄弱有关。

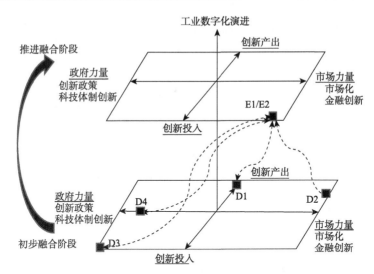

图 4-5　"初步融合阶段—推进融合阶段"组态路径及核心条件的演变轨迹

在推进融合阶段，只有核心条件——创新投入、市场化和金融创新主导轨迹耦合并与边缘条件——科技体制创新、创新产出互补形成的组态路径（E1\E2），如图 4-5 所示。这表明，推进融合阶段中要求三个核心条件——创新投入、市场化和金融创新主导轨迹的耦合，即创新投入（潜在技术能力）增长较快的省份，需要通过市场机制降低交易成本，促进资源配置和效率提高，来产生工业数字化高增长，这可能与工业数字化迈入更高阶段有关。

4.5　研究结论与政策建议

4.5.1　研究结论

本章基于创新驱动视角，运用动态 QCA 方法并结合 NCA，以中国省级区域作为样本，研究初步融合阶段到推进融合阶段的工业数字化高增长的组态路径及演变轨迹，研究结论如下。

结论一，动态 QCA 结果表明，初步融合阶段工业数字化高增长的组态路径有四条，分别是"创新产出主导+市场化辅助"驱动型、"市场主导+创新产出"驱动型、"政府引导+创新投入"驱动型，以及"制度创新"驱动型；推进融合阶段工业数字化高增长的组态路径有两条，分别是"市场主导下创新投入+科技体制创新"驱动型、"市场主导下技术创新"驱动型；结合 NCA 结果，组态路径间存在潜在的互动或替代关系，这表明突破瓶颈水平需要形成合力，但部分条件也可相互替代。

结论二，通过比较初步融合阶段到推进融合阶段的组态解发现，两个阶段中创新投入、市场化、金融创新（市场力量）均具有重要的作用，是不同阶段的核心条件主导轨迹；初步融合阶段中创新产出、创新政策和科技体制创新是核心条件，但在推进融合阶段没有出现，从而形成核心条件转折轨迹；此外，初步融合阶段出现核心条件主导轨迹和转折轨迹并发的组态路径，推进融合阶段只有核心条件主导轨迹耦合的组态路径。这表明，在初步融合阶段政府是有力的推手，不仅可以通过创新政策、科技体制创新主导工业数字化高增长，还可以通过创新产出和市场机制的协作促进工业数字化高增长，而推进融合阶段需要充分发挥市场机制的作用，推动工业数字化高增长。

4.5.2 政策建议

研究结论具有以下两方面的实践启示。

启示一，NCA 分析结果发现，单一创新要素可能会构成瓶颈，实现更高水平的工业数字化高增长需要多个创新要素的组合。因此，技术创新与制度创新协同对工业数字化高增长极为重要，尤其是多个创新要素的耦合。组态路径 D1、D2 显示提高创新产出与市场化是推动工业数字化高增长的重要合力，即要不断增强现实的技术能力，并且通过市场化增强市场力量为技术能力的应用转化提供良好的制度环境。组态路径 D3、D4 显示，在市场力量欠佳的省份，政府主导的创新政策、科技体制创新是推动工业数字化高增长的主要举措。组态路径 E1、E2 显示创新投入、市场化与金融创新为核心条件能够良性耦合，辅以创新产出或科技体制创新是纵深推进工业数字化高增长的主要路径。即要通过不断的创新投入增强潜在的技术能力，政府要不断进行市场化创新和金融创新增强市场力量，并且要处理好政府和市场的关系。

启示二，从不同阶段的工业数字化高增长的组态路径变化轨迹来看，政府的角色在不断演变，市场的力量在不断增强。同时，虽然两个时段主导力量有所不同，但结果也显示政府和市场的有效协同是推动工业数字化的重要路径，NCA 的瓶颈分析结果也凸显了市场化、金融创新、科技体制创新等对工业数字化高增长的必要性。可见，在工业数字化纵深推进过程中，应该遵循市场经济机制的规律，政府通过不断的制度创新充分发挥"看不见的手"的作用，为企业提供良好的制度环境，推动数字技术不断创新，促成工业数字化高增长并向更高的阶段演进。

第二篇　区域行业实践篇

　　第二篇是区域行业实践篇，涵盖第 5 章到第 10 章，从四川省工业数字化路径分析，到选取四川省电子信息、食品饮料、先进材料、能源化工和装备制造五大支柱产业，详细分析各产业的数字化现状，通过典型企业数字化案例研究，系统分析数字化转型路径，并总结各产业的数字化转型路径及其重难点，为政府部门推动产业数字化提供理论依据和实践建议。本篇通过实证分析和案例研究，深刻揭示四川省工业数字化的驱动因素、驱动路径，为相关政府部门提供理论依据和决策参考，也通过剖析典型行业案例、总结经验，深入拓展本书第一篇理论研究在行业实践中的运用，研究政府推进支柱产业数字化的政策，增强理论的现实意义。

第5章　四川省工业数字化发展现状和驱动路径研究

5.1　引言

党的十八大以来，政府对建设数字中国等工作做出重大战略补充。《决胜全面建成小康社会　夺取新时代中国特色社会主义伟大胜利——在中国共产党第十九次全国代表大会上的报告》明确提出，加快发展先进制造业，推动互联网、大数据、人工智能和实体经济的深度融合。四川作为西部地区的经济发展高地，2018年数字经济总量约为1.3万亿元，位列全国第九，西部第一，增速超过15%[①]，数字经济已成为驱动四川经济高质量发展的新动能。2018年11月，中共四川省委、四川省人民政府出台《关于加快构建"5+1"现代产业体系推动工业高质量发展的意见》，意见指出四川将围绕电子信息、装备制造、食品饮料、先进材料、能源化工五大支柱产业，以及数字经济产业构建"5+1"现代产业体系，加快传统产业升级，推动数字经济和实体经济融合发展，引领产业向高价值链攀升。

四川加快构建"5+1"现代产业体系，应积极推进"5+1"产业的数字技术应用创新。具体而言，既要推进五大支柱产业数字化转型，又要加快发展数字产业化。现有关于产业数字化的研究主要集中于服务业的数字技术应用与创新，而对制造业等传统工业产业的数字化研究有待深入。并且，这些研究主要聚焦于东部发达地区，对四川这类地区产业的数字技术应用的研究相对匮乏。因此，本章聚焦四川工业数字化的有效路径分析，这对四川省数字经济高质量发展具有重要理论价值与实践意义。

---

① 资料来源：《中国数字经济发展与就业白皮书（2019年）》。

5.2 四川省工业数字化发展状况分析

5.2.1 四川省工业数字化发展概况

数字经济融合指数是反映一个省市工业数字化整体水平的综合指标。中国电子信息产业发展研究院发布的《2020 中国数字经济发展指数》报告显示，2019年四川省数字经济融合指数为 33.5，位列全国第十，与 2018 年排名持平，处于第二梯队。四川省数字经济融合指数虽高于全国均值，且领先国内大部分省市，但在中西部落后于安徽、河南两省，有待进一步发展与加强，如图 5-1 所示。

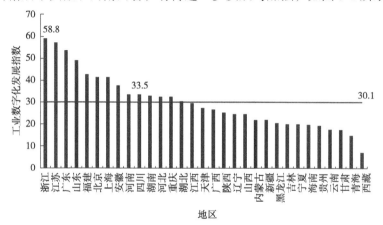

图 5-1　2019 年中国地区工业数字化发展指数

工业数字化是四川数字经济发展的主要支撑。2017 年，工业数字化转型升级取得新成果，两化融合发展水平位居全国第 10 位，整体发展良好。2018 年，四川数字经济融合指数为 37.7，高于平均水平且位居全国第 10，属于第二梯队，但与沿海发达省份仍有较大的差距。相比之下，四川省服务业数字化发展速度较快，占据主导地位；工业数字化指数提升最快，但发展水平在全国 31 个省级区域中仍需提升。总体上，四川工业数字化水平在全国总体靠前，具有一定竞争力，且发展空间巨大。具体情况如表 5-1 所示。

表 5-1　四川各产业数字化指数总体水平

项目	省级排名			指数值		
	2018 年	2019 年	排名变化	2018 年	2019 年	指数变化
工业数字化指数	17	11	+6	—	—	—
农业数字化指数	13	14	−1	—	—	—

续表

项目	省级排名			指数值		
	2018 年	2019 年	排名变化	2018 年	2019 年	指数变化
服务业数字化指数	8	8	0	—	—	—
数字产业指数	8	8	0	—	—	—
数字中国指数	7	8	−1	29.75	50	+20.25

资料来源：中国电子信息产业发展研究院《2019 中国数字经济发展指数白皮书》《2020 中国数字经济发展指数（DEDI）》，腾讯研究院《数字中国指数报告（2019）》《数字中国指数报告（2020）》

5.2.2　四川省工业数字化发展现状

近年来，5G、云计算、大数据、人工智能数字技术与实体经济加速融合，推动工业变革。工业互联网推动形成全新的工业生产制造和服务体系，是工业经济数字化转型升级的关键依托和全新生态。根据《中国工业互联网产业经济发展白皮书（2020）》，2019 年四川省工业互联网增加值规模逾 1 500 亿元，位列全国第七，占本省生产总值的 3%以上，工业互联网产业增加值规模名义增速超过 20%，远超本省生产总值名义增速，如图 5-2 所示。目前，四川省工业互联网发展状况良好，但是与沿海省份如广东、江苏相比，仍存在较大差距。

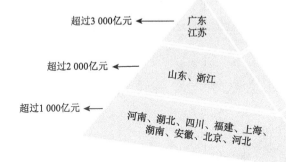

图 5-2　2019 年工业互联网增加值规模超千亿元省市

制造业创新中心是我国为了集中行业创新资源和创新力量，重点开展共性技术和关键技术研发，消除制造业创新链现有的梗阻与断裂，将科技创新能力转化为产业创新能力而设立的。《2019~2020 年制造业创新中心白皮书》显示，从全国范围来看，截至 2019 年 4 月，共有 24 个省开展了省级制造业创新中心的认定和培育工作；19 个省共认定了 132 家省级制造业创新中心（图 5-3）。西部地区制造业创新中心建设进展最慢，与中部、东部地区差距明显。其中四川省以"高起点、有特色的、宁缺毋滥"的标准共认定六家省级制造业创新中心，集中于成都市，分别为四川省工业云制造创新中心、四川省工业信息安全创新中心、四川省机器人及智能装备创新中心、四川省工业大数据创新中心、四川省先进轨道交通装备创新中心及四川省智能制造创新中心。

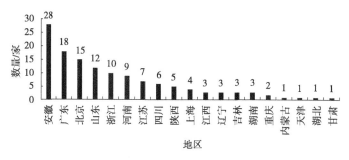

图 5-3　2019 年省级制造业创新中心分布状况

四川省在构建"5+1"现代产业体系、全面创新改革驱动转型发展、全面推动高质量发展等系列文件中把创新中心建设作为重点任务，明确对新认定国家制造业创新中心和省级制造业创新中心的财政支持政策。但与安徽、广东、北京等省市制造业创新中心建成状况相比差距较大，未来四川省政府需加快布局国家级、省级制造业创新中心，追赶中部、东部发达地区。此外，需立足四川省资源禀赋和产业基础，将创新成果运用到工业数字化发展中，推进四川省电子信息、装备制造、食品饮料、先进材料、能源化工五个万亿级支柱产业的数字化转型和高质量发展。

5.2.3　四川省工业数字化发展特点

1. 省内地区差异

目前，四川省数字经济水平位居西部第一，年增速也位居西部前列，但川内各地级市（州）工业数字化发展水平存在显著差异，这容易进一步拉大各地区的"数字鸿沟"，导致各地的经济发展不平衡，经济水平差距过大。地区差异主要包括两点：一是各区域经济发展非常不均衡，以成都为首的成都平原经济区发展最快，但其他区域经济发展缓慢，形成"一干多支"的格局。二是头部城市如成都发展遥遥领先，尾部城市发展滞后，工业数字化主要集中于头部城市圈，各市（州）数字化指数，如图 5-4 所示。

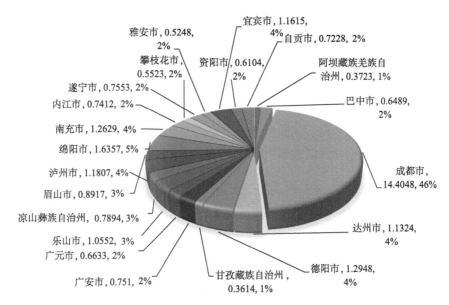

图 5-4　2018 年四川省 21 个地级市（州）数字化指数

　　从空间格局来看，以成都为首的成都平原经济区（包括成都和环成都经济圈的德阳、绵阳、乐山、眉山、资阳、遂宁、雅安）发展最快，川南经济区（自贡、泸州、内江、宜宾）和川东北经济区（广元、南充、广安、达州和巴中）紧随其后，但攀西经济区（攀枝花市和凉山州）、川西北生态示范区（甘孜州和阿坝州）落后较大。

　　从各地级市发展状况来看，成都市作为西部重要的中心城市，国家重要的高新技术产业基地、商贸物流中心和综合交通枢纽，是西部乃至全国数字经济发展的排头兵，处于全国城市数字经济发展第一阵营。据《数字四川指数报告（2019）》，目前成都在城市信息基础设施建设、城市服务、城市治理及产业融合等方面发展均衡，位居全国前列。2018 年，在数字化指数表现上，全国排名第 5 的成都总指数及分项均遥遥领先，约是四川排名第 2 的绵阳的 8.8 倍。同时，绵阳、南充、宜宾等有一定数字经济基础的城市加快了发展的步伐，指数增速超过 100%，可以看到各地区对数字经济发展的重视程度提升，成效显现。然而，除了成都周边如德阳、绵阳等城市外，四川其余地区数字经济发展缓慢，工业数字化水平不高。

2. 重点工业产业发展差异

　　各地由于资源禀赋差异，在"一干多支，五区协同"的新格局下，构建以区域特色产业为基础的工业产业数字化转型，是四川省数字化发展的重点方向。

　　具体而言，"一干"指的是成都，成都在重点发展电子信息、装备制造、先进材料、食品饮料产业，建设全国重要的先进制造业基地，打造世界级新一代信息技术、高端装备制造产业集群和国内领先的集成电路、新型显示、航空航天、轨道交通、汽车、生物医药、新型材料等产业集群，争创国家数字经济示范区和国家大数据综合试验区。2019 年，成都加快构建"5+5+1"现代产业体系，先进制造业能级不断提升，规模以上工业增加值比上年增长 7.8%；优势产业支持有力，石化产业、电子信息产品制造业分别增长 19.2%、12.5%[①]。

从五大经济区域来看，目前成都平原经济区第二、第三产业基础好，数字产业发展较快，传统产业和数字技术融合基础好，各行业整体发展比较均衡，重点发展方向以电子信息、装备制造、食品饮料、先进材料产业为主。此外，德阳突出工业转型升级，做大做强高端装备制造业；绵阳突出军民融合，推进中国（绵阳）科技城超常规发展等。川南经济区以食品化工为重点产业发展方向。例如，泸州加快建设打造"泸州酿"白酒产区国际品牌和世界级白酒生产基地等。革命老区和老工业基地川东北经济区重点构建现代农业产业体系，也在加快发展康养服务、现代物流等新兴先导型服务业。攀西经济区和川西北生态示范区资源丰富。攀西经济区大力发展先进材料、能源化工、食品饮料产业，培育世界级钒钛材料产业集群。川西北经济区不断加快"互联网+旅游"进程，推进旅游城镇、旅游景区等智慧旅游体系建设。

5.3　四川省工业数字化发展路径分析

5.3.1　四川省各地级市（州）工业数字化组态路径分析

各区域虽然产业发展有差异，但其数字化转型路径可以相互借鉴。尤其是资源、产业类似的区域，对于地方政府找到适合的路径驱动产业数字化高水平发展，去推动当地特色产业数字化转型升级，以及促进经济的快速发展具有积极的实践意义。鉴于四川各地级市（州）产业基础、资源禀赋不同，以及工业数字化水平存在差异，各区域需要寻求最优路径驱动工业数字化的发展。但是由于四川独特的经济差异，形成了"一干多支"的局面，成都无论是总体数字经济发展规模，还是工业数字化水平都遥遥领先，对于其他区域发展借鉴意义较小，成都宜做单独分析。因此，本章主要以除四川成都外的 20 个地级市（州）作为案例进行分析，为各地政府采取适合的工业数字化高水平发展路径提供借鉴。

---

① 资料来源：《成都市 2019 年国民经济与社会发展统计公报》，经整理计算所得。

1. 数据来源和变量设计

1）样本来源与结果变量

本部分选取 QCA 方法进行分析，研究样本为四川省除成都外的 20 个地级市（州），样本期间为 2018 年。

结果变量是工业产业数字化发展水平。本章选取腾讯研究院发布的《数字四川指数报告（2019）》中各地数字指数作为地区工业数字化水平的代理变量。

2）条件变量选择

基于第 2 章和第 3 章的分析，本章采用 TOE 模型框架，从技术、组织、环境三方面确定影响工业数字化的条件变量。

（1）技术条件。同第 2 章，包括数字基础设施、技术创新能力两个二级条件。其中，数字基础设施。本章用"户均数字电视端口数"测量数字基础设施发展水平，即"四川各市（州）数字电视用户数"与"四川各市（州）年末户籍总户数"的比值，数据均来源于《四川统计年鉴 2019》。

技术创新能力。本章采用 2018 年四川省区域创新能力评价值来衡量技术创新能力。数据来源于四川省科技统计中心发布的《四川省区域创新能力评价 2018》。

（2）组织条件。组织条件包括政府重视程度和数字政府建设两个二级条件。其中，政府重视程度。借鉴第 2 章和第 3 章的测量方法，本章收集 2015 年到 2018 年 12 月 31 日期间，各市（州）出台的关于促进工业数字化发展的政策文件数量，来衡量地方政府重视程度。

数字政府建设。数字政府是电子政务再创新。电子科技大学智慧治理研究中心、电子科技大学公共管理学院发布了《中国地方政府互联网服务能力发展报告（2019）》，该报告连续两年在中国国际大数据产业博览会上发布。报告对全国 334 个地级行政区政府互联网服务能力进行了评价，本章选取各地 2018 年互联网服务能力衡量数字政府建设。

（3）环境条件。本章的环境条件主要是同侪竞争压力与居民数字消费需求。其中，同侪竞争压力计算方法同第 2 章。数据来源于《四川统计年鉴 2019》。

居民数字消费需求。本章的居民数字消费需求，以居民人均可支配收入作为代理指标。该指标数据来源于《四川统计年鉴 2019》。

综上所述，技术、组织、环境三类一级条件下共包括六个二级条件，分别为数字基础设施、技术创新能力、政府重视程度、数字政府建设、同侪竞争压力和居民数字消费需求。为探究各条件间如何通过联动匹配协同发挥作用，本章将研究驱动四川省工业数字化发展的路径。图 5-5 展示了本章的分析框架。

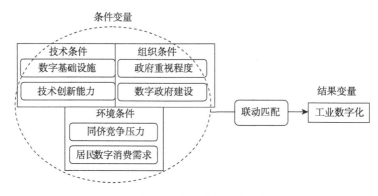

图 5-5　四川省工业数字化组态分析框架

2. 数据分析

1）校准

根据案例分布情况，本章将各连续变量的 95% 作为"完全隶属"，50% 为分界线，5% 分位值为"完全不隶属"的锚点，具体如表 5-2 所示。

表 5-2　结果变量与条件变量的指标描述与校准

变量		指标描述	完全隶属	交叉点	完全不隶属
技术应用	工业数字化	四川各市（州）数字中国指数排名	20.900	11.000	1.100
技术条件	数字基础设施	四川各市（州）数字电视用户/总户数	0.926	0.202	0.105
	技术创新能力	四川各市（州）区域创新能力	63.769	24.28	11.149
组织条件	政府重视程度	至 2018 年底，四川各市（州）政府颁布的支持数字经济发展的政策数量	23.700	4.000	0.000
	数字政府建设	四川各市（州）地方政府互联网服务能力	83.978	68.190	50.341
环境条件	同侪竞争压力	四川各毗邻地级市（州）生产总值差值总和	4 276.199	1 572.257	830.867
	居民数字消费需求	四川各市（州）人均可支配收入	63 358.500	48 010.000	42 483.200

2）单个条件的必要性分析

首先分别对各条件进行必要条件分析，所有前因条件的一致性均低于临界值 0.9，所有前因条件在单独情况下均不能构成特定结果实现的必要条件。结果表明，四川各地级市工业数字化的发展具有复杂性，即技术、组织和环境条件需要相互联动匹配，才能够共同影响四川各地级市数字化的发展。

3. 组态路径结果分析

表 5-3 中呈现了解释四川省工业数字化高水平发展的三条路径，各条件组态

的一致性均高于 0.8，表明这三条路径都是充分条件组合。组态路径解的一致性和
覆盖度都高于临界值，表明实证分析有效。

表 5-3　四川各市州（除成都）工业数字化高水平发展组态路径分析

驱动路径		F1	F2	F3
		技术主导-无压力型	政府主导-创新型	政府主导-环境型
技术条件	数字基础设施	●		
	技术创新能力		●	
组织条件	政府重视程度		●	●
	数字政府建设			
环境条件	同侪竞争压力	⊗		●
	居民数字消费需求			●
一致性		0.887	0.913	0.857
覆盖度		0.525	0.678	0.548
唯一覆盖度		0.048	0.118	0.014
解的一致性		0.827		
解的覆盖度		0.795		
解覆盖的案例		绵阳、乐山、南充	德阳、宜宾、达州、眉山、乐山、泸州	绵阳、德阳、宜宾

注：●表示核心条件，⊗表示核心条件不存在，空格表示条件可有可无

1）四川省工业数字化高水平发展组态路径分析

类型一：技术主导-无压力型。组态 F1 表明，在数字基础设施完善的市（州），
并且没有同侪竞争压力的地区，能取得工业数字化高水平发展。其中，数字基础
设施为主要核心条件。主要覆盖案例为绵阳、乐山、南充。

类型二：政府主导-创新型。组态 F2 表明，在政府高度重视工业数字化发展
的市（州），并且技术创新能力强的地区，能取得工业数字化高水平发展。其中，
政府重视程度（组织）、技术创新能力为核心条件，突出政府的主导作用，以及技
术创新的重要作用。主要覆盖案例为德阳、宜宾、达州、眉山、乐山、泸州。

类型三：政府主导-环境型。组态 F3 表明，在政府高度重视工业数字化发展
的市（州），且同侪竞争压力较高的地区，如果居民数字消费需求较高，能取得工
业数字化高水平发展。该驱动路径体现出政府在工业数字化过程中的主导作用，
以及同侪竞争压力和居民数字消费需求的辅助作用。主要覆盖案例为绵阳、德阳、
宜宾。

2）组态路径之间的潜在替代关系

通过对比三个组态路径发现，根据覆盖度指标，F2 最高，它解释了结果变量的 67.8%，覆盖六个案例，更可能有效地激活工业数字化发展，即大部分地区是通过 F2 路径取得高工业数字化水平。这充分说明了政府（组织）能够深层次、强有力地影响经济活动，尤其是对推动产业数字化的影响重大。

进一步，比较四川工业数字化高水平发展的三条组态路径发现，组态 F2 和 F3 均有政府重视程度这一核心条件，表明政府重视程度对于工业数字化高水平发展是不可或缺的，缺少该条件的地区，很难提升工业数字化水平，这一点对于各市（州）工业数字化发展具有很强的现实意义。此外，如果政府重视程度高，技术创新能力与同侪竞争压力（环境）和居民数字消费需求（环境）的组合可以相互替代，以提升工业数字化水平，如图 5-6 所示。

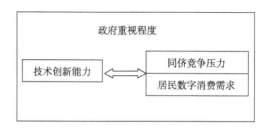

图 5-6　技术与环境的替代关系

5.3.2　成都市工业数字化发展路径分析

综合以上条件变量的选择，主要从技术、组织和环境三个方面对成都市工业数字化高水平驱动前因进行分析。成都市属于均衡型的发展模式，在技术、组织和环境共同驱动下，带来了极高水平的工业数字化发展。

就技术条件而言，成都市数字技术设施建设水平、技术创新能力均居全国前列，能够较好支撑大数据、云计算等数字产业的发展；同时，也有助于带动整个成都工业数字化转型。据《2018 年成都互联网发展状况报告》，成都互联网普及率达 69.9%，高出全国互联网普及率（全国互联网普及率为 59.6%）10.3 个百分点；2018 年成都通信基础设施能力不断提升，国际出口带宽 40Gbps，较 2017 年实现翻番，移动数据用户达到 2 533 万户，移动互联网网民对流量需求呈爆发式增长；2018 年成都市主要互联网企业实现营业收入 437.4 亿元，在大数据、5G、人工智能等互联网新技术发展方面增量迅速，互联网模式不断创新。2019 年，成都市互联网普及率达到 71.6%，较 2018 年底增长 1.7 个百分点，高于全国互联网普及率，具体如图 5-7 所示。

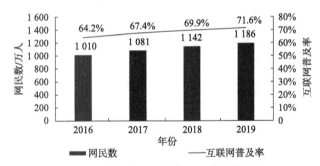

图 5-7　成都市网民规模和互联网普及率

技术创新能力从企业创新能力和城市（产业）创新能力进行分析。成都市企业创新主体地位进一步提升，企业也在不断加强技术创新体系建设，助力四川省构建"5+1"现代产业体系。从区域分布看，成都平原经济区仍然是四川省技术创新活跃度最高的地区，2019 年的创新百强榜单，成都市的企业最多，占 66%，主营业务收入达到 1 164.6 亿元，占百强榜单企业主营业务收入 2 183.67 亿元的53.3%。从产业分布看，百强企业 70%以上集中于新一代信息技术、装备制造、新材料、食品饮料、能源化工等"5+1"现代产业体系当中。

成都市是四川省专利研发的重要区域，专利申请量位列中西部地区第一，有效发明专利拥有量占全省近七成，表明四川省的专利研发属于典型的省会城市一支独大的分布状况，四川省的创新活动高度集中在成都市。2017 年成都领先优势明显，分别占全省专利申请量的 68.2%、授权量 64.6%。2018 年成都专利申请量和授权量分别占全省专利总量的 64.8%和 65.9%，分别比上年下降 6.6 个百分点和提高 1.3 个百分点；2019 年成都专利申请量和授权量分别占全省专利总量的 61.6%和 62.0%，比上年下降 3.2 个和 3.9 个百分点。2018 年成都市共投入 R&D 经费392.31 亿元，比上年增加 72.31 亿元，增长 22.6%，R&D 经费投入保持较快增长（图 5-8）。

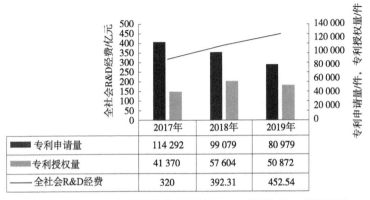

图 5-8　2017~2019 年成都市专利申请量、专利授权量、研发经费

就组织条件而言，成都市政府高度重视工业产业数字化发展，至 2018 年底出台 25 条促进数字经济发展的政策，2019 年更出台了大量相关政策刺激大数据产业和"5+1"产业数字化发展，积极推动"5+1"支柱产业的发展；并且在提升政府治理能力、实现制度创新上，建立如天府新区"城市大脑"这样的数字政府的决策中心、运营中心和指挥中心，通过建设"城市大脑"，为数字政府建立一个数据底座，不断提高数字政府治理能力。据 2019 年中国数字政府服务能力评估结果，成都在副省级城市政府网站评估中位列第二，在省会城市政府网站评估中位列第一。

就环境条件而言，成都市经济领先发展，人均可支配收入水平高，居民数字消费需求也很高，其面临的同侪竞争压力也较小。2017 年成都市实现地区生产总值 13 889.39 亿元，按可比价格计算，比上年增长 8.1%；2018 年，全市实现地区生产总值 15 342.77 亿元，按可比价格计算，比上年增长 8.0%；2019 年成都市实现地区生产总值 17 012.65 亿元，与 2018 年相比，跨越两个千亿元级台阶，按可比价格计算，比上年增长 7.8%。成都市在收入增长的同时，生活消费支出实现同步增长。例如，2019 年成都市农村居民人均生活消费支出 17 572 元，同比增长 10.0%。其中，人均生活用品及服务、交通通信、教育文化娱乐、医疗保健、其他用品和服务等发展型消费支出 6 775 元，增长 11.4%。居民数字消费支出也是拉动数字经济发展，促进工业数字化转型的重要拉力。

5.4 政策建议

5.4.1 加大对工业企业数字化的政策资金支持

政策倾斜与资金扶持是传统产业数字化转型的催化剂，尤其是对于资源基础薄弱、难以转型成功的中小企业来说至关重要。但目前省内相关政策支持和资金投入较匮乏。

一是要统筹研究制定推动传统产业数字化发展的配套政策。通过产业数字化配套政策的推行，提高惠企政策精准度，使政府成为传统企业数字化转型的后台服务器。尤其是要重视数字创新人才引进系列政策的宣传和落实，从创新环境、发展空间、保障措施等方面吸引数字创新高层次人才，培育融合型、应用型数字化人才，夯实四川省传统产业数字化转型的人才基础。二是加大对企业数字化转型的财政资金支持。要建立数字经济专项财政资金，落实对数字经济领域重大项目及试点示范的支持，放大财政资金撬动作用。此外，要重点关注引导各级资金对中小企业数字化转型的投入，解决中小企业在数字化转型中的资金难题。

5.4.2　建立和推广数字化生态产业园区

数字化生态产业园区政府监管精准、产业生态集聚，对于园区内企业数字化转型具有良好的赋能和示范推广作用。但目前省内数字化园区建设尚不完善。

一是加快建设数字化生态产业园区，发挥集聚效应。整合互联网、大数据、物联网等数字技术资源，利用数字技术对园区运营、安防、物业等进行数据监测，实现信息共享，在降低运营成本的同时，提升园区的治理水平，数字化赋能产业园区服务迅速升级，更有效激发园区的整体创新能力。通过产业园区的数字化赋能，变革园区内传统企业的生产、管理、运营方式，有效推动和服务于园区内企业的数字化转型。二是在园区内培育一批示范性的数字化转型标杆企业。政府要鼓励打造园区内数字化转型标杆企业，充分发挥标杆企业的发展示范作用，通过示范推广和技术对接，引导更多企业完成数字化转型。

5.4.3　加快发展工业互联网和布局制造创新中心

工业互联网赋能各行业数字化发展效果显著，制造业创新中心作为工业创新主体，为区域工业数字化创新提供了关键研发支持。二者在助力工业产业数字化升级，经济提质方面发挥着重要作用。立足于四川省特色工业能力和资源禀赋，应当加快工业互联网建设，以及聚焦数字化研发的制造业创新中心布局，推动工业数字化转型。但目前来看，省内工业互联网发展和制造业创新中心布局相比长三角、珠三角仍存在较大差距，对于工业数字化转型的潜力有待挖掘。

一是加快工业互联网建设和平台搭建。通过工业互联网平台建设将互联网巨头和骨干企业的数字化实践经验赋能中小企业，形成对上下游相关主体的支撑，打造"云"上产业链，促进大中小微企业融通发展。同时，平台有效汇聚整合产品设计、生产制造、数字营销、运营服务等数据资源，开展面向不同场景的应用创新，不断推动传统工业数字化转型，提高生产制造的灵活度与精细性，实现柔性化、智能化生产。此外，可以优先利用工业互联网对重点产业进行改造升级，以带动其他工业产业数字化转型。二是加快聚焦数字化研发的制造业创新中心布局。政府应当关注制造业创新中心布局，积极开展制造业创新中心培育工作，并对创新中心认定提供财政支持。同时，积极支持企业、高校、科研院所等各类创新主体和社会资本参与创新中心建设，促进产学研深度融合。

第6章　四川省电子信息产业数字化转型分析

6.1　四川省电子信息产业发展现状分析

6.1.1　四川省电子信息产业发展背景

1. 四川省电子信息产业概述

电子信息产业，是指为了实现制作、加工、处理、传播或接收信息等功能或目的，利用电子技术和信息技术所从事的与电子信息产品相关的设备生产、硬件制造、系统集成、软件开发及应用服务等作业过程的集合。根据工信部电子信息产业分类统计，电子信息产业可分为电子信息制造业、软件与信息技术服务业。四川省作为国家电子信息产业重点布局省份，目前已形成涵盖集成电路、新型显示与数字视听、终端制造环节、软件研发、移动互联网应用的完整电子信息产业体系。2018年12月，《四川省人民政府办公厅关于优化区域产业布局的指导意见》发布，意见中明确了成都、环成都经济圈、川南经济区和川东北经济区重点发展电子信息产业及具体领域，详见表6-1。

表6-1　四大经济区电子信息产业重点发展领域

经济区		重点发展领域
成都		集成电路、新型显示、信息安全、软件与信息服务、智能终端、新一代网络技术、大数据、人工智能、虚拟现实
环成都经济圈	德阳	电子元器件、智能终端、大数据
	绵阳	新型显示、数字视听、大数据、软件与信息服务、新一代网络技术
	遂宁	电子元器件、新光源、集成电路
	乐山	电子元器件、集成电路、光电信息、半导体
	雅安	大数据、电子元器件

续表

经济区		重点发展领域
环成都经济圈	眉山	新型显示、大数据
	资阳	集成电路、云计算
川南	自贡	智能终端、电子元器件
	泸州	智能终端、大数据、北斗应用
	内江	大数据、信息安全
	宜宾	智能终端、大数据
川东北	广元	电子元器件、智能终端
	南充	电子元器件、智能终端、软件与信息服务
	广安	智能终端、电子元器件

2. 四川省电子信息产业发展规模

根据工信部运行监测局数据，四川电子信息产业规模居中西部第一，全国第七位，工业增加值和主要产品出口保持较快增长。40 多家世界 500 强电子企业落户四川，软件、计算机芯片、卫星应用电子、信息安全、航空电子设备等整体实力名列全国前茅。

四川省电子信息企业在五大支柱产业中数量最多，制造业所占比重较小。截至 2019 年 5 月，全省电子信息产业共有单位数 21 160 个，其中制造业单位数 1 603 个，占该行业单位总数的 7.6%；信息传输、软件和信息技术服务业单位数 19 557 个，占该行业单位总数的 92.4%（表 6-2）。

表 6-2　四川省电子信息产业细分行业单位数及占比

行业类别	单位数/个	占该行业单位数比重
制造业	1 603	7.6%
信息传输、软件和信息技术服务业	19 557	92.4%

四川省电子信息产业收入规模不断增长。2018 年，四川省电子信息产业实现主营业务收入 9 258 亿元，同比增长 14.1%。2019 年全省电子信息产业主营业务收入首次突破万亿元大关，达 10 259.9 亿元，同比增长 10.82%（表 6-3）。其中，计算机、通信和其他电子设备制造业实现主营业务收入 5 342.2 亿元，同比增长 13.2%；软件与信息服务业实现主营业务收入 4 917.7 亿元，同比增长 14.4%。2022 年，四川省电子信息产业主营业务收入达到 16 242.5 亿元（表 6-3）。

表 6-3 四川省电子信息产业主营业务收入状况

时间	主营业务收入/亿元	同比增长
2018 年	9 258	14.1%
2019 年	10 259.9	10.82%
2022 年	16 242.5	9.2%

3. 四川省电子信息产业结构

四川省已经形成完整电子信息产业体系，军事装备、网络安全、计算机制造、软件等多领域实力强劲。其中，军事电子装备整体实力居全国第一位，网络信息安全产业规模居全国第二位，世界一半的笔记本电脑芯片在四川封装测试，此外，四川也是五大国家级软件产业基地之一，成都和绵阳都正在创建软件名城。四川省电子信息产业各细分领域发展状况良好，如表 6-4 所示。

表 6-4 电子信息产业各细分领域发展状况

细分领域	发展状况
集成电路	已形成 IC 设计—芯片制造—封装测试完整链条，拥有英特尔、德州仪器、联发科等知名企业；全球 50%的笔记本电脑芯片在四川封装测试，英特尔成都工厂是亚洲最大的芯片封装测试厂。
光电显示	拥有国家级数字视听产品产业基地，是全国重要的彩电生产基地；有京东方和深天马等面板生产线，中光电玻璃基板等项目。
电脑制造	全国四大便携式电脑生产基地之一，有戴尔、联想、富士康等重大项目及数百家配套商。2018年，四川规模以上工业企业电子计算机整机产量为 6 307.9 万台，同比增长 16.8%。
信息安全	拥有以中国电子科技集团公司第三十研究所等为代表的 100 多家从事信息安全产品研发、生产、系统集成和安全服务的企业；拥有网络信息安全产品 80 余种；2017 年，四川信息安全产业实现工业总产值 360 亿元，位列全国第二。
大数据	引进浪潮超算中心、华为软件开发云等项目；中国移动（四川成都）数据中心基地等 40 多个试点示范项目；数据中心规模及应用水平处于全国领先水平。
软件	中国最大的信息安全产品生产基地；第三大游戏产品研发和运营中心；五大国家级软件产业基地之一；成都获得"中国软件名城"称号。
网络通信	IBM、爱立信、西门子、阿尔卡特、诺基亚等知名企业集聚四川；"北斗"终端产品市场占有率 40%以上；四川已经成为全国第一个"全光网省"。

四川正着力调整电子信息产业布局，集聚效应明显增强。目前已经初步形成以国家级产业园区为骨干，省级、市级工业园区为补充的产业布局体系，构建了"大"字形的"一核一带两走廊"电子信息产业空间发展格局。不过从实质上看，目前四川省电子信息产业还处于价值链中低端，企业实力相对较弱。2019 年，仅长虹和九洲电器集团有限责任公司（简称九洲）上榜中国电子信息百强企业名单，营业收入和研发创新等方面均处于较低水平。目前，四川省电子信息产业在由以

生产制造为主向生产制造与研发应用服务相结合转变，产业整体正努力转向高附加值领域，产业结构正不断优化升级。

6.1.2　四川省电子信息产业发展的 SWOT 分析

1. 电子信息产业发展的优势（S）分析

1）发展规模较大，区位优势突出

四川省是我国重要的电子信息产业基地、最大的信息安全产品研发生产基地、全国便携式电脑四大生产基地之一，也是中西部电子信息企业集聚度最高的地区，初步形成以成都为核心的产业集群，目前产业规模体量较大，区位优势突出。

2）电子信息产业已形成新增长点

四川省传统电子信息产业结构不断优化升级，与时俱进。数字化赋能的新产业、新模式也在不断壮大，成为发展新动能，产业整体转向高附加值的产业领域或产业链环节。目前已形成信息安全、智能终端、新型显示、集成电路、北斗导航、智慧家庭等新增长点。

2. 电子信息产业发展的劣势（W）分析

1）经济基础薄弱，处于价值链中低端

四川省本土电子信息企业尚集中在价值链的中低端，价值链两端利润最丰厚的研发和市场却较少掌握在手中，组装、加工制造在单件产品上取得的低利润率使它只能靠扩大产能获取利润，量大质不高，光鲜的主营业务收入背后暗含低效益，导致企业经济基础薄弱，缺乏转型升级的资金。

2）缺乏引领产业转型升级的企业创新主体

四川省电子信息产业缺少资金雄厚、技术研发综合实力强的本土企业，创新主体仍以高校科研院所为主导。如今国内外知名产业巨头主导着四川电子信息产业发展走向，本土企业目前还很难对四川电子信息产业产生重大影响。因此，缺少本土龙头企业创新来引领带动产业数字化转型。

3. 电子信息产业发展的机会（O）分析

1）国家战略与地方政策为产业发展提供大力支持

国家正建设"一带一路"和长江经济带，大力实施"中国制造 2025"，加快发展"数字经济"，四川被列入国家系统推进全面创新改革试验区。此外，四川省委省政府也在积极推进"5+1"现代产业与数字经济的融合，大力支持电子信息产业转型升级。在国家和本省政策的大力支持下，四川省电子信息产业迎来新发展、新机遇，有望实现新一轮突破。

2）与知名企业合作逐渐深入，带动本土企业数字化转型

四川高度重视与台湾在电子信息产业领域的合作，台湾富士康、仁宝、纬创、联发科、巨腾国际等知名电子信息企业相继来川投资，带动了相关配套企业落户四川省。截至 2019 年第一季度，海峡两岸产业合作区"一区三园"（成都产业园、德阳产业园、眉山产业园）共新增台资项目 33 家，投资总额近 100 亿元。此外，目前已有 40 多家世界 500 强电子信息企业落户四川，有利于加强与头部企业的交流合作，学习知名企业的先进技术、管理，以及数字化转型经验。

4. 电子信息产业发展的威胁（T）分析

1）市场竞争挤出本土电子信息企业的发展资源

随着国际知名大型电子信息企业的进入，其将与本土企业在数字化转型上的土地、金融支持、倾斜性政策支持等方面形成竞争，从而影响本土企业发展资源的获取。

2）产业创新人员和数字化人才匮乏且流失现象严重

四川省电子信息产业具备技术能力创新的人才队伍也十分匮乏。2019 年，电子信息产业技能人员数占五大产业单位技能人员总数的比重仅 17.4%。省内高等院校和研究所培育的数字人才难以满足电子信息产业的转型发展需求，且高层次人才首选北京、上海和东部沿海城市，人才流失现象严重。总结如下（图 6-1）。

优势（S）	劣势（W）
（1）发展规模较大，区位优势突出 （2）电子信息产业已形成新增长点	（1）经济基础薄弱，处于价值链中低端 （2）缺乏引领产业转型升级的企业创新主体
机会（O）	威胁（T）
（1）国家战略与地方政策为产业发展提供 　　大力支持 （2）与知名企业合作逐渐深入，带动 　　本土企业数字化转型	（1）市场竞争挤出本土电子信息企业的 　　发展资源 （2）产业创新人员和数字化人才匮乏且 　　流失现象严重

图 6-1　四川省电子信息产业数字化转型发展的 SWOT 分析

6.2　四川省电子信息产业数字化转型发展状况分析

6.2.1　四川省电子信息产业数字化发展瓶颈、需求及必要性分析

1. 四川省电子信息产业数字化发展瓶颈

新一代信息技术产业是我国七大战略新兴产业之一，四川充分利用西部地区

承接东部沿海地区电子信息产业转移的浪潮，已成为我国重要的电子信息产业基地，初步形成以成都为核心的产业集群。当前，数字化不断颠覆传统电子信息产业，形成诸多数字化产品和新型商业模式。四川省拥有从原材料生产到研发设计、封装测试、整机生产的一体的完整产业链条，是中国电子信息产业的重要一极。但由于缺乏核心技术，附加值低，形成了高产出、低效益的现象，四川省电子信息产业数字化转型面临如下难题。

1）核心数字技术存在短板，无法对数字化增长点形成相匹配的支撑

四川省电子信息产业核心数字技术短板尚存，距数字化发展要求还有较大差距，在芯片、传感器、智能控制、基础软件等方面核心数字技术积累不足。在关键核心技术受制于人的同时，企业创新意识匮乏及原始创新能力薄弱，对国外电子元器件、基础软件等关键核心数字技术依赖的局面没有得到根本改变。一是拥有自主知识产权的核心技术专利十分匮乏，使得电子信息企业在数字技术研发过程中受国外专利壁垒、标准壁垒制约严重，能够生产的底层操作系统、芯片、传感器与控制产品大多集中在低端市场，这成为制约四川省电子信息产业数字化转型的重要因素。二是四川电子信息产业本土企业研发投入明显不足，创新意识薄弱，广东、江苏电子信息制造业的研发机构、研发人员和研发经费支出远远高于四川。三是由于缺少雄厚的研发资金和高素质研发团队，四川电子信息产业整体创新能力较差，产、学、研、用一体化的自主创新体系尚未真正建立。

2）电子信息中小企业的资金储备不足，数字化转型试点推广面临瓶颈

数字化转型前期需要大量资金投入，中小企业实力薄弱，现金流较少，难以承担数字化转型的巨大投入。在 IT（internet technology，互联网技术）基础设施建设、业务流程数字化改造、数据库建立和数字化商业模式重构等方面的长期巨大投资，使愿意转型的传统电子信息企业望而生畏。较少的投入无法带来实际益处，过高的投入则导致短期利润下滑。面对数字化转型，中小企业难以兼顾短期经济效益和长期发展。过高的数字化改造成本，成为资金储备不足的电子信息中小企业"不能转"的重要原因。因此，即使国家和地方政府大力实施数字化转型试点工作，并积累一定成功案例和经验，但大部分的中小企业，仍然难以接受数字化转型的巨大资金投入。

3）四川电子信息产业设备数字化水平低，且工艺与制造协作不畅

四川省电子信息企业数字化改造程度参差不齐，大部分仍处于工业 2.0 发展阶段，设备缺乏数字化模块，数据采集和设备互联互通难度较大。多数企业仍未完成基础的设备数字化改造。随着电子产品向小型化、精密化和集成化演进，对电子制造工艺的精度和可靠性提出严格要求，工艺问题成为传统电子信息业智能制造面临的核心问题。尽管有些企业引进了数字化设备，却仍沿袭使用老旧的工艺管理模式，产品数据未实现各系统的关联集成，形成数据断层，拉低了数据的

精准度和有效性。最后导致设备资源利用率低，质量控制效果不佳。

2. 四川省电子信息产业的数字化需求分析

1）提高电子信息产业供应链响应能力的需求

电子信息产品越来越趋于模块化、数字化，用户对产品功能的多样化、人性化、舒适性等要求更高。随着人们对环境的愈发关注，电子信息产品的节能环保要求越来越高。在此背景下，电子信息产品升级换代不断加快，再加上客户需求变化的多样性，提升供应链响应速度成为企业成功的关键要素。通过云计算、物联网、区块链、大数据等数字化技术的运用，能够建立稳定的、响应速度快的供应链体系，从而颠覆传统模式下企业供应链的"链"式运作，将供应链由"链"式变为网状，进而加强企业与客户、供应商等合作伙伴间的互联互通，极大增强整体供应链的执行效率。通过数字化转型，企业将获得更多供应链数据，通过人工智能等技术充分利用这些数据，能够为企业决策提供有效支持。

2）促进精益生产，提升产品质量的需求

电子信息产业产品迭代速度快，需缩短新产品导入周期，提高产品交付速度。通过对生产过程的数字化管控，利用工业互联网对生产制造各环节建立互通互联的数据通道，从而发现低效的生产流程，对过度生产、等待、运输、过度加工、库存、人才浪费等进行改善，促进精益生产，持续降低成本和提升效率，有助于形成用户需求驱动的即需即供、弹性部署、横向扩展的柔性生产能力。此外，基于数字技术，可打通从原料供应、元器件生产、组装、集成、销售到运维的全流程数据，实现产品全生命周期的质量跟踪，及时发现潜在问题，提高产品质量。

3）实现全面精细化管理的需求

电子信息产品属于知识、技术密集型产品，科技含量高，市场全球化使行业竞争日趋激烈，产品同质化使竞争白热化，产品升级换代迅速、研发投入大，注重节能环保及与国际标准的接轨。企业仅靠价格战或局部管理改善，已经无法获得持久的竞争优势，电子信息企业必须在成本、供应链、制造、物流和营销等环节进行数字化改造，提高数字化应用水平，打通各管理系统的数据共享，使企业决策层和管理层能够充分利用数字化系统掌握企业经营活动的真实情况，实现全面精细化管理，才能形成全面的竞争优势。

3. 四川省电子信息产业数字化转型的必要性

（1）电子信息产业作为我国经济的战略性、基础性和先导性支柱产业，是当前我国倡导的"互联网+"及"制造强国战略"的核心支撑，具有创新活跃、渗透性强、带动力大等特点，在推进智能制造、加快强国建设中具有重要的地位和作用。

（2）四川电子信息产业利润大幅下滑，出现负增长。加快数字化转型，有利于改变其在价值链中的中低端地位，减少产业受价格波动的影响，实现利润增长。因此，需要充分把握数字化转型发展机遇，以质量变革带动效益增长。

（3）电子信息是四川的第一大支柱产业，但目前存在重点企业支撑不足、产业增加值增长乏力等问题。电子信息产业抓住机遇加速数字化转型步伐，有利于推动产业质量变革和效率变革、驱动经济持续增长的新引擎。

6.2.2　四川省电子信息产业数字化转型方向分析

数字化转型应通过对产业链全面、系统的数字化重塑，实现全链条数字化升级，为产业上下游的参与者创造价值。因此，电子信息产业数字化转型是应用 5G、人工智能、工业互联网等数字技术，实现从原材料研制、产品制造组装到终端产品销售各环节的降本增效，营造高品质的客户体验，推动业务创新，形成企业新的增长点和核心竞争力。为此，应当提高数据开放共享水平，通过数据流整合传统生产要素，搭建联合伙伴机制，培育贯穿产业链上下游的数字化生态体系。

具体而言，从产业链角度，四川省电子信息产业数字化转型主要包括以下几个方面：①产业上游——电子材料的智能研发与数字化质量管理；②产业中游——电子信息产品的智能制造与个性化定制；③产业下游——终端产品需要数字化进行精准营销，实现供应链协同（图6-2）。

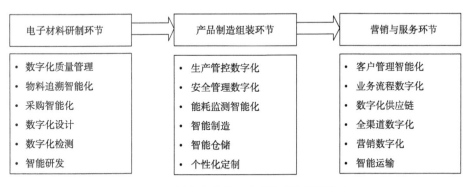

图 6-2　四川省电子信息产业数字化转型方向

1. 电子材料研制环节：智能研发与数字化质量管理

电子材料的技术先进性与质量将直接影响元器件和整机的性能，因此，智能研发和数字化质量管理是电子材料产业数字化转型的两大方向。电子材料产品种类繁多、技术门槛高，且专业性强，被广泛应用于集成电路、电子元器件、终端电子产品等领域，电子材料产业作为支撑数字技术与数字经济发展的基础性、先导性产业，一直都是新产品和新技术的赋能者和载体。但不可忽视的是，电子材料产业更应该成为数字技术最广泛的使用者。随着 5G 时代的到来，微型化、薄型化、具备高性能发展趋势的高端片式元件迎来广阔市场，但也向电子材料产业提出挑战。首先，应用数字技术进行智能研发，将加快材料关键技术攻关、功能、性能突破。一方面，智能研发要求电子材料厂商整合自身的研发流程，以及众多开源技术和开放平台，无缝对接软硬件的联合研发，提高研发效率和效果；另一方面，通过整合数据资源实现对终端产品用户的需求洞察，将用户的个性化需求融入产品研发的全生命周期，形成从用户到用户的材料研发循环，提高研发与市场的契合度。其次，数字化质量管理有助于建设透明化、可预测、智能化的质量管理系统，提高电子材料产业的质量控制水平，推动电子材料产业向两低三高（低消耗、低成本、高效率、高质量、高效益）转型。

2. 产品制造组装环节：智能制造与个性化定制

生产效率和市场规模是厂商利润的决定性因素，提高生产效率与扩大市场规模成为中游制造厂商转型升级的首要关注点。第一，电子信息产业对产品可靠性的要求更高，这意味着更高的加工精度，生产设备的微小偏差将造成产品质量的大幅下滑。加快智能制造布局，实现覆盖设备全生命周期的实时态势感知、远程故障诊断和预测性维护，将大幅提升电子元器件、电子零组件的精密度，有效降低设备运维成本，提高产品质量和生产可靠性。第二，电子信息产业中消费者对产品的需求日趋多样化，这对个性化定制化的生产能力提出了更高要求。依托工业互联网平台能够实现以用户为中心的柔性化生产，将用户需求转化为生产排单，实现个性化定制的规模化生产，有效扩大市场规模和产品竞争力。

3. 营销与服务环节：数字营销与数字化供应链

数字营销能够充分利用大数据技术精准识别客户信息，通过不同终端进行个性化推送，提高营销精准度，成为帮助企业连接用户、缩短用户转化链条、提高用户黏性和品牌知名度的有效举措，是四川省电子信息产业数字化转型的重要方向之一。数字营销通过对数据层的采集管理，历经分析层的数据分析洞察，促成终端用户体验提升和服务升级。数字化供应链是利用人工智能、大数据、物联网等数字技术手段，将数据从线下转移到线上，通过集成各种来源的数据，帮助企业实施行情预测、风险管理和前瞻性决策。这些数据不仅包括企业内部交付的业务数据，还包含与供应商、分销商和终端用户的数据。数字化提高供应链的互联与智能化水平，解决传统供应链各环节中信息孤岛的问题，能够快速对接供货渠道，应对突发状况。

6.3　四川省电子信息产业数字化转型典型案例分析

6.3.1　典型案例的选择

2019 年中国电子信息百强榜单中，四川省上榜的两家企业为四川九洲电器集团有限责任公司（简称九洲或九洲集团）和长虹电子控股集团有限公司（简称长虹或长虹集团），九洲和长虹作为四川省电子信息产业龙头企业，具有相对较强的数字技术研发实力和创新意识。九洲和长虹的数字化转型的切入点有所不同，但均取得良好成效。对两家企业数字化转型历程的分析与比较，有利于总结和提炼四川省电子信息产业数字化转型的有效模式和路径。

（1）九洲集团

九洲集团始建于 1958 年，是国家"一五"期间 156 项重点工程之一。公司是中国电子信息百强企业之一，在专业领域创造了多个第一，持续致力于为用户提供智能、安全、可靠的电子信息产品、解决方案和服务，力争引领相关行业的发展。公司聚焦产业发展主航道，紧密跟踪新技术、新业态发展趋势，积极在"智慧+"、5G 等业务领域谋篇布局，积极进行数字化转型升级，将数字技术融入公司产品生产、管理中，通过数字化赋能公司高质量发展。

（2）长虹集团

长虹集团创建于 1958 年，历经 60 余年的发展，从期初立业、彩电兴业，到如今的信息电子相关多元拓展，已成为集消费电子、核心器件研发与制造为一体的综合型跨国企业集团。公司建立了开放式的自主技术创新体系，成功构建起完善的全球消费类电子技术创新平台，使公司由传统的家电企业向 3C 融合的信息家电企业转型，并成功构架跨越广电网、通信网及互联网的 3C 产业体系。多年来，长虹坚持以用户为中心、以市场为导向，强化技术创新，夯实内部管理，构建消费类电子技术创新体系。在数字化浪潮下，为不断提升企业综合竞争能力，长虹开始全面数字化转型，并取得了阶段性成绩，"2020 鼎革奖中国数字化转型先锋榜"中，长虹摘获"年度新技术应用突破奖""年度财务转型典范奖"两项大奖。

6.3.2　九洲集团的数字化转型分析

1. 企业数字化战略

九洲坚持改革发展、创新发展，厚植发展动能，聚焦资源投入，基于"131"

业务布局，持续推动业务转型升级，打造新一轮核心支柱产业，加强技术创新，提高核心竞争力和可持续发展能力，强化产融互动。大力实施以投资并购为重点的资本运作，奋力推进高质量发展。围绕人工智能、5G 等重点领域，加强行业前沿技术和关键核心数字技术攻关，将数字技术不断融入公司产品。

2. 九洲集团的数字化转型历程

九洲集团的数字化转型历程大致可以分为三个阶段。第一阶段（2004~2015年）是通过数字技术研发赋能产品数字化升级的起步阶段；第二阶段（2016~2018年）是推进智能制造和数字化管理的阶段；第三阶段（2019 年至今）是数字化管理转型初显成效的阶段（图 6-3）。

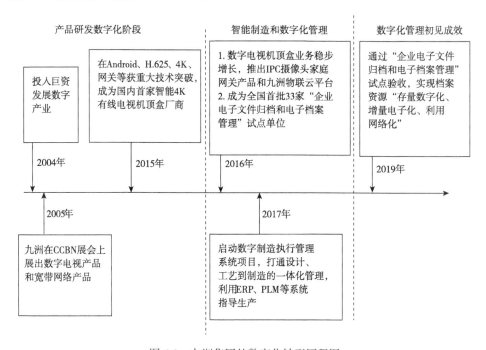

图 6-3　九洲集团的数字化转型历程图

CCBN，China Content Broadcasting Network，中国国际广播电视信息网络展览会；
IPC，IP Camera，网络摄像机；ERP，enterprise resource planning，企业资源计划；
PLM，product lifecycle management，产品生命周期管理

3. 九洲集团数字化转型主要内容

1）数字化赋能产品升级

九洲充分利用人才、技术、市场等资源优势，抓住广电 5G、4K/8K 超高清视频、"智慧广电"业务推进，通信带宽高速化、超高清视频业务发展的机遇，研发

和生产具有国际先进水平的全功能智能终端产品，并为客户提供整体系统软硬件方案。公司重视新技术、新产品、新应用的研究和开发，坚持走以技术创新为驱动的产业发展道路。通过技术创新、产品经营、品牌建设等多种方式，形成全系列和全业务智能媒体终端产品、宽带接入设备产品及内容资源等多元化发展的业务格局。

　　九洲在数字产品上始终坚持创新。2004 年，它抓住模拟电视向数字电视转换的历史机遇，投入巨资发展新型产业——数字电视，仅用 200 多天就建成了两年才能建成的年产 500 万台的数字产品生产线，被业内誉为"九洲速度"。2005 年，九洲公司在 CCBN 展会上展出数字电视产品和宽带网络产品，重点突出数字前端、终端设备，综合体现九洲公司技术优势和研发生产实力。2015 年，在 Android、H.265、4K 网关等新技术方面获得重大突破，成为国内首家高清智能 4K 有线电视机顶盒提供商。同年荣获"2014—2015 中国软件和信息服务业智能生活最佳解决方案奖"。2016 年，数字电视机顶盒业务稳定增长，在稳主业的同时，推出 IPC 摄像头家庭网关产品及九洲物联云平台。

　　目前，九洲集团产品已涵盖 DVB（digital video broadcasting，数字视频广播）、LED（light-emitting diode，发光二极管）、光电子器件、音响等门类，在"智能化改造升级"的口号下，九洲积极对现有设备进行数字化升级，如 LED 照明产品、LED 显示屏等，致力于为客户提供专业的 LED 照明与显示整体解决方案，推进智慧照明产业发展。在音响设备方面，研发团队已经成功实现 DPS（digital pixel system，数字像素系统）音频处理、信息技术、人工智能、通信传输技术与音响技术深度融合，15 项专利成功申报并被受理，成功研发出数字电源、数字功放等产品，有力促进了产品升级。

　　2）生产数字化

　　2017 年 5 月，九洲集团数字化制造执行管理系统项目启动，北京天圣华信息技术有限责任公司助力九洲实施数字化协同设计平台。九洲集团提出信息化整体规划和机制车间、总装车间的信息化需求。经过前期努力，项目已成功实现设计工艺一体化，完成了基于统一模型的设计和工艺编制，完成了机载应答机机箱的三维结构化工艺验证，产品已经试制成功。制造执行系统（manufacturing execution system，MES）项目将真正打通从设计、工艺到制造的一体化管理，利用 ERP、PLM 等系统的数据指导车间层面的加工，并获取真实制造层的数据，实现设计及工艺的数据向 PLM 层面反馈，不断进行迭代（图 6-4）。

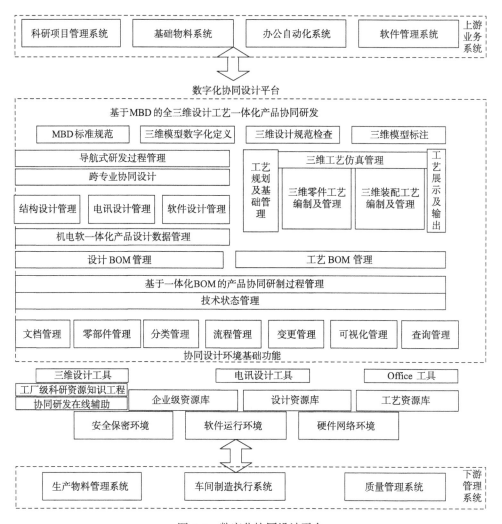

图 6-4　数字化协同设计平台

MBD，model based definition，基于模型的定义

BOM，bill of material，物料清单

3）管理数字化

2016 年 12 月九洲集团被国家档案局、国家发展和改革委员会确定为全国首批 33 家"企业电子文件归档和电子档案管理试点单位"之一。经过两年多的努力，公司电子文件归档和电子档案管理试点实施经历了前期调研、系统开发、系统部署、系统保密测评、人员培训等阶段，建立的数字档案管理系统于 2019 年 2 月正式上线运行。公司顺利通过电子文件归档和电子档案管理试点验收，标志着公司档案管理工作迈上了新台阶，数字档案管理系统的建成，提升了公司电子档案管

理的能力，逐步实现了档案资源"存量数字化、增量电子化、利用网络化"，为公司推进数字化转型，提升管理效率奠定了坚实的基础。

4. 九洲集团数字化转型路径

九洲集团数字化转型过程中，首先通过数字化赋能产品升级，将物联网、人工智能、通信传输技术与终端设备深度融合，加快数字产品的研发和市场应用。然后逐步推进生产数字化和管理数字化转型（图 6-5）。

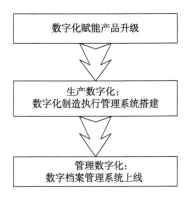

图 6-5　九洲集团数字化转型路径

5. 九洲集团数字化转型成效

1）主营业务增长

九洲集团通过创新驱动发展，积极转变产业发展方式，不断扩大数字产品业务范围。九洲集团旗下数字电视产业转型升级成效卓著，目前已成功进入国内外通信市场领域。在光器件封装领域，产品成功进入华为、中兴、烽火、贝尔等世界知名通信企业，单月光器件产出已跃居行业第二，规模与效益同步增长。在机顶盒、宽带接入终端领域，已成为中国电信、中国移动、中国联通、西班牙电信等企业的主要供应商。2019 年，九洲实现营业收入 276.5 亿元，同比增长 10.6%；利润总额 5 亿元，同比增长 18%[①]。

2）生产降本增质

数字化协同设计平台帮助九洲集团建立了设计资源、工艺资源等企业资源库，建立了长效知识积累再利用机制，对进入平台的操作系统、各类工具软件的版本进行统一和限制，确保信息的有效性。同时，通过平台提供的物料、模板、标准、规范、典型案例等基础资源，为产品研发质量提供了有力的技术保障。项目有效

---

① 四川经济日报. 目标 500 亿元! 九洲集团向国家创新驱动发展典范加速迈进. http://epaper.scjjrb.com/Article/index/aid/3488930.html.

提高了九洲电器的协同设计能力，提升了生产运行管理的数字化、精细化水平，提高了产品质量和生产效率，降低了生产成本，为九洲电器提高市场竞争力提供了有效支撑。

3）管理效率提升

九洲集团建立数字档案管理系统，完成了数字档案管理系统与产品数据管理（product data management，PDM）系统的集成、实现了 PDM 系统内电子文件的归档和管理，形成了电子文件归档、电子档案管理技术方案和业务管理经验。同时，结合企业业务实际和管理需求，建立了严格的涉密信息访问控制体系，确保了信息资源安全，提高了档案利用效率。档案管理的数字化，得到了广大干部职工的支持和认可。截至 2020 年 5 月，数字档案管理系统已收集、归档 15 个类别档案，条目 26 万余条、原文 8.6 万余件；实现档案利用 2 000 余人次，涉及档案 8 000 余件[①]。

6.3.3　长虹集团的数字化转型分析

1. 企业数字化战略

持续深化以"新三坐标"为指引的智能战略，聚集优质资源重点发展信息家电、产业服务、军民融合等"三大主业"板块，推动产业结构升级。长虹实施全面数字化转型，包括两个方面。一方面，是指现有终端产品和中间产品全面进入网络连接，通过持续强化技术升级，做强基于物联网的智能家电业务，拓展新型智能终端产品门类，建立获取用户数据的能力，并持续打造用户运营平台，完善基于物联网的"硬件+软件+内容+运营+服务""五位一体"的智能生态，推动服务型制造；另一方面，建设面向智能制造的服务能力，推动长虹内部业务活动全面"云化"，并开放面向智能制造的服务资源，促进线上云平台与线下服务资源充分融合，推动长虹转型为面向行业的"端云一体"集成服务商。

2. 长虹集团的数字化转型历程

长虹集团的数字化转型历程大致可以分为三个阶段。2011~2015 年，是数字技术研发，以及管理、营销数字化转型起步阶段；2016~2018 年，是推进产品数字化升级和服务型制造转型的建设阶段；2018 年至今，是加速智能制造的阶段（图6-6）。

---

① 九洲集团. 九洲通过全国首批企业电子档案管理验收.

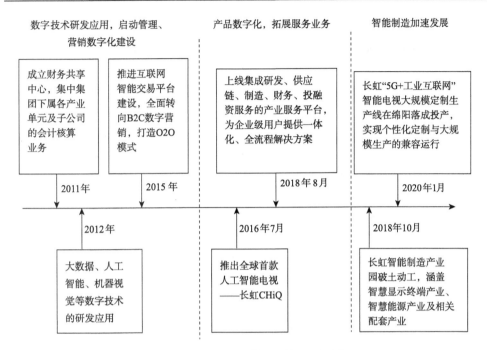

图 6-6　长虹集团的数字化转型历程图

3. 长虹集团数字化转型主要内容

1）数字化赋能业务转型

公司持续进行基础科技研究能力和技术创新能力建设，相继建成人工智能、信息安全和新能源材料灯塔实验室。公司拥有包括长虹技术中心、美菱技术中心、华意技术中心等在内的多个国家级技术中心，拥有丰富的家电产品设计开发和应用经验。同时，公司持续强化全球的产学研资源的协同，进一步与华为技术有限公司、电子科技大学、四川大学、美国西北大学等国内外一流产学研机构深化了合作。

智能家电业务扩展。从 2012 年开始，长虹先后在传感器模组开发应用、语音识别芯片开发应用、基于大数据的人工智能技术研发及应用、机器视觉等技术研发及应用等方面进行探索。2016 年 7 月，长虹推出全球首款人工智能电视——长虹 CHiQ（启客）人工智能电视，它将人工智能与黑电垂直业务领域深度融合，根据用户使用习惯，对用户喜好进行自动分析，推荐内容也更加精准。长虹一直将数字技术应用在产品中，持续发展智能家电业务。在智能家电板块，长虹基于物联网技术，以电视为中心，推出了全新的 CHiQ 电视、CHiQ 冰箱、CHiQ 空调等人工智能家电，并通过强大的物联兼容协议，实现长虹 CHiQ 电视与 CHiQ 冰箱、空调及小米等智能家居生态链设备互联互通互控，让用户实际感知美好生活。

2019 年公司数字技术创新取得进一步成果，面向海外的智能电视关键技术、超高清激光显示关键技术、变频空调高效运行与安全控制技术处于国际先进水平；人体检测、语音合成、语义识别能力、声纹支付技术等达到业内领先水平，推出了全球首款"双平面艺术电视"、4K 高性价比激光影院产品及集"机身薄、箱体薄和门体薄"于一体的"全面薄"冰箱。

服务型制造转型。长虹集团整合核心部件与前端制造业，强化精益制造，加快电子制造产业转型升级。通过搭建工业互联网平台，大力发展制造服务业，为互联网企业和新经济企业提供代工（original equipment manufacturer，OEM）、贴牌（original design manufacturer，ODM）、工业简单设计加工服务，借助数字技术实现从单纯产品盈利向"产品+服务"的运营模式转变，推动公司转型成为新经济、新动能的工业支撑。2018 年 8 月 31 日，长虹推出由研发服务、供应链服务、制造服务、财务服务、投融资服务五个方面组成产业服务平台，隶属于长虹产业服务平台的大数据产业供应链决策分析平台，入选 2018 年大数据产业发展试点示范项目。该平台将长虹的研发、供应链、制造、财务等能力平台化、商品化，为企业级用户提供一体化、全流程解决方案。大数据产业供应链决策分析平台充分发挥长虹的资源整合优势，基于完整的供应商评价数据、物料质量控制体系，打通采购供应、加工制造、分销配送等生产中的各环节，高效、精准地对接客户需求。为企业级用户提供全球采购平台服务、供应链综合服务、采购执行、分销执行、虚拟生产等供应链服务。

2）智能财务提升运营管理能力

长虹于 2011 年提出智能财务的理念，旨在采用数字化的方式拆解企业的传统财务运营。在遵循会计原理和准则的前提下，对会计与财务管理的形式做出颠覆性质的变化，从而实现人和机器的专业化分工，使得日常工作中大量的、确定的、可重复的工作分配给机器来完成，而将人真正解放出来，从事业务支持和业务决策等工作。然后通过长虹自主开发的财务管理系统，完成信息采集，信息由非结构化转化为结构化的电子化过程，系统产生订单并自动分配到费用核算岗位中，财务共享中心费用核算人员按照服务处理时限，在两个工作日完成核算、专职复核会计检查并通过银企互联系统完成最终的费用报销支付，大大提高了各单位的会计业务核算效率。

此外，长虹将财务共享管理经验与互联网+技术相结合，通过技术手段有效脱敏、建立会计业务标准，实现去 ERP 化、低门槛化，建立社会公用性的共享中心，为中小微企业提供便捷、高效、高质量、低成本的互联网财务服务，助力中小微企业提升整体会计信息质量，减少中小微企业涉税风险，促进企业健康成长，让诸多中小微企业受益，有效铺开税收共治格局，实现政、企、银、税"四方共赢"。该项目获得当地政府、银行和中小微企业的高度认可和评价，有较大社会效应和推广价值。

3）智能交易平台建设提升营销力

2015 年，长虹加快推进互联网智能交易平台建设，全面转向 B2C（business to customer）数字营销，打造 O2O（online to offline）模式，力促 CHiQ 智能新品落地，以提升产品力和营销力。营销工作重心由过去围绕经销商展开转向以大数据为支撑，围绕用户展开。长虹营销体系构架从 B2B（business to business）转为 B2C 模式，并将过去线下经销商的业务向线上转移，实现经销商的销售、结算、物流都在线上完成，让经销商没有库存压力，以大幅降低交易成本，同时尽可能不影响原有营销业务，实现营销平稳过渡。通过线上管理，能够精准了解每个经销商的销售和库存信息，以及用户的需求信息。长虹能够利用这张遍布全国的经销商网络，真正实现 O2O，实现销售的精准和可量化，为消费者打造标准化服务，实现与消费者的互动。

4）智能制造提高生产效率

长虹智能制造产业园总占地面积约 1 300 亩（1 亩≈666.7 平方米），于 2018 年 10 月 28 日破土动工，涵盖智慧显示终端产业、智慧能源产业及相关配套产业，着力于推动长虹产业形态从 B2C 的制造模式到 C2B（customer to business）模式聚合转变，积极助力产业升级。截至 2019 年底，以智慧显示终端及相关配套为核心的智能制造产业园，已实现试生产；以智能白色家电及特种业务为核心的经济技术开发区工业园，已实现全面投产。智慧园区的全面建成将为公司产业转型升级提供新的发展动能。作为中国智能制造首批试点示范项目，长虹独创出新型多阶段混联离散型生产模式，通过生产信息化系统、柔性生产模式、智能设备集成、虚拟仿真等工具，提升小批量多批次订单、C2M（customer-to-manufacturer）个性化定制的制造能力，实现大规模个人化定制。2020 年 1 月 15 日，长虹和上海海思联合打造的"5G+工业互联网"智能电视大规模定制生产线在绵阳正式落成投产。作为长虹智能制造产业园的生产线之一，"5G+工业互联网"智能电视大规模定制生产线广泛应用工业机器人、机器视觉、边缘计算等 5G 与工业互联网技术，全面集成生产信息化、智能设备、原材料物流传输等系统，提升了多批次、小批量订单的制造能力，最终实现个性化定制与大规模生产的兼容运行。

4. 长虹集团数字化转型路径

长虹集团实施全面数字化转型，一方面促进智能家电业务增长，另一方面加快向服务型制造企业转变，并通过财务管理数字化、营销模式变革和智能制造为业务数字化转型做支撑（图 6-7）。

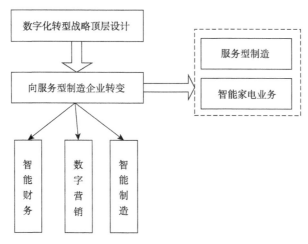

图 6-7　长虹集团数字化转型路径

5. 长虹集团数字化转型成效

1）主营业务增长

在全面数字化转型战略的指导下，长虹从规模制造走向精益智造，智能家电业务实现快速增长。长虹稳居中国智能家电第一阵营，长虹电视、空调，美菱冰箱等居行业前列。自 2016 年首款人工智能电视问世以来，长虹在人工智能技术上的快速迭代，奠定了其在人工智能家电领域的领先地位。目前，长虹智能电视激活率约 45%，留存率约 70%，活跃度约 60，转化率约 40%，均居行业第一，语音月均调用量破亿次。此外，服务型制造业务拓展为长虹带来新的增长点，2018 年底，长虹的制造能力正在服务小米、惠而浦、京东方、海尔、国家电网、中国电子、富临集团、华晨汽车、英业达等数十家国内外知名企业，覆盖家电、军工、教育、酒类、家居等行业。

2）管理和生产效率提升

长虹建立财务共享服务中心，加强内部控制，信息共享化，提高客户的满意度。通过一系列的整合集中提高资源的利用率，有效地解决了原本分散模式下的资源闲置与成本浪费，提高了管理效率，并降低了运营成本。

在智能制造方面，长虹利用物联网、工业互联网等数字技术，实现整个工厂的统一调度、集中控制、快速响应，整个工厂的物流自动化率达到了 95%，大大提高了生产效率。此外，为满足大规模个人化定制，采用了多阶段混联的生产模式，将交付周期缩短了一半以上，高出行业平均水平近半个月。

3）商业模式创新

长虹智能交易平台通过数字营销模式，整合电商、物流、售后、用户交互的资源，以大数据平台为支撑，打造互联网智能交易平台，以 O2O 为核心，建设营销业务的信息化系统，实现用户的信息收集和维护、库存的实时管理，强化用户的互动，并建立便捷的物流体系，通过为终端客户实现最后一公里的配送，提升物流售后、交易支付等方面的用户体验，增强用户黏性。

6.3.4　案例小结

1. 典型案例数字化转型影响因素

整体而言，影响九洲集团和长虹集团数字化转型的主要因素有三个层面（表6-5）。

表 6-5　电子信息产业数字化转型影响因素

维度	九洲集团、长虹集团
技术	数字技术研发能力、数字平台搭建能力
组织	外部资源获取、数字化战略设计
环境	政府政策支持、行业特征

其一，技术维度，主要包括数字技术研发能力和数字平台搭建能力。九洲集团拥有良好的数字技术研发能力，从而能够围绕人工智能、5G 等重点领域，加强行业前沿技术和关键核心数字技术攻关，并不断将数字技术融入公司产品，实现产品数字化、智能化升级。长虹集团同样重视将数字技术研发能力转化为产品核心竞争力，发展智能家电业务。另外，长虹也积极利用数字化赋能业务转型，通过搭建产业服务平台向服务型制造企业转变。强大的平台搭建和平台资源整合能力使长虹能够借助数字技术，为企业级用户提供采购、研发、生产、分销、售后等供应链服务，提高在供应链管理服务领域的运作效率，加快向"产品+服务"的数字化运营模式转变。

其二，组织维度，主要包括外部资源获取和数字化战略设计。九洲集团引入外部资源，进而能够借助合作伙伴力量打造数字化制造执行管理系统，全面采用国际领先的数字化手段，提升企业基于 MBD 的三维设计一体化、机电软件一体化 BOM 和数字化设计工艺一体化的能力，实现了生产数字化转型。长虹集团大规模定制产品生产线同样引入了外部资源，依托上海海思技术有限公司的 5G 技术优势，实现 5G 智能制造的规模应用。此外，长虹集团通过数字化转型战略设计，明确了转型目标和方向，进一步推动公司内部生产、管理、营销的全面数字化转型。

其三，环境维度，主要包括政府政策支持和行业特征。四川省政府大力支持电子信息产业发展，推进产业数字化转型。九洲集团是我国数字电视领域领先企业，作为国资国企改革试点单位，受到国家和省政府政策大力支持，其中，无线宽带接入系统研发及产业化项目，获得 450 万元资金支持。另外，长虹集团智能电视产业链建设项目，获得重点产业振兴和技术改造 1 500 万元资金支持。同时，长虹作为 2018 年大数据产业发展试点示范企业，借助国家政策风口成功拓展数字化业务，实现了向服务型制造企业的转型升级。此外，电子信息产业产品种类多，技术含量高、产品质量要求高，其行业特征驱动企业进行数字化转型，通过数字技术创新为产品赋能，实现产品质量管控及生产提质增效。九洲集团和长虹集团所处的产业特征，促使双方顺应转型趋势，加快数字化转型步伐。

2. 典型案例分析总结

比较电子信息产业两大典型案例企业的数字化转型的因素、过程和路径可以发现其异同如下。

两家企业的相同之处在于：①两者都高度重视数字技术研发，持续推进技术集成创新。②两者都将数字技术应用于产品数字化、智能化发展，迎合数字趋势加快产品迭代升级。③两者都借助外部合作，解决技术升级、流程优化、设备运营管理等问题，推进生产数字化转型。

两家企业的不同之处在于：①九洲集团数字化转型的重点在于加快研发物联网、人工智能等数字技术，并应用于产品数字化、智能化升级。长虹集团数字化转型的重点在于应用数字技术重塑产品形态，同时向为供应链提供数字化服务的集成服务商转型。②九洲集团没有从顶层设计制定明确的数字化转型战略。长虹集团高度重视数字化转型并制定了全面数字化转型战略。③九洲集团更多将数字技术应用于数字产品升级。长虹集团除此之外，还借助数字技术，成立产业服务平台，向"产品+服务"的模式转变。④九洲集团并未以数字化赋能营销端。长虹集团则成立了智能交易平台，以大数据为支撑，全面转向 B2C 数字营销，并打造O2O 模式，实现了线上线下一体化营销渠道建设。

6.4　基于典型案例分析的数字化转型路径总结

6.4.1　四川省电子信息产业数字化转型路径分析

1. 路径一：技术创新赋能产品数字化升级，推动智能制造和管理数字化

九洲集团的数字化转型过程，是从产品数字化升级着手，通过技术创新，将数字技术与产品融合，打造智能终端数字产品，不断推进数字产品研发和应用。然后通过外部资源获取，与合作伙伴共同开发数字化生产系统，推进生产数字化转型。同时，加快数字档案建设，通过数据集成共享提高管理效率，为公司高效运营和数字化转型加速奠定基础（图 6-8）。

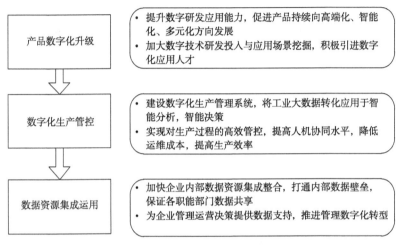

图 6-8　四川省电子信息产业数字化转型路径之一

首先，提升数字研发应用能力，将 5G、大数据、物联网、人工智能等数字技术应用于产品设计制造，丰富数字化产品种类。目前，电子信息产品持续向高端化、智能化、多元化方向发展，智能终端产量不断提高，数字化升级带来产品附加值不断增加，智能家居、虚拟现实（virtual reality，VR）设备等数字化产品种类不断丰富。电子信息企业加大数字技术研发投入，引进数字化应用人才，自主创新提升数字研发应用能力，能够加快赋能产品数字化升级，提升企业核心竞争力。

其次，充分利用外部资源合作，建设数字化生产管理系统，并建立中央数据库，将工业大数据转化应用于智能分析、智能决策。利用数字化生产管理系统实时监控产品制造、工艺流程，以及品质数据，实现生产设备互联互通和工厂透明化管理。建立中央数据库，对工艺管理、制造执行、质量管控、设备数据、物料库存等相关生产数据进行采集和应用，能够实现智能分析、智能决策、精准执行的数字化生产。数字化工具应用将实现对生产过程进行精细、高效的管理与控制，提高人机协同水平，降低设备运维和人力成本，提高生产效率。

最后，加快企业内部数据资源集成整合，实现数据共享，提升管理效率。建设数字档案管理系统，能够有效解决管理效率低下问题，打通内部数据壁垒，保证各职能部门数据共享，提高部门间协作效率，达到管理细节的有效管控和执行，并为企业管理运营决策提供数据支持，推进管理数字化转型。

2. 路径二：以数字化战略为切入点，布局全流程数字化，转型服务型制造

长虹集团的数字化转型过程是从早期开始布局数字技术研发应用，以及管理、营销数字化建设，为实施"产品+服务"的全面数字化转型奠定了良好基础。接着对数字化转型进行顶层战略设计，运用云计算、大数据、物联网、人工智能等数字技术重塑产品形态、重塑商业模式。在通过技术升级拓展智能终端产品种类的同时，提供面向行业的集成服务（图6-9）。

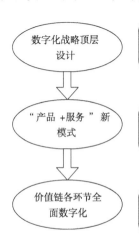

数字化战略顶层设计	• 对企业内外部运营数字化需求进行梳理，有针对性地制定转型战略 • 通过数字化战略顶层设计明确转型方向
"产品+服务"新模式	• 搭建产业服务平台，从单纯提供产品的制造企业向面向行业的集成服务商进化 • 通过平台为企业级用户提供供应链数字化服务，推进产业结构转型升级，从价值链低端向高端攀升
价值链各环节全面数字化	• 积极同具有数字化架构和实施能力的企业合作，实现生产、营销等价值链各环节的数字化转型 • 打通价值链各环节数据，支持产品和服务数字化落地，促进企业全面数字化转型

图6-9　四川省电子信息产业数字化转型路径之二

首先，通过数字化战略顶层设计明确转型方向。局部数字化无法真正解决企业未来长远发展问题，必须从战略层面挖掘需求，进行全景式顶层设计，才能实现全面数字化，最大限度地解决问题和释放企业发展潜力。对企业内外部运营数字化需求进行梳理，有针对性地制定转型战略，能够为数字化转型指明方向。

其次，搭建产业服务平台，从单纯提供产品的制造企业向面向行业的集成服务商进化。坚持技术创新，通过数字技术应用加快数字化产品推广，并搭建产业服务平台，从单纯提供产品的制造企业向"产品+服务"模式转变，向面向行业的集成服务商转型。通过平台搭建，为企业级用户提供供应链数字化服务，推进产业结构转型升级，从价值链低端向高端升级。

最后，寻求合作伙伴促进价值链各环节数字化，为产品和服务数字化转型提供有力支撑。积极同具有数字化架构和实施能力的企业合作，实现生产、管理、营销等价值链各环节的数字化转型。在生产数字化方面，搭建工业互联网平台实现个性化定制和大规模生产。在管理数字化方面，通过财务、运营等组织数据交

互共享实现管理效率提升。在营销数字化方面，进行线上营销渠道建设并加强管控，实现精准营销和为用户服务。通过各环节数据打通和数字化协同，支持产品和服务数字化落地，进而促进企业全面数字化转型。

6.4.2　四川省电子信息产业数字化转型的重点与难点

1. 电子信息产业数字化转型的重点

九洲集团这类电子信息企业数字化转型路径中，数字化转型的重点在于坚持技术创新，并将创新能力应用于产品数字化、智能化升级，以丰富数字产品种类，提高核心竞争力和市场影响力。

长虹集团这类电子信息企业数字化转型路径中，数字化转型的重点在于整合资源搭建产业服务平台，向面向制造行业的集成服务商转型。借助数字技术赋能向供应链企业提供数字化服务，实现价值链中各利益相关者的价值增值，进而延伸和提升企业价值链，提高产品、服务附加值及市场占有率。

2. 电子信息产业数字化转型的关键难点

（1）数字化转型是以数字技术为核心的创新变革，产品数字化升级须以数字技术创新及应用为基础，从而对企业技术创新能力和速度提出要求。然而数字核心技术攻关难度大，具有较大不确定性，且需要较多精力和资金的持续投入。

（2）向面向行业的服务商转型，需要服务平台的搭建与运营，以及强大的行业资源整合能力。在向服务型企业转变过程中，可能会因缺乏数字化基因，导致数字化服务平台运营中难以突破传统思维。

（3）企业数字化转型技术支撑往往需要依托外部资源，借助与数字服务商的合作，对价值链各环节数字化转型提供技术保障，因此需要积极发展合作资源。

6.5　政策建议

电子信息产业作为四川省首个突破万亿元大关的产业，受到省委、省政府高度重视，推动电子信息产业持续发展，是当前经济稳定和跑好经济长期发展"马拉松"的双重要求。当前四川省电子信息产业存在增长后劲乏力、创新不足等问题，必须抓住国家数字经济创新发展试验区的历史机遇，推动电子信息产业数字化转型，塑造发展新优势。现结合四川省电子信息产业数字化发展实际，提出如下政策建议。

1. 加快突破电子信息产业核心数字技术的瓶颈

一是出台优惠政策减免电子信息企业数字技术研发的税收负担，研发支出直接按照一定比例抵免当年的应纳税所得额，鼓励企业加快数字技术研发。二是设立政府专项基金，用于对省内计算机芯片、电子设备等重点领域企业数字技术创新的引导、扶持和奖励。三是支持企业承担核心数字技术研发项目，并给予一定补助，加快核心技术瓶颈突破，并重视核心数字技术专利布局。四是鼓励以企业为主体的数字化创新平台建设。对于以企业为主体创建的智能制造、人工智能、工业互联网等重点实验室和研究中心，经国家级或省级认定后给予相应奖励，促进以企业为主体的数字创新体系构建。五是推动产学研战略合作与协同创新，探索前沿数字技术的创新发展，同时为数字化成果应用提供有力支撑。

2. 建立电子信息产业的数字化标准体系

一是加快制定电子信息产业关键数字技术标准和行业应用标准，围绕数字化设计、制造、试验与管理等领域将相关标准科学分类，推进一批政策标准试点验证。二是完善电子信息产业的工业互联网、智能制造的参考架构，用于指导制造单元、智能化生产线、车间等的总体设计，实现不同厂商设备间的数据共享。三是加快电子信息产业的工业设备连接，工业数据共享等方面的数字化标准制定，促进标准认证与落地实施，实现工业设备互联互通。

3. 打造电子信息产业智能制造标杆示范项目

一是加大财政预算用于支持电子信息产业智能制造标杆项目落地，部署关键数字技术创新，开展智能制造试点示范，最终形成可复制、可推广的经验与模式。二是鼓励电子信息企业对智能制造共性技术与支撑软件的集成创新，并培育壮大一批具有竞争力的智能制造系统解决方案供应商。三是培育一批集成电路、芯片制造等重点领域的智能制造骨干企业，遴选出一批实施智能制造突出的标杆企业，在相关行业领域大规模推广。

4. 推进电子信息数字化产业集群建设

一是聚焦集成电路、电子元器件等重点领域，推进电子信息数字化产业集群建设，继续巩固成都市作为四川电子信息产业的核心地位，同时发挥其对周边地区的辐射带动作用。二是持续优化和完善数字化产业集群的数字基础设施及数字化服务体系建设，营造良好的数字化转型环境。三是汇聚国内外知名企业、研发机构，促进产业集群内的数字化转型伙伴合作，为中小企业数字化转型升级提供良好的生态环境和资源支持，带动集群中小企业展开质量变革、效率变革、动力变革。四是建设电子信息产业数字化虚拟集群，打造以平台为载体的"云"上产业链，联合各方力量，积聚并促进技术、资本、信息资源等供求的有效对接，推动电子信息产业价值链环节的全面数字化改造。

第7章 四川省食品饮料产业数字化转型分析

7.1 四川省食品饮料产业发展现状分析

7.1.1 四川省食品饮料产业数字化转型背景

1. 四川省食品饮料产业概述

食品饮料工业指主要以各类产品或半成品为原料，制造、提取、加工成食品或半成品，具有连续而有组织的经济活动工业体系。食品饮料产业即食品饮料工业，它是农业的延伸部门，指以农副产品为原料通过物理加工或利用酵母发酵的方法制造食品的工业生产部门。其原料主要是农、林、牧、渔及副业部门生产的初级产品。食品饮料产业包括食品制造业和饮料制造业。

四川省拥有丰富的食品原料资源，已形成白酒产业为龙头，精制茶、果蔬汁等为特色的食品饮料产业。2018 年，《四川省人民政府办公厅关于优化区域产业布局的指导意见》发布，引导各地优化产业布局，该指导意见进一步明确了各经济区及市（州）食品饮料产业的重点发展领域，如表 7-1 所示。

表 7-1 四川省各经济区食品饮料产业重点发展领域

经济区		重点发展领域
成都		生物技术药、新型化学药、中药制造、川菜调味品、优质白酒、饮料制造、农产品精深加工
环成都经济圈	德阳	优质白酒、饮料制造、烟草制造、医药制剂
	绵阳	农产品精深加工、优质白酒、中药制造、化学药
	遂宁	优质白酒、农产品精深加工、休闲食品
	乐山	精制川茶、饮料制造、农产品精深加工
	雅安	精制川茶、饮料制造、农产品精深加工

续表

经济区		重点发展领域
川南经济区	泸州	优质白酒、农产品精深加工、生物制药、中药制造、化学药
	内江	中药制造、生物制药、化学药
	宜宾	优质白酒、农产品精深加工、精制川茶
川东北经济区	广元	饮料制造、农产品精深加工、精制川茶
	达州	农产品精深加工、医药制剂
	巴中	农产品精深加工、精制川茶、饮料制造、中药制造
攀西经济区	攀枝花	农产品精深加工、烟草制造
	凉山	农产品精深加工、医药制剂
川西北生态示范区	阿坝	农产品精深加工、矿泉水、中藏药
	甘孜	农产品精深加工、矿泉水、中藏药

2. 四川省食品饮料产业发展规模

依托省内优势资源，四川省食品饮料产业努力突破万亿元大关。但目前产业增速不高且放缓，意味着四川食品饮料产业潜能未能得到有效释放，产业质量有待进一步提升。

四川省食品饮料企业数量较多，大部分集中分布于制造业，产业链不完整且规范化、市场化程度低。四川省"5+1"现代产业从业人员和人才状况数据显示，截至 2019 年 5 月，全省食品饮料业共有单位数 4 963 个，其中制造业单位数 4 961 个，占该行业单位总数的 13.1%；采矿业单位数 2 个，占该行业单位总数的 0.2%（表 7-2）。

表 7-2　四川省食品饮料产业细分行业单位数及占比

行业类别	单位数	占该行业单位数比重
制造业	4961 个	13.1%
采矿业	2 个	0.2%

资料来源：遂宁市统计局.四川省"5+1"现代产业从业人员和人才状况简析. https://stjj.suining.gov.cn/web/stjj/tjfxykt/-/articles/8193536.shtml,2019-06-20

2018 年四川省食品饮料企业实现主营业务收入 8 217 亿元，同比增长 13.7%（表 7-3），低于该省规模以上工业企业主营业务收入增幅 0.1 个百分点。2019 年前三季度全省食品饮料产业主营业务收入 6 485.1 亿元，同比增长 13.4%。目前四川省正加快发展食品饮料产业特色优势，预计到 2022 年，四川省食品饮料产业主营业务收入将突破 14 000 亿元。

表 7-3　四川省食品饮料产业主营业务收入状况

时间	主营业务收入/亿元	同比增长
2018 年	8 217	13.7%
2019 年	8 713.2	10.9%
2021 年	10 030.2	10.3%

3. 四川省食品饮料产业结构

四川省食品饮料产业在白酒、果蔬汁、肉制品、精制茶和乳制品五个领域具有较强规模优势。茶酒产业是四川具有突出比较优势和鲜明地域特色的两个重点产业，也是四川省委、省政府着力培育的集中体现以工带农、工农互促理念的两个重点产业。

川茶产业整体大而不强。四川作为著名产茶大省，2019 年四川省茶园面积 580.5 万亩，规模以上精制茶营业收入超过 210 亿元，川茶综合产值 800 余亿元，综合实力评估全国第二。目前，四川培育出竹叶青、川茶集团等国家级农业产业龙头企业 8 家，省级龙头企业 72 家。但川茶高端品牌的数量、市场知名度、美誉度、认可度相较先进地区仍有较大差距。总体上，川茶企业规模较小且附加值低，销售渠道传统单一，抗市场风险能力不强，正处于优化产业结构和提升质量效益的攻关期。

川酒产业资源丰富，具有地域特色和深厚的历史底蕴。2019 年四川省白酒产量达到 367 万千升，规模以上酒企营业收入达到 2 653 亿元，利润 450 亿元，分别占全国的 47%、47%、32%，产量、规模以上酒企收入全国第一，利润全国第二。五粮液、泸州老窖、剑南春、郎酒、沱牌舍得、水井坊"六朵金花"享誉世界（表 7-4），六家公司共完成主营业务收入 1 532.0 亿元，同比增长 19.3%，占全省的 57.7%；实现利润 369.0 亿元，同比增长 29.8%，占全省的 82.2%[①]。但川酒行业也存在规模优势发挥不充分，产业结构尚待优化，外部竞争压力持续加大等问题。

表 7-4　四川省川酒"六朵金花"

公司	介绍
五粮液	白酒龙头企业和浓香型白酒的典型代表，拥有全国最大的纯粮固态发酵白酒生产基地，五粮液酒传统酿造技艺被列入国家级非物质文化遗产
泸州老窖	在明清 36 家古老酿酒作坊群的基础上发展起来的国有大型骨干酿酒企业，川内首家白酒上市公司，中国最古老的四大名酒之一，是中国浓香型白酒的代表
剑南春	中国白酒十大品牌，中华老字号，国家级非物质文化遗产，我国浓香型白酒的典型代表，全国重点文物保护单位

① 新京报.四川白酒"六朵金花"去年主营业务收入达 1532 亿元. https://baijiahao.baidu.com/s?id=166175423414937375 8&wfr=spider&for=pc,2020-03-21.

续表

公司	介绍
郎酒	中国传统酱香型白酒生产企业,是国家酱香型白酒标准制定者之一,拥有国家级酿酒大师、国家级品酒大师、国家级白酒评委、四川省级白酒评委等专业技术人员上百名
沱牌舍得	始建于唐代的"泰安作坊"被列为首批中国食品文化遗产(全国仅 5 家),公司拥有两个驰名中外的白酒品牌——"沱牌"和"舍得"
水井坊	前身为老八大名酒之一的"全兴大曲",公司产品结构以中高档酒为主,全力打造水井坊井台、臻酿八号两款次高端大单品,培育高端水井坊菁翠、典藏大师,系列酒小水井、天号陈等

整体来看,四川省食品饮料产业企业规模较小,中小企业占据主要地位,龙头企业规模大但数量少。2019 年,四川省民营企业 100 强中有 6 家食品饮料公司,但只有新希望和通威两家营业收入超过百亿元。

7.1.2　四川省食品饮料产业发展的 SWOT 分析

1. 食品饮料产业发展的优势(S)分析

1)丰富的农业资源,为食品饮料产业发展提供基础支撑

四川作为农业大省,种植业和畜牧业产业基础良好,具备产业原料产区的环境优势。地处中国西南内陆,地域辽阔,人口众多,已经形成了一批具有区域特色的农产品种植和生产基地。

2)龙头企业起到标杆示范作用,能够有效带动产业转型升级

多年来,依托资源优势,四川已形成白酒、肉类加工、粮油加工、饲料加工、茶加工业等优势行业,居全国领先地位。此外,省内五粮液、川粮、高金等知名品牌已形成良好声誉和坚实的用户基础,具备核心竞争力,这些龙头企业已经形成标杆示范,并率先实施数字化转型,能够有效带动四川食品饮料产业高质量发展。

2. 食品饮料产业发展的劣势(W)分析

1)创新人才缺失,难以实施食品饮料产业的效率、质量改造

全省食品饮料产业技能人才十分紧缺,人员学历层次不高。数字化人才储备与培养对于产业数字化转型至关重要。在《四川省重点领域急需紧缺人才目录》中,食品饮料产业仅次于装备制造,位列第二。目前,食品饮料产业的技能型人才相对不多、人员的学历层次不高。2018 年,四川省食品饮料产业期末从业人员数为 22.3 万人,技能人员数为 1.9 万人,专科及以上学历人员数仅为 6.6 万人。

2）技术创新投入少，且创新成果匮乏

四川食品饮料产业整体技术水平偏低，技术创新投入少，核心技术研发和创新成果整体落后。2018 年农副食品加工业，食品制造业，酒、饮料和精制茶制造业 R&D 经费支出分别占主营业务收入的 0.28%，0.43%，0.45%，食品饮料产业整体技术水平偏低，技术投入少，核心技术和设备研发整体落后。创新成果方面，四川食品饮料规模优势领域专利申请量排名较落后，且外观设计专利占大部分比重，研发端的创新和技术积累匮乏。

3. 食品饮料产业发展的机会（O）分析

1）食品饮料产业发展的政策环境优越

国家和政府对四川省食品饮料产业的政策支持不断加大。西部大开发是我国的长期发展战略，国家在投资、税收、财政转移支付等方面进一步向四川等地的西部地区倾斜，从而促进川内食品饮料特色产业的发展和转型。四川省也相继出台《中国制造 2025 四川行动计划》《四川省食物与营养发展实施计划（2014—2020年）》等规划和政策，为食品饮料产业发展和转型升级提供良好的政策环境。

2）数字技术为产业需求挖掘和品牌培育提供支持

数字技术正为食品饮料产业注入新活力，进入升级发展阶段。人们更加重视食品饮料的方便性、营养性、安全性，食品饮料消费结构呈加快升级趋势，市场需求多样化的特征愈发明显，为产品创新、品牌培育和中小企业发展提供良好时机，进而促使企业抓住数字化趋势和市场机遇进行转型升级，实现高质量发展。

4. 食品饮料产业发展的威胁（T）分析

1）企业整体规模较小，且转型升级意识薄弱

四川省食品饮料企业整体规模较小，实力较弱，没有足够的数字资源和资金储备实施数字化转型。由于数字化转型投入成本高，见效周期长，企业转型升级往往心有余而力不足。此外，转型升级意识薄弱也是制约食品饮料企业数字化转型的重要原因。

2）产业准入门槛低，外部竞争者不断涌入

四川省食品饮料产业技术含量和准入门槛较低，产业竞争激烈，越来越多的外部资本和国内外品牌进入，带来生产成本的不断上涨，并分散政府对产业转型升级的资金支持，从而挤压本土企业的发展资源。总结如图 7-1 所示。

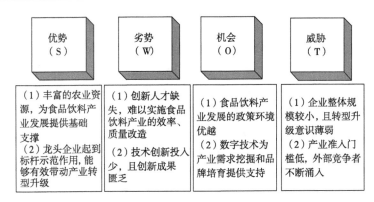

优势（S）	劣势（W）	机会（O）	威胁（T）
（1）丰富的农业资源，为食品饮料产业发展提供基础支撑 （2）龙头企业起到标杆示范作用，能够有效带动产业转型升级	（1）创新人才缺失，难以实施食品饮料产业的效率、质量改造 （2）技术创新投入少，且创新成果匮乏	（1）食品饮料产业发展的政策环境优越 （2）数字技术为产业需求挖掘和品牌培育提供支持	（1）企业整体规模较小，且转型升级意识薄弱 （2）产业准入门槛低，外部竞争者不断涌入

图 7-1　四川省食品饮料产业 SWOT 分析矩阵

7.2　四川省食品饮料产业数字化转型发展状况分析

7.2.1　四川省食品饮料产业数字化发展瓶颈、需求及必要性分析

1. 四川省食品饮料产业数字化发展瓶颈

四川省生态环境优越，资源物种丰富，食品饮料产业已成为四川省工业经济增长的重要引擎。四川省食品饮料产业在全国具有比较优势，川酒、川茶等个别优势行业在全国影响较大，已基本形成具有自身特色的竞争力，具有很强的发展潜力。但白酒等个别优势产业的拉动作用并不能掩盖四川省食品饮料产业整体盈利能力差、自主创新能力不足的问题。近年来，四川省食品饮料产业数字化程度低，白酒等优势行业的数字化建设起步晚。如何抓住数字化转型机遇，由"做大"向"做强"转变，成为四川省食品饮料产业发展面临的重要任务。四川省食品饮料产业数字化转型面临如下难题。

1）数据安全和隐私保护问题并存，严重制约数据共享和流通

数据安全是企业数字化转型的重要前提，也是实现食品饮料产业用户服务精准性、高效性的必由之路。然而，四川省数据共享流通过程中的数据安全问题尚未形成良好解决方案。食品饮料安全问题关系消费者健康，数字化使食品安全成为新风口，如赋能食材来源可追溯、实时监控、安全管理，保证食品安全各环节的透明化，但这些建立在数据安全可控，实现有效共享和流通的前提下。此外，数据共享与数据隐私存在悖论，数据共享与流通中用户隐私保护问题十分突出，目前未能实现对数据安全的分类分级，对敏感信息的全方位靶向监控，难以建立有效的数据安全防护体系。

2）产业整体数字化水平低，上游企业数字化意识薄弱

四川省食品饮料产业整体数字化发展程度较低，整体建设处于起步阶段，且上下游数字化水平差距较大，上游种植和养殖业的数字化意识较薄弱。食品饮料产业链下游以数字营销为切入点，数字化建设进入起步阶段。中游食品饮料加工与制造业单体规模小，仅加工和包装环节自动化程度较高，生产环节数字化控制系统尚未普及，整体数字化程度低。上游包括种植、养殖在内的农业数字化程度最低，数字化市场尚处于培育期。农业规模化种植范围较小、机械化程度不高，人工智能在农业上的推广应用需要一段经过大量数据积累和算法调整的培育期。产业链上下游数字化程度参差不齐，从作物监测、生产设备、信息系统到终端销售之间还存在许多信息孤岛，导致资源难以集成、共享，严重限制食品饮料产业的数字化生态建设。

3）食品饮料企业数据资产积累薄弱，数字化应用范围偏窄

数据资产是数字化时代的重要资源和生产资料。数据集成、整合与应用是发展数字经济不可或缺的关键环节，也是贯穿企业数字化转型的关键要素。但食品饮料企业的数据积累和利用意识较为薄弱，对数据价值的认知不足，数字化数据资产较少。多数食品饮料企业尚未构建覆盖产品全生命周期、业务全流程、全产业链的工业数据链，数据无法实现互联互通，数据价值无法得到充分发挥。当前食品饮料企业数据资产积累薄弱，应用场景多聚焦终端销售，基于数据资产的应用创新较少，数据价值和数字化应用场景有待挖掘。

2. 四川省食品饮料产业的数字化需求分析

1）以用户为中心，提升精准营销与品类优化能力的需求

食品饮料产业的制胜之道是以用户为中心，但消费者的差异化交付需求为传统厂商带来挑战。数字化赋能食品饮料企业实现效率生产和柔性制造，能够最大限度上满足用户的个性化需求。食品饮料行业消费习惯发生转变，渠道多元化，进一步朝社交电商、网络直播等新兴渠道方向转移。数字化趋势迎合了用户需求和生活理念的升级，实现了线上线下全渠道触达用户，以及个性化用户管理和内容分发，帮助食品饮料企业实现以用户为中心的精准营销。此外，企业可以应用数字技术，整合消费者的行为数据，从产品包装、口味、成分等方面进行优化，缩短产品设计时间和创新周期，提高品类优化能力。

2）加强食品饮料安全监测，建立产品全生命周期质量追溯机制的需求

食品饮料产业的安全性问题愈发受到四川省政府重视，消费者在疫情后也表现出对健康食品的持续关注，产品"高品质"诉求显著提高。食品饮料企业需要顺应数字化趋势，充分利用人工智能、5G、工业互联网、区块链等数字技术，采集生产制造过程中的状态数据，进而加强实时产品安全监测。同时，要建立产品

全生命周期质量追溯机制，实现产品全生命周期数据上区块链和可追溯，使产品质量安全顺向可追踪、逆向可溯源、风险可管控，切实保障食品质量，有效提升消费者忠诚度。

3）加快供应链整合，实现降本增效的需求

食品饮料产业正呈现出聚焦销售环节的数字化，由消费端向生产端渗透。食品饮料产业新零售导致的高水平数字化，对上游制造环节的倒逼效果十分显著，对于食品饮料企业来说，满足消费者个性化需求是供应链数字化转型的根本目的，提高生产制造端的数字化成为必然。通过数字化赋能各环节数据共享，加快供应链整合，从而以更低的成本更高效地将供应链上下游企业连接起来，提高供应链柔性和协同水平，实现降本增效。

3. 四川省食品饮料产业数字化转型必要性

（1）食品饮料产业关系国计民生发展。随着消费者需求升级和市场环境发展，需要数字化转型升级寻求新一轮利益增长。在消费市场全球化、全渠道趋势下，新模式和新商业理念对传统食品饮料产业提出挑战，需要加快数字创新、迅速识别市场机会，研发创新产品，持续改进生产方式，部署全球供应链，为国民提供更加安全便捷的食饮服务，提高人民群众生活福祉。

（2）食品饮料产业作为四川省特色优势产业，体量大但增速低，亟待数字化转型来提高产业增速和释放产业发展潜能。

（3）四川省食品饮料产业进行数字化转型，能够缩短产品从设计、生产、销售到退市的生命周期，通过敏捷的方式响应消费者需求，消除传统生产研发模式存在的阻碍和壁垒。同时，数字化赋能可以加速产业经济向低碳环保转型，帮助四川省食品饮料产业有效应对日趋严格的食品安全监管要求。

7.2.2　四川省食品饮料产业数字化转型方向分析

食品饮料产业链中，种植、加工、制造等都是链条中的一环，其数字化升级的核心动力来源于消费端，食品饮料产业数字化转型根本上在于深入理解消费者的需求和痛点，对全产业链和价值链上的短板进行针对性提升。应当以消费者多元化需求为中心，以数字化产品和服务与消费者建立长期触点和连接，并在此基础上不断优化产品和服务，使消费者体验最大化。为此，应当加强供应链企业的数据流通和协作配合，通过数字化实现有效连接、优化和共赢。

具体而言，从产业链角度，四川省食品饮料产业数字化转型主要包括以下几个方面：①产业上游——农作物监测与养殖环境监控；②产业中游——产品生产质量监控，以及数字化工艺管理；③产业下游——数字营销和智慧客服（图7-2）。

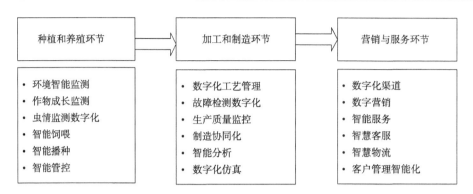

图 7-2　四川省食品饮料产业数字化转型方向

1. 种植和养殖环节：农作物监测与养殖环境监控

随着数字技术在种植、养殖等农业产业各环节的渗透，数字技术正被逐步应用于农作物监测与环境监控。数字化赋能绿色种植和效率种植。物联网利用设备和材料上的传感器，实时向农民发送农作物监测状况，从而能够根据作物生长情况做出决策，有助于提高粮食产量。射频识别（radio frequency identification，RFID）技术能够追踪食品从田地到终端用户厨房的全过程，从而实现农作物从生长、成熟到成品的全过程监测。养殖业数字化过程中，多运用物联网和云技术，通过智能传感器在线采集畜禽养殖场的环境信息，并根据采集数据分析结果，远程控制相应设备，使畜禽舍养殖环境达到良好状态，从而实现科学养殖、检疫、增收的目标。

2. 加工和制造环节：质量监控和数字化工艺管理

将机器视觉、人工智能等技术结合质量分析模型，应用于食品饮料加工和制造环节，能够及时发现潜在质量问题，消除质量管理环节漏洞，有效监控产品质量，满足消费者对食品饮料"高品质"诉求。数字化赋能质量管控精度提升，同时加快质量缺陷识别速度，实现异常品快速响应，进而大幅缩减人工成本和缩短生产周期。数字化工艺管理是传统食品饮料产业数字化转型的重要方向。食品饮料以传统工艺作业为主流，仅少部分企业实现自动化，大大限制了产品生产效率。实施数字化工艺管理需要实现设备的数字化工艺改造、工艺监视与报警及工艺数据分析。另外，利用工艺流程仿真可全方位、超逼真地模拟食品饮料加工、制造、包装等工序，通过实验优化工艺流程，实现降本增效。

3. 营销和服务环节：数字营销与智慧客服

数字营销就是运用数字化工具和手段，与用户和各营销要素实现全链路链接，从而精准和高效地实现产品营销。受疫情影响，线下营销场景逐步向线上迁移，消费者行为更加网络化、更多使用移动端，消费者决策更加以安全为导向。消费触点和需求的变化，需要数字化工具和手段来响应。智慧客服指运用人工智能等技术，为用户提供智能在线服务，快速帮助客户解决大量常规问答及提供通用解决方案，实现对用户需求的及时响应，提高服务效率并降低服务成本。智慧客服为消费者体验重塑提供了价值和扩展空间，能够有效促进复购。

7.3　四川省食品饮料产业数字化转型典型案例分析

7.3.1　典型案例的选择

四川省委省政府高度重视白酒行业发展，并积极推动白酒行业数字化转型，将白酒行业转型升级作为有效推进四川省食品饮料产业高质量发展的重要举措。泸州老窖和五粮液作为四川省乃至全国白酒行业两大龙头，有丰富的技术和资源积累，能够持续支持企业的数字化转型。目前两家企业在数字化转型上初见成效，二者差异化的转型历程能够为四川省食品饮料产业的数字化转型提供有效借鉴。因此，本章选择泸州老窖和五粮液作为四川省食品饮料产业数字化转型的典型案例。

1）泸州老窖

泸州老窖股份有限公司位于四川泸州，是享誉海内外的百年老字号名酒企业，是在明清 36 家古老酿酒作坊群的基础上，发展起来的具有 400 多年酿酒历史的国有控股上市公司。公司拥有我国建造最早（始建于公元 1573 年）、连续使用时间最长、保护最完整的老窖池群，其传统酿制技艺作为浓香型白酒唯一代表，入选首批"国家级非物质文化遗产名录"。泸州老窖集团有限责任公司（简称老窖集团）的产业布局在自身的老服务器上，投入成本高，效率十分低下。在此背景下，泸州老窖集团开始加快数字化转型，通过大数据、云计算等数字技术融合应用，助推企业高质量发展。

2）五粮液

四川省宜宾五粮液集团公司（简称五粮液集团）是一家以五粮液及其系列酒的生产经营为主，多元化发展的大型国有企业集团。五粮液作为老牌白酒巨头，持续为行业领导者，实力突出，拥有中国最大的白酒生产基地"十里酒城"、600多年历史的明代古窖、古传秘方工艺，产能规模业内领先。五粮液集团聚焦白酒主业，不断完善产业链，目前已形成"1+5"产业布局（酒业主业+大机械、大包装、大物流、大金融、大健康五大多元产业）。从 1915 年荣获巴拿马万国博览会金奖至今，五粮液已先后获得国家名酒、国家金质奖章、国家质量管理奖、中国最佳诚信企业、百年世博·百年金奖等上百项国内国际荣誉。五粮液品牌位居"品牌价值全球 500 强"第 79 位。近年来，五粮液不断探索传统产业新的经济增长点，借力数字化为"二次创业"增添动力、积聚动能。

7.3.2　泸州老窖的数字化转型分析

1. 企业数字化战略

泸州老窖理解和运用先进管理理念，科学优化公司生产经营管理流程，将公司一切销售、生产、管理数据进行数字存储、科学组织。泸州老窖将主要管理流程依托管理信息系统实现高效流程管理，重组非良性管理流程，明确每个业务职能相关数据的产生、处理和使用。

2. 泸州老窖的数字化转型历程

泸州老窖的数字化转型历程大致可以分为三个阶段。2016~2017 年，是通过自主创新率先推动生产数字化转型的起步阶段；2018 年至 2020 年 8 月，是启动和推进营销和管理数字化建设阶段；2020 年 9 月至今，是利用物联网和区块链技术推动供应链数字化升级的阶段（图 7-3）。

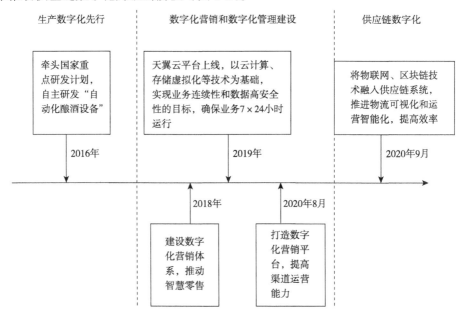

图 7-3　泸州老窖的数字化转型历程图

3. 泸州老窖数字化转型主要内容

1）生产数字化

泸州老窖在智能制造领域布局较早。2016 年，"十三五"国家重点研发计划"传统酿造食品风味与品质调控及新型酿造技术创制"课题中，泸州老窖牵头了"智能上甑机器人的研发与产业化"子课题，并借助这一国家重大课题的研究，助推泸州老窖智能酿造、健康酿造和有机酿造，聚焦智能酿造机器人、智能包装机器人研究，推动酿造过程自动化、高效率发展。通过技术创新，公司自主研发的"白酒自动化酿酒设备"摘获"CIIF（China International Industrial Fair，中国国际工业博览会）绿色节能奖"，设备继承传统工艺精髓，将传统操作要点数字化，以现代科学技术传承传统酿制技艺。设备运用仿真技术、自动化技术、在线检测、工业机器人、大数据等先进技术，秉承国宝技艺、非遗传承、老窖生香、智慧酿造，将"老窖四宝"千年窖、万年糟、甘醇曲、传承人，成功在泸州老窖智能化酿酒车间进行仿生。

2020 年，泸州老窖继续坚持数字化赋能生产环节，实施质量攻坚，筑牢质量根基、保持质量领先。老窖池继续沿用传统酿制技艺，新建窖池大胆运用自动化设备和最新科研技术成果，坚持"工艺"和"创新"双线并行；全面推进智能化包装中心技改项目，加速推进智能化包装生产线和自动化立体库建设。加快研究和储备创新性、前沿性、颠覆性质量监测技术，确保公司质量技术实力走在行业前列；继续探索在自动化、智能化生产模式下的质量监管和溯源体系，不断健全预调酒、果酒、鸡尾酒等创新产品的质量标准。

2）营销数字化

2018 年 12 月，泸州老窖与腾讯开展战略合作，建设数字化营销体系。借助腾讯的智慧化工具，结合泸州老窖的线下运营经验，打通数字化营销全场景，提升品牌竞争力，树立行业智慧零售标杆。泸州老窖以用户体验为切入点，在场景、运营、数据、技术等方面结合腾讯智慧工具，精准营销，从线下到线上，触达更多消费者，特别是年轻消费者，并在流量、数据、营销、技术、社交、场景等方面创造出更丰富的数字化模式。此外，泸州老窖与滴普科技有限公司展开合作，打造泸州老窖渠道数字化平台。在应用、数据、技术等多个层面打通公司现有能力。平台深度整合微服务开发框架，为用户提供框架自动生成、元数据编程等服务，打通二维码管理系统、经销商门户、终端门户、消费者门户、员工统一门户等六大门户数据，通过统一的数据标准，为决策者提供有效的数据分析和沟通渠道。

3）管理数字化

2019 年，泸州老窖在内控建设、项目管理、财务管理、资产管理、安全生产及环境保护工作等方面开展了扎实的改进提升和创新优化工作，显著提升了管理精细化、数字化、标准化水平。为提升业务管理效率，泸州老窖集团搬上云端，选择天翼云作为其云上数据中心，逐步实现了降本增效、数据商用。针对泸州老窖集团的特性，天翼云主要在四个方面为泸州老窖集团定制了相应的解决方案：一是服务器端，将原来传统的物理服务器，特别是在泸州的服务器云化；二是网络保障端，提供安全的网络服务，并承诺绝不触碰用户数据；三是系统运营端，包括财务、ERP、小贷、交易等业务运营系统，以技术保证服务不间断；四是后续服务端，在四川有 5 000 名客户经理、3 000 名技术服务人员及 200 余名云计算专家团队，提供随叫随到的属地化服务。在上云之后，泸州老窖集团走上数字化新台阶，不仅在成本方面更容易把控，更加推动了集团内部管理的标准化和精细化。

4）物流数字化

2020 年 9 月，泸州老窖将物联网和区块链技术融入供应链系统，推进全供应链的物流可视化和运营智能化，提升供应链效率与物流整体体验。此次供应链改造升级是通过与阿里合作，利用菜鸟网络对泸州老窖物流进行全面优化，打通其物流环节中的诚信和"保真技术"壁垒。此外，泸州老窖还通过蚂蚁区块链结合物联网技术，将泸州老窖年份酒上链，形成数字资产。发挥区块链技术信息透明可溯源、多方共享不可篡改等特点，有效解决消费者与酒企之间的信任问题。蚂蚁链助力泸州老窖打造全产业链质量追溯管理系统，将原材料供应、生产、检验、包装、仓储、物流、销售等各环节系统数据上链存证，提高质量管控能力。在此基础上，泸州老窖和合作伙伴共同搭建区块链白酒产业联盟，联合品牌商、经销商、终端消费者、仓储物流、金融机构等角色，打造以"数字化+流通+金融服务"为核心的白酒数字化流通平台。

4. 泸州老窖数字化转型路径

2016 年以来，泸州老窖坚持自主创新，率先开启制造端数字化、智能化进程，并通过与腾讯、阿里、电信等行业巨头合作，逐步推进营销、物流、管理数字化建设，泸州老窖数字化转型路径如图 7-4 所示。

5. 泸州老窖数字化转型成效

1）生产提质增效

泸州老窖引入自动化酿酒生产线，利用数字技术，结合智能酿造管理系统，实现润粮配糟、拌糟、上甑、蒸酒、摘酒、摊晾加曲、生产线物流输送等环节无人化运行。智能制造大幅度助力白酒实现提质增效。总体估算，提高酿酒生产效率 20%以上，降低运营成本 20%以上。实现酿造出酒率提高 5%~10%，优级酒比

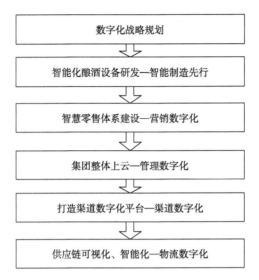

图 7-4　泸州老窖数字化转型路径图

例提升 10%，水资源消耗降低 50%，酿酒车间高强度体力用工减少 70%，制曲生产用工减少 86%。

2）主营业务增长

2018 年起，依托腾讯在技术和 C 端连接的优势，泸州老窖构建智慧零售平台，实现消费者的触点直连，从而为泸州老窖积累私域流量、发展会员体系提供了基础。2018 年泸州老窖实现营业收入 130.55 亿元，同比增长 25.60%；实现净利润 34.86 亿元，同比增长 36.27%。超额完成全年发展目标，销售业绩创历史新高。

3）管理降本增效

泸州老窖集团上云后，降低企业 IT 运营成本 40% 以上。通过云服务商提供集中运维服务，极大地降低了本地运维压力，提高了系统运行效能，做到了降本增效、弹性扩容。数字化转型也有效解决了公司数据重复建设、数据质量故障频繁、成本指数级增长等痛点。

7.3.3　五粮液集团的数字化转型分析

1. 企业数字化战略

五粮液数字化转型战略于 2018 年全面启动，集团率先推动"以市场为驱动、消费者为中心"的营销数字化转型。五粮液集团"1365 数字化转型战略蓝图"包括一个目标、三个转型、六项能力、五大工程，即围绕提升品质与重塑体验这一目标，从业务模式、运营管理、企业能力三方面转型，以六项能力和五大工程进行支撑。这五大工程覆盖了企业全过程产品质量监督和追溯体系，包括生产管理、计划管理、资金成本管理及品牌建设、渠道建设，并进一步适应终端消费升级与国际化发展的新形势。"六项能力"是在商业模式创新、市场激活、精准行动、敏捷运营、生态协同、组织创新六个领域内，全面打造五粮液数字化转型的能力体系。

2. 五粮液集团的数字化转型历程

五粮液的数字化转型历程大致可以分为三个阶段（图 7-5）。2017 年，是营销和物流数字化的早期布局阶段；2018~2019 年，是数字化转型全面启动阶段；2020 年至今，是重点发展营销数字化阶段，通过营销平台搭建，营销模式创新和营销组织变革三方并重，加速营销数字化转型。

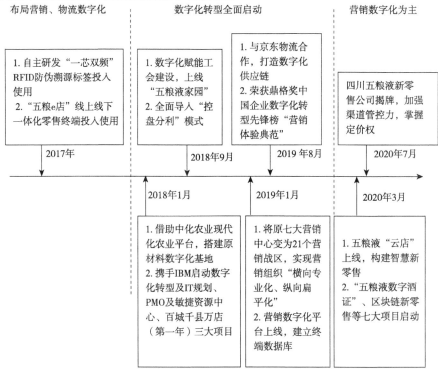

图 7-5　五粮液集团的数字化转型历程图

PMO，project management office，项目管理中心

3. 五粮液集团数字化转型主要内容

1）营销数字化转型

五粮液集团较早进行营销数字化建设，在全面数字化转型提出之前，五粮液

就在新零售渠道方面展开布局。2017 年 11 月 19 日，"五粮 e 店"线上线下一体化新零售终端启动运行，正式开启了中国白酒制造企业的新零售商业实践。"五粮e 店"依托大数据等数字技术应用布局未来，系统性地构建核心运营商体系、核心终端体系和消费者会员体系，对目标消费者精准服务。

五粮液全面数字化转型战略中，营销先行成为重要特征。2018 年，五粮液构建了多元开放的前台，以及基于思爱普（SAP）系统的灵活自有的营销中台、稳健可靠的业务后台，来实现营销数字化的具体落地。五粮液通过一个工程、三个体系、三个平台建立数字化营销模型（图 7-6）。并聚焦营销模式创新，营销组织变革及营销平台建设三个方面，加速营销数字化进程。

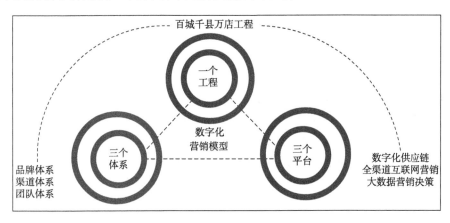

图 7-6　五粮液的数字化营销模型

在营销模式创新方面，五粮液推出"控盘分利"模式和"数字酒证"，实现产品溯源和供应链掌控。"控盘分利"依托数字化赋能，全面推进由瓶盖、盒、箱多码关联构成的智能码管理系统，实现了产品生产、物流、仓储、销售各个环节的全过程溯源。2020 年，"五粮液数字酒证"区块链新零售项目启动，利用区块链技术多中心化架构、数据不可篡改的特性构建底层可信数据支撑体系，通过在白酒生产过程锁定责任主体、流通环节中提升供应链效率、消费环节中实现产品追溯和数字化营销服务，实现白酒产业链上下游信息互联互通和产品全生命周期管理。

在营销组织变革方面，五粮液进行专业化、扁平化改造，打造市场驱动的协同型营销组织，并通过成立新零售公司加强对渠道的管控力。2019 年初，五粮液做出组织变革，将原七大营销中心变为 21 个营销战区，实现了营销组织"横向专业化、纵向扁平化"。总部完成品牌事业部改革，区域完成扁平化和职能前置化改革，实现对市场的精耕细作和快速响应。系列酒公司完成整合重组，使管理更加协同、资源更加聚焦。2020 年 7 月，四川五粮液新零售管理有限公司揭牌，承担起五粮液线上供货源头的角色。

在营销平台建设方面，五粮液营销数字化平台于 2019 年 6 月正式上线。基于整个平台的支撑，五粮液的营销数字化在多个维度取得了成效。一是利用数字化技术构建了全新的数字化营销体系，实现线上、线下、实体与智能化体验终端为一体的营销闭环。二是五粮液成功将 2 500 多家经销商、数万个终端及近 10 万个会员，全部纳入营销数字化平台进行统一管理，建立终端数据库。五粮液借此加强对渠道的管控力，以及降低电商平台对五粮液批价的干扰力，打造酒业第一家集品牌宣传平台、产品销售平台、消费者互动平台和线上市场管理平台为一体的"垂直生态赋能平台"。

2）生产数字化转型

五粮液通过搭建智慧农业平台，搭建了原材料数字化生产基地。在农业种植方面，借助中化现代农业有限公司（简称中化农业）现代化农业平台模式，实施线下线上一体化综合管理，并在总部构建可视化展示平台，实现精准种植和产品生命周期溯源。中化农业为五粮液提供定制化的种植解决方案，助力五粮液订单农业模式，实现标准化、精准化、再到智慧化的数字化管理。

2019 年，五粮液以宜宾为核心，四川为主体，兼顾国内部分酿酒专用粮品种优质产区，结合"核心示范""战略合作"两种模式，五粮液酿酒专用粮基地完成百万亩升级优质产区建设。基地通过数字化赋能实施粮食全周期溯源管理，将种、收、储、运全过程纳入监控与数字化管理，清晰展现全链条，实现酿酒原粮 100%可溯源。首先，智能气象服务站能对农田气象数据实时监测预警精确到 1 千米×1 千米，利用物联网等数字技术对自然环境进行监测，采集包括空气质量、土壤质量、灌溉水质量、温度湿度等数据，用以指导农户进行科学种植。其次，中化农业的现代化农业平台技术服务中心，为专用粮基地提供土壤改良、品种改良、作物植保、农业作业、农业金融、智慧农业等整体解决方案，提升酒粮作物品质，提高种植管理效率。此外，线下人员收集并上传各基地作物生长日志、农事记录、巡田记录等数据，实现全程溯源。最后，通过数据分析和远程监控实现酒粮基地的种植优化和过程管控。例如，五粮液借助数字化赋能订单农业模式（图 7-7）。

3）物流数字化转型

五粮液通过 RFID 技术应用和供应链搭建实现物流数字化。五粮液从 2010 年开始采用 RFID 防伪溯源技术，是国内首家将 RFID 技术应用于酒类防伪的公司。2017 年，公司自主研发的"一芯双频"RFID 防伪溯源标签投入使用。防伪溯源数据库系统用于存储溯源防伪数据，为商品的防伪查询和追溯管理提供了强有力的后台数据保障。此外，五粮液着重推进白酒供应链全链路服务的数字化升级，在仓储、干线、落地配及供应链系统升级等多个领域与京东物流开展全方位合作，

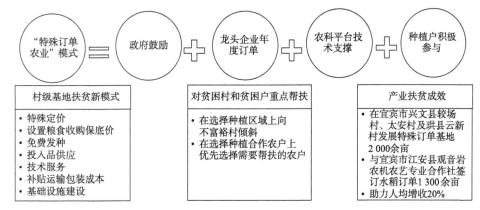

图 7-7　数字化赋能订单农业模式

时间为 2019 年

实现双方渠道网点资源整合、业务融合，共建短链、智能的白酒供应链一体化网络，降低物流成本，实现物流效率与客户体验的再升级。

4）管理数字化转型

五粮液较早进行信息化建设。2000 年，五粮液成立公司信息化管理中心，对供产销等环节实行信息化管理。2015 年，公司实行定向增发，募集资金用途之一就是投入公司信息化建设项目，侧重于从公司整体的角度实现十大运营管理系统的全面信息化。随着全面数字化战略的提出，五粮液大力推进转型发展、创新发展和跨越发展，并通过持续加强与 IBM 等全球大公司的战略合作，推进公司整个管理体系的数字化升级。2018 年 4 月，五粮液携手 IBM 正式启动数字化转型及 IT 规划、PMO 及敏捷资源中心、百城千县万店（第一年）落地等三个项目，并依托 IBM 专业咨询服务团队实现人力资源管理系统数字化升级。

另外，五粮液通过数字化赋能工会建设，强化工会普惠效能，提升员工管理效能。2018 年 9 月 3 日，"五粮液家园"上线，五粮液成为全省率先建立无缝隙覆盖职工、零距离服务职工、精准扶贫在线帮扶工会工作模式的企业。数字工会以互联网为载体，拥有移动用户端（五粮液家园 APP）、管理后台和数据监控中心三大功能，同时载入了时政信息、工会动态、职工教育等学习共享资源，实现了职工普惠在线化，使职工获得法律咨询、心理减压、素质提升、互助保障等利惠服务内容，搭建起职工与企业互联互通的有效沟通平台（图 7-8）。

4. 五粮液集团数字化转型路径

依托雄厚的企业实力，五粮液较早在营销、物流数字化方面布局。2018 年以来，五粮液确定数字化转型战略，完成数字化转型布局规划，与拥有先进数字技术的公司进行合作，以营销数字化为切入点，推动集团的数字化转型（图 7-9）。

"五粮液家园"数字工会	人力资源管理系统升级
• APP注册用户达3.3万余人 • 日活跃用户达1.5万余人次 • 阅读量达到53万余次 • 建立无缝隙覆盖职工、零距离服务职工、在线帮扶工会工作模式 • 形成线上线下有机结合的工会网上工作体系	• 依托IBM专业咨询服务团队 • 开展系统开发工作 • 围绕组织架构、人员信息、薪酬绩效、员工异动、考勤信息 • 一期系统功能开发已经基本完成 • 实现在线填报、更改及查询个人信息、审核工资待遇、生成统计报表等预期功能 • 为员工办公提供便利高效的系统

图 7-8　　五粮液的智能办公建设

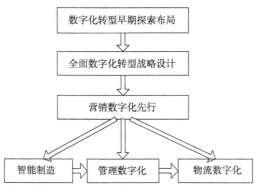

图 7-9　　五粮液数字化转型路径图

5. 五粮液集团数字化转型成效

1）主营业务增长

营销先行的数字化战略成效显著，2019 年营销工作报告显示，五粮液取得集团销售收入顺利跨越 1 000 亿元台阶、年销售收入连续 3 年递增 100 亿元等多项成果。此外，公司实现净利润高速增长，2019 年公司实现营业收入 501.18 亿元，同比增长 25.20%；实现归属于上市公司股东的净利润 174.02 亿元，同比增长 30.02%[①]。

2）商业模式创新

五粮液打通线上线下渠道，智慧零售赋能专卖店，升级消费体验。数字化渠道的打通为五粮液带来强大动力，引领行业新趋势，并有效巩固了五粮液行业龙头的地位。2019 年 11 月 2 日，五粮液公司凭借"营销数字化转型项目"，荣获鼎

[①] 新华网. 五粮液：加快高质量发展，为"六稳""六保"勇担当、多贡献. https://baijiahao.baidu.com/s?id=1667650125102204969&wfr=spider&for=pc，2020-05-25.

革奖–中国企业数字化转型先锋榜"体验营销典范"。

3）效率和质量提升

五粮液 RFID 防伪系统已在 30 多个不同规格品种上广泛应用，取得 20 多项具有自主知识产权的专利和软件著作权，2018 年获中国防伪行业协会防伪科学技术奖二等奖。RFID 技术应用整体优化和改善了五粮液包装车间、出入库、物流环节的操作流程，促使产品包装、仓储和流通更加精确化、规范化。同时，五粮液物流管理系统和 RFID 相结合的产品追溯体系，有效保障了消费者的健康和利益，最大限度地防范质量问题，提高了消费者对五粮液的品牌质量和品牌价值的感知。

7.3.4　案例小结

1. 典型案例数字化转型影响因素

泸州老窖和五粮液数字化转型的主要因素概括如下（表 7-5）。

表 7-5　食品饮料产业数字化转型影响因素

维度	泸州老窖、五粮液
技术	数字化创新能力、数字平台支撑
组织	外部资源获取、数字战略规划
环境	政府政策支持、消费升级

其一，技术维度，主要包括数字化创新能力和数字平台支撑。泸州老窖具备数字创新能力，自主创新研发自动化酿酒设备，运用工业机器人、大数据等数字技术赋能传统生产操作过程，实现生产数字化转型，从而突破了传统酿造工艺流程的效率限制。五粮液依托雄厚的企业实力，创新研发"一芯双频"RFID 防伪溯源标签，为商品的防伪查询和追溯管理提供了强有力的后台数据保障，实现从仓库到经销商再到 RFID 查询人的信息追踪。另外，五粮液搭建起营销数字平台，其"五粮 e 店""云店"建立了线上线下一体化营销互动场景，聚合专卖店网络资源和商家服务能力，满足顾客个性化消费体验，通过构建智慧零售体系，为公司决策层的营销调度、决策提供数据支撑。

其二，组织维度，主要包括外部资源获取和数字战略规划。泸州老窖积极获取外部资源，通过与腾讯、阿里、天翼云等数字技术提供者建立合作关系，促进公司营销、管理、物流数字化转型。五粮液高度重视转型升级，经过全方位、立体化调研，精心制定数字化转型战略规划，通过顶层设计推动营销、管理、生产等全面数字化进程。五粮液还积极与数字技术提供方展开合作，支持内部数字化建设，包括构建全触点数字化平台，持续输出数字化能力赋能渠道管控等。

其三，环境维度，主要包括政府政策支持和消费升级。国家和地方政府出台了一系列政策支持企业数字化转型。其中，泸州老窖牵头实施"十三五"国家重点研发计划项目，并借助这一重大课题的研究，成功实现智能酿造，减少用工成本，提高出酒率，推动传统生产工艺数字化发展。四川省政府积极鼓励金融机构加大对白酒生产企业固定资产投资、流动资金贷款支持力度，为企业拓展融资渠道，为泸州老窖和五粮液数字化转型提供良好的政策环境。此外，宜宾市也出台相关政策为五粮液数字化发展提供有力支持。消费升级时代下，市场环境进一步加速泸州老窖和五粮液的数字化转型，二者均积极构建智慧零售体系，建设线上线下一体化的营销渠道，以满足消费者个性化需求。

2. 典型案例分析总结

基于上述分析，食品饮料产业两大典型案例企业数字化转型既有不同点，也有相同点。

相同之处在于：①两者都在生产、营销、管理、物流等价值链环节进行数字化转型；②两者都更为重视生产和营销端的数字化转型；③两者都积极寻求外部合作资源助力自身数字化转型；④两者都通过打通数据壁垒，促进管理标准化和精细化及价值链数据协同。

不同之处在于：①泸州老窖通过生产技术数字化创新，以智能制造为切入点，开启数字化转型进程。五粮液则更加重视营销端的数字化转型，在全面数字化转型战略中通过营销数字化先行，为价值链其他环节转型升级奠定数据和市场基础。②泸州老窖和五粮液营销数字化转型，都与腾讯、阿里等技术供应商展开合作，但五粮液除了利用外部资源合作助推转型升级，还专门成立了新零售公司，承担起五粮液线上供货源头的角色，进而加强对渠道的管控力并降低电商平台对五粮液批价的干扰力。③泸州老窖的生产数字化转型，是通过企业内部工艺流程的数字技术创新，五粮液则是通过与中化农业合作，借助合作伙伴实现种植优化和过程管控智能化。

7.4　基于典型案例分析的数字化转型路径总结

7.4.1　四川省食品饮料产业数字化转型路径分析

1. 路径一：以智能制造为切入点，加快营销数字化，价值链数字化协同

泸州老窖的数字化转型路径是，以智能制造为切入点，率先进行数字化布局，

通过酿酒生产技术的数字化创新摸索，助推生产数字化。接着，泸州老窖逐步推动营销、管理、供应链的数字化转型。泸州老窖通过与腾讯等数字化供应商紧密合作，打通数字化营销全场景，推进智慧零售，最大限度释放营销效率和价值，并进一步推进管理和物流的数字化转型，促进价值链数字化协同，实现高效运营（图 7-10）。

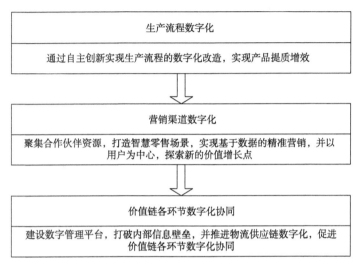

图 7-10　四川省食品饮料产业数字化转型路径之一

首先，通过自主创新实现生产流程的数字化改造，实现产品生产效率和质量提升。在现有工艺技术基础上自主创新，加快运用物联网、大数据、人工智能及其他数字技术，改进生产设施和制造流程，加快生产数字化转型，这能在有效降低成本的同时，极大提高生产效率和生产质量。应当规划实施自动化设备、能源管理系统、工业网络在内的完整数字化解决方案，实现生产设备的互联互通和中央监控，从制造端的设备层到管理层贯通所有运营数据，助力产品制造提质增效。

其次，聚集合作伙伴资源，加快推进营销渠道数字化。传统企业在营销端数字化方面不具备经验和优势，必须联合腾讯等新零售巨头，或营销数字化服务专业供应商等合作伙伴资源，打造智慧零售场景，并布局全渠道营销，不断拓展线上消费场景。同时打造基于数据的精准营销，极大提高营销命中率和效率。此外，需要以用户为中心，探索新的价值增长点，并贯通全链路数字化营销，从而建立用户与品牌之间的紧密联系。

最后，建设数字管理平台，并推进物流供应链数字化，促进价值链数字化协同。积极运用云计算等先进数字技术，增强数据采集、管理和挖掘能力，打破内部信息壁垒，推动企业内部管理决策更加敏捷、高效、精准，实现企业管理数字化、网络化、智能化升级。另外，物流环节的数字化要实现供应链上的数据追溯。

物联网技术结合区块链技术应用于食品物流，能够有效解决数据真实性问题，完善食品追溯体系，保障食品安全性，打造智能物联供应链。

2. 路径二：重点赋能营销数字化，打通生产、制造等部门数据壁垒

五粮液的数字化转型路径是，立足于企业层面，构建全面数字化转型战略。在总体数字化转型战略统领下，营销数字化先行，来驱动整个企业内部的变革。建设数字化营销平台，构建多元开放的前台，以及基于 SAP 系统的灵活自有的营销中台、稳健可靠的业务后台，提供强大的数据支撑和市场支持，并在此基础上逐步实现各环节的数字化转型（图 7-11）。

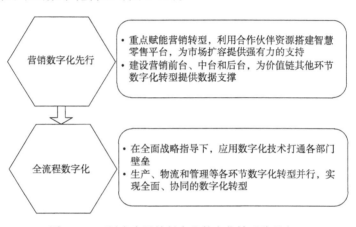

图 7-11　四川省食品饮料产业数字化转型路径之二

第一，重点赋能营销转型，利用合作伙伴资源挖掘新的消费增长点。通过数字化工具对营销渠道进行重新整合，能够对未来形势进行精准预判，并提升品牌价值。需要运用大数据、物联网等数字技术充分洞悉消费者心态，把握消费者对于数字化产品与服务的需求。要尽快利用合作伙伴资源搭建智慧零售平台，塑造品牌价值并提高品牌曝光度，为市场扩容提供强有力的渠道支持。

第二，在全面转型战略指导下，应用数字技术打通各部门数据壁垒，生产、物流、管理环节数字化转型并行。全面数字化转型能够为企业生产经营的全过程注入数字技术活力，锻造平台化、体系化、数字化运营的核心竞争力。全面数字化转型需要价值链协同配合，要在新的架构中实现数据的融合共享，进而打通各部门数据壁垒，并借助物联网、5G 技术连接整个价值链的资源，使生产、物流、管理等环节数字化转型并行，实现全面、协同的数字化转型。

7.4.2　四川省食品饮料产业数字化转型的重点与难点

1. 食品饮料产业数字化转型重点

泸州老窖这类食品饮料企业的转型路径中，数字化转型重点在于通过自主技术创新，实现生产数字化改造升级，降本增效，促进产品生产效率和质量大幅度提升。创新能力和资金支持是在生产环节进行数字化改造升级的关键。

五粮液这类食品饮料企业的转型路径中，数字化转型重点在于如何搭建营销数字化平台，营销数字化先行，进而为后端数字化转型建立强大的数据支撑和市场支持，实现各价值链环节全面数字化转型。

2. 食品饮料产业数字化转型关键难点

（1）通过自主创新对生产流程进行数字化改造，需要大量资金和较长时间周期的研发投入。但支撑食品饮料企业进行转型升级的基础相对薄弱，创新人才匮乏，创新能力不足，且难以承受生产数字化转型失败的代价。

（2）食品饮料企业的传统线下营销渠道不符合消费者习惯，且在营销端数字化方面不具备经验和优势，搭建营销数字化平台只能寻求合作伙伴，借助外部资源力量，搭建基于数据的精准营销，其外部资源获取能力制约了数字化转型进程。

（3）产业数据开放和共享水平尚需提高，数据安全有待保障。产业链上下游企业数据、政府监管和消费者信息需要有效整合才能发挥应用价值，但数据采集和共享标准未有详细规定。

7.5　政策建议

四川省委、省政府高度重视食品饮料产业数字化转型，在《四川省人民政府关于加快推进数字经济发展的指导意见》中明确提出，支持五大支柱产业龙头企业建设一批省级工业互联网平台，培育国家级跨区域跨领域工业互联网平台。四川作为中国粮食、油料、生猪、茶叶等的主产区，已形成白酒酿造、粮油加工、肉制品加工三个千亿级产业，为加快推进全省食品饮料产业高质量发展，实现食品饮料产业成为万亿级产业的发展目标，现结合四川省食品饮料产业数字化发展实际，提出如下政策建议。

7.5.1　加快建立食品饮料产业数据安全保障的政策支撑体系

一是加快食品饮料产业数据统一标准制定，宣传贯彻落实数据标准实施。二是制定数据分级分类规则，确定数据开放类型、开放条件和监管措施，如涉及食品安全和个人隐私的数据应当采取差异化管制。三是在保障数据安全与发展并重的原则上，严格监测、规避数据安全风险和威胁，鼓励数据安全保护技术的研发与应用，提高数据安全监测、预警和控制的能力。四是统筹规划和设立四川省食品饮料产业数据管理机构，推动数据开放共享。五是保障用户隐私安全，企业在采集、存储、挖掘、应用个人重要数据和敏感信息时，应当告知用户隐私政策和使用规则，明确数据安全责任人。

7.5.2　推动食品饮料产业从数字化试点到推广的全方位实践

一是鼓励食品饮料龙头企业树立数字化转型标杆，引导泸州老窖、五粮液等行业龙头积极探索数字营销、智能制造等数字化应用场景，示范与带动产业数字化转型。二是开展食品饮料产业数字化园区试点，围绕关键问题共建产业数字化技术解决方案，同时发挥集聚效应带动周边企业数字化转型。三是设立数字创新研发专项基金，积极搭建数字化转型的金融服务平台，充分发挥财政资金和社会资本的引导作用，解决中小企业数字化转型的资金难题。四是向引进智能设备和实施数字化改造的中小企业提供一年的税收减免政策，从而提高企业转型意愿。

7.5.3　搭建食品饮料产业数字化的一站式服务平台

一是政府牵头积极打造食品饮料产业数字化的一站式服务平台，推动全省食品饮料企业入驻，并组织大范围、深层次的对接交流活动。二是充分利用平台推动数字化服务供求对接，面向产业链上下游企业提供需求撮合服务，帮助企业数字化转型获取全方位资源支持。三是通过政府购买的方式，选择优质数字化服务商，定期向中小企业提供智能制造、数字营销、智慧物流等数字化诊断和咨询服务，梳理企业数字化转型瓶颈，并提供针对性改造方案，增强中小企业数字化转型意识。

7.5.4　完善食品饮料产业数字化复合型人才培育和引进机制

一是积极引进掌握先进数字技术知识的高层次人才，鼓励各区域把食品饮料产业的数字化人才纳入紧缺人才引进目录，对引进的高层次人才给予丰厚奖励。二是鼓励高等院校、科研院所积极发展数字领域新兴专业与食品饮料之间的交叉学科，扩大产业急需的数字化复合型人才培养规模。三是开展数字化复合型人才评价标准和认定办法，为复合型人才提供良好的服务环境和发展空间。四是推动校企合作，开展数字化复合型人才的联合培养，实现人才信息互通和资源共享，为企业数字化转型提供储备人才。

第8章 四川省先进材料产业数字化转型分析

8.1 四川省先进材料产业发展现状分析

8.1.1 四川省先进材料产业发展背景

1. 四川省先进材料产业概述

先进材料产业涉及领域广泛，四川省力图将新材料产业培育成全省先进材料万亿级支柱产业的重要支撑，《新材料产业"十二五"发展规划》将新材料定义为新出现的具有优异性能和特殊功能的材料，或是传统材料改进后性能明显提高和产生新功能的材料，主要包括新型功能材料、高性能结构材料和先进复合材料。我国新材料产业发展主要是三大方向：先进基础材料、关键战略材料及前沿材料。四川省现已基本形成钒钛新材料、硅材料、化学新材料、稀土材料、超硬材料和生物医学材料六大领域，具有四川特色的高技术新材料产业。《新材料产业培育方案》指出，四川将坚持"梯度培育"思路，瞄准高端材料发展，差异化绘制四川省新材料产业功能分布图。五大经济区新材料产业重点发展方向，如表8-1所示。

表 8-1 四川五大经济区新材料产业重点发展方向

区域	新材料产业重点发展方向
成都	高性能纤维及复合材料、特种金属功能材料等
环成都经济圈	高端装备用特种合金材料、石墨烯及核石墨等先进碳材料等
川南经济区	先进化工材料、高分子及复合材料等
川东北经济区	铝基材料、锂电池材料等
攀西-川西北经济区	钒钛钢铁材料、先进有色金属材料等

资料来源：《新材料产业培育方案》

2. 四川省先进材料产业发展规模

整体而言，四川先进材料产业营业收入正在从千亿元跨向万亿元，实现产业体量和产业质量的巨大突破和飞越，并且先进材料产业的多数企业生产技术已经达到国际先进水平。

2018 年，四川省先进材料主营业务收入 5 780.2 亿元，同比增长 16.3%（表 8-2），比该省规模以上工业企业主营业务收入增幅高 2.4 个百分点。到 2019 年，四川省"5+1"重点项目名录中先进材料产业新建项目 121 个，投资额 1 357 亿元。2020 年，先进材料产业实现营业收入 6 317.3 亿元、同比增长 6.0%，投资增速 26.6%，增速高居五大支柱产业榜首。2021 年 5 月召开的 2021 中国（四川）先进材料产业推进会上，四川省经济和信息化厅相关负责人表示，到 2025 年，全省先进材料产业营业收入将达到 1.1 万亿元，年增长 8%，将建成国家重要的新材料产业基地。

表 8-2　2018、2020、2025 年四川先进材料产业主营业务收入

时间	主营业务收入/亿元	同比增长
2018 年	5 780.2	16.3%
2020 年	6 317.3	6.0%
2025 年（预计）	11 000	年均 8%

资料来源：四川省政府门户网站

3. 四川省先进材料企业发展状况

由于各地资源存在差异，四川省先进材料产业也基本呈现技术创新为亮点、区域特色分布的格局。目前，四川省拥有以先进材料为主导的产业园区 83 个，以及成都高性能纤维、自贡新材料、攀枝花钒钛新材料等国家高新技术产业化基地。

就企业分布而言，整体分布较为均匀，整个产业链均有较多企业。截至 2019 年 5 月，四川省先进材料业共有单位 3 081 个，占五大现代产业单位总数的比重为 7.5%，包括制造业单位 2 942 个，占制造行业单位总数的 7.8%；采矿业单位 139 个，占采矿行业单位总数的 11.5%（表 8-3）。

表 8-3　2019 年四川先进材料产业单位数及占比

四川先进材料细分行业类别	单位/个	占该行业单位总数比重
制造业	2 942	7.8%
采矿业	139	11.5%

资料来源：四川省统计局，2019

就企业规模而言，企业整体规模较大，具有一定的竞争实力，先进材料产业中的部分企业生产技术已经达到国际、国内先进水平。截至 2017 年底，全省拥有规模以上先进材料企业 1 806 家，2018 年全省营业收入超过 50 亿元的新材料企业达 10 户。表 8-4 为四川先进材料领域上市公司情况。

表 8-4　2019 年四川先进材料领域上市公司情况

企业名称	主营业务收入/亿元	主营产品
东材科技	17.35	绝缘材料、光学膜材料、环保阻燃材料、电子材料等
四川双马	18.1	硅酸盐水泥、商品熟料、骨料
天齐锂业	48.41	技术级锂精矿、化学级锂精矿、锂化工产品
大西洋	27.88	焊条、焊丝（包括实心焊丝、药芯焊丝）、焊剂三大类的焊接材料
北化股份	24.61	硝化棉产品、环保器材及核生化防护装备、特种工业泵系列产品
攀钢钒钛	131.59	氧化钒、钒铁、钒氮合金、钒铝合金、钛白粉、钛渣等
银河磁体	6.03	粘结钕铁硼磁体、钐钴磁体和热压钕铁硼磁体
天原集团	231.03	PVC（聚氯乙烯）、离子膜烧碱、水合肼、水泥、钛白粉、苯乙烯、PVC-O（双轴取向聚氯乙烯）管材、LVT（高端乙烯基）地板、塑胶管路系列产品等

8.1.2　四川省先进材料产业发展的 SWOT 分析

1. 先进材料产业发展的优势（S）分析

1）丰富的矿产资源，为先进材料产业发展提供了有力的支撑

四川的钒钛磁铁矿、稀土、锂辉矿、石墨等战略资源储量均处在全国前列。其中，钛资源储量近 6 亿吨（以二氧化钛计），居全国第一位；钒资源储量 1 763 万吨（以五氧化二钒计），居全国第一位；盐矿资源储量居全国第一位。

2）完整的先进材料产业体系，产业规模整体较大，数字化转型基础好

得益于丰富的资源，四川先进材料产业发展较早，形成了比较完整的先进材料产业体系，产业规模整体较大。目前，四川省先进材料产业以石墨烯、玄武岩纤维、复合材料、钒钛稀土、化工新材料、钒钛稀土产业、多晶硅与光伏、钒钛、电解铝等特色优势材料为主。

2. 先进材料产业发展的劣势（W）分析

1）技术创新投入不断增多，但成果落地转化效率低

全省建设热情高涨，技术创新投入不断增多，但先进材料仍然处于产业发展的初级阶段，大部分技术应用停留在实验室。虽然部分技术在实验室应用非常成功，但是无法建立有效的产品落地机制，"产学研"体系机制不完善，企业数量不足，限制了应用专利技术的研发，也限制了高校院所成果落地转化。例如，与石墨烯产业全国领先的江苏常州相比，2019 年，作为四川省内先进材料产业"翘楚"的成都从事石墨烯研究的高校院所有 19 家，常州仅 2 家；但石墨烯相关企业常州有 69 家，成都只有 7 家。

2）行业人员学历水平不高，数字运用和创新人才不足

先进材料行业人员整体学历水平不高，技能人员少，先进材料对工艺要求高，数字技术运用创新难度较高。截至 2019 年 5 月，全省先进材料业技能人员数仅为 1.1 万人，不到该行业单位技能人员总数的 0.1%。全省先进材料业专科及以上学历人员数为 2.8 万人，其中制造业专科及以上学历人员数为 2.7 万人，占该行业专科及以上学历人员总数的 3.8%；采矿业专科及以上学历人员数为 0.1 万人，占该行业单位专科及以上学历人员总数的 14.3%[①]。

3. 先进材料产业发展的机会（O）分析

1）新一代信息技术发展促使材料不断更新换代，市场需求不断增加

信息技术的快速发展对关键基础材料提出新的挑战和需求，同时材料更新换代又促进了高技术成果向生产力的转化。例如，微电子芯片集成度及信息处理速度大幅提高，成本不断降低，硅材料发挥了重要作用。

2）环保政策明显趋严，环保执法力度不断加大，数字化助力工艺升级

绿色、低碳的新材料技术及产业化成为未来发展的主要方向。国务院及国家发展改革委、工信部、科技部、财政部、生态环境部等多部委统筹规划，陆续出台了多项引导、支持、鼓励和规范新能源汽车发展的规划和管理政策，推动新能源汽车产业健康、可持续发展。以新能源为代表的新兴产业崛起，引起电力、建筑、汽车、通信等多个产业发生重大变革，拉动上游产业如风机制造、光伏组件、多晶硅等一系列制造业和资源加工业的发展，促进智能电网、电动汽车等输送与终端产品的开发和生产，加速先进材料产业的发展。此外，国家支持钒钛新材料的突破及在国防、军工应用领域的扩展，有利于钒钛新材料的开发利用。

3）国家和地方政府政策支持，资本市场助力

四川省将坚持"梯度培育"思路，在加快推进先进基础材料转型升级的同时，以满足《中国制造 2025 四川行动计划》和军民融合产业发展为导向，培育壮大一批产业发展急需、市场潜力巨大且基础较好的关键材料。同时，国家和四川省政府不断推动先进材料产业数字化发展，四川省政府也在不断建立健全政府资金引导、企业投资主体、风投资金拉动、金融资本支持、上市融资扩张的技术创新投资新机制，培育四川石化、川化控投、宜宾天原集团、四川龙蟒等一批龙头骨干企业，掌握一批拥有自主知识产权的核心技术。

---

① 遂宁市统计局. 四川省"5+1"现代产业从业人员和人才状况简析. https://stjj.suining.gov.cn/web/stjj/ tjfxykt/ -/articles/8193536.shtml, 2019-06-20.

4. 先进材料产业发展的威胁（T）分析

1）资金缺口较大，资源开发体制存在问题，政府、政策支撑力度不够

企业资金短缺，资本运作渠道不顺畅，购买或自研数字化技术、服务和设施的投入少，整体工艺技术水平不高，智能化程度低，高水平创新平台少，整个产业亟待数字化转型升级。政府政策和资金扶持力度不高，对于新材料产业引导不够。尽管四川具有大批科研机构和较强科研实力，但产学研体系不健全，成果无法转化为效益。

2）企业规模化程度低，先进材料集群度低

四川先进材料产业中龙头企业较少，多以中小企业为主，规模相对较小，无法实现大批量定制化生产。此外，先进材料集群数量较少，集群配套数字设施和设备不完善，生产过程自动化、管理信息化水平亟待提升。总结如图 8-1 所示。

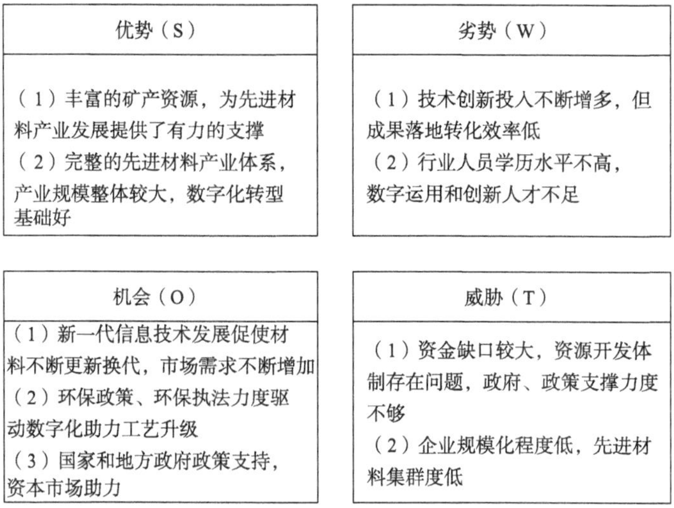

图 8-1　四川省先进材料产业 SWOT 分析矩阵

8.2　四川省先进材料产业数字化转型发展状况分析

8.2.1　四川省先进材料产业数字化发展瓶颈、需求及必要性分析

1. 四川省先进材料产业数字化发展瓶颈

先进材料产业是国民经济建设、社会进步和国防安全的物质基础，是产业结构优化升级和提升装备制造业的保证，是七大战略新兴产业发展的基石。四川石

墨资源、钒钛资源、稀土等矿产资源丰富，先进材料产业具有良好的先天条件，已成为四川经济发展的重要支柱产业之一。目前四川省先进材料产业在全球价值链地位稳步提升，呈现规模化、绿色化、高端化、智能化的发展趋势，但在核心技术和高端产品、产业布局、绿色发展和产业竞争力方面，相较发达国家或发达省份，都存在较大的差距。国内市场上，发达国家先进技术产品进驻造成市场竞争加剧；国外市场上，发达国家越来越多地运用标准、专利等技术壁垒手段保护其国内市场，对四川省先进材料产品拓宽国际市场带来阻碍。在"内忧外患"的局面下，数字化为产业发展带来机遇，四川先进材料产业有望做大做强。但目前四川先进材料产业数字化转型仍存在以下问题。

1）产业整体与数字技术融合度不够

先进材料产业是装备制造、电子信息等流程型制造业的上游产业，也属于流程型制造企业。目前，整个产业面临极大的发展瓶颈，低水平产能过剩、产品结构不合理、基础研究欠缺、创新能力不足等问题突出，尤其是关键核心技术被"卡脖子"，使我国高端技术产业长期受制于人。数字化转型不是简单地上云上系统，或者简单的 IT 化改造，而是要真正将数字技术与业务深度融合，实现产业创新发展。先进材料产业重点在于研发和制造环节，如何利用数字技术提高研发水平、制造水平，推动智能工厂建设，是先进材料数字化转型升级面临的首要问题。从产品层面看，提高资源有效利用率和产品质量是重点问题，不仅需要加速研发周期，还要加快核心技术创新平台建设，提高产品技术含量，开创新的研发模式。从产业链环节来看，先进材料产业涉及研发、生产、销售等多个环节，每个环节都拥有大量复杂的数据，如何才能智能化采集、存储、加工和使用数据？

2）产业上下游等多方主体数字化协同不足

先进材料产业与下游市场联系紧密，我国先进材料产业起步较晚。一方面，在相关标准和技术领域基础较弱，存在很多空白领域，在数据标准、数据接口和数据交换方面也缺乏完善的标准体系，导致尽管部分企业数字化发展较快，但产业的上下游仍存在"信息孤岛"问题。另一方面，四川省先进材料产业还没有完全建立起专门的产业数字化综合性服务平台，产业上下游的沟通连接存在较大阻碍，产业技术研发转化不足。通过数字化平台强化产学研用供多方主体的联系，有利于产业协同创新水平的提升、先进材料产业的技术创新能力提升，带动关键共性技术的研发，提高产品质量，同时也能促进产品、服务和技术资源的交易，增加整个产业的竞争实力。

3）先进材料产业与多学科交叉 IT 人才缺失

在数字技术与先进材料产业业务深度融合过程中，不仅能推动研发数字化、智能制造和数字营销，优化现有业务流程，还能促进企业业务模式的创新。目前，先进材料产业所需的数字创新人才不足，如何利用数字技术结合专业知识，推动产业技术创新，需要真正高水平的复合型人才来研究。此外，既熟悉行业制造流程，又懂数字技术的应用型人才也不足，当前的高等教育体系无法提供适合的人才，新的企业创新人才培养方式还待拓展。数字人才的缺失也是多数企业不敢贸然转型的主要原因，极大制约了产业数字化进程。

2. 四川省先进材料产业的数字化需求分析

1）数字化转型适应新一轮工业革命，支撑"中国制造2025"发展的需求

随着数字技术的快速发展，陶瓷、稀土及石墨烯在内的基础前沿材料需求不断增大。新一轮工业革命背景下，先进材料支撑数字化建设，对先进材料产业的产能提出了大量的需求。四川作为稀土、石墨烯等关键材料的重要生产基地，先进材料产业只有不断依托数字化技术，实现研发、生产和销售环节的打通，才能实现快速响应市场需求，大规模定制化生产。

2）数字化转型增强产业创新能力，提高产业竞争力的需求

四川先进材料产业在国内市场较有竞争力，但跟发达国家相比差距较大，与国际顶尖水平相差较远。通过对数字技术的深度应用，利用大数据分析结果，加强人工智能使用，能够打破关键技术封锁，实现前沿新材料的技术突破，增强产业整体的创新能力和竞争力。新材料的突破性进展，也能加速科技革命，创造新的市场需求，不仅能够加快先进材料产业的快速发展，还能促进四川其他战略性新兴产业的成长。在创新发展和数字化需求的带动下，数字技术为四川先进材料和其他战略性新兴产业带来更大的价值。

3）促进产能和产品质量提高，满足市场化应用的需求

先进材料产业的生产制造环节是核心环节之一，也是数字化转型的重点环节。利用物联网、人工智能和大数据等技术，采集采购库存、生产、能耗、设备状态等业务数据，通过智能设备实现预测性维护，减少安全事故发生率，对数据进行分析也可以帮助企业经营决策，提高运营效率。技术工艺在大数据分析后得到提升，能够提高产品销量和质量。通过对市场数据的分析，不断进行产品的迭代，满足用户需求，提高用户满意度，又能加速先进材料产业新技术的市场化应用。

3. 四川省先进材料产业数字化转型必要性

（1）先进材料产业是我国制造业从研仿向原创跨越的新阶段的重要支撑。随着制造业用户提出的仿无可仿的全新技术需求，必然需要应用"基础原理+数据分析"的方法论，实现智能制造并超越欧美制造业强国，推动中国战略性新兴产业的发展，突破产业化制备瓶颈，支撑"中国制造2025"。

（2）四川省先进材料产业数字化转型，不仅能大幅缩短产品研发周期、降低研发成本，而且有利于深刻认识材料创新研究的机理，使研发过程可迭代、可升

级, 从而助力真正的"中国创造", 提高先进材料产业整体创新力和竞争力, 开辟更大的市场。

（3）先进材料产业是四川省五大支柱产业, 加快材料产业数字化转型有利于促进制造业产业数字化转型, 提高资源利用效率和经济效益, 进而实现四川产业结构升级, 促进四川经济高质量发展。

8.2.2   四川省先进材料产业数字化转型方向分析

先进材料产业数字化建设需要材料研发、材料生产、装备制造、业主用户的共同参与, 实现研、产、检、造、用全产业链数据协作。因此, 生态建设是所有工作的基础, 需要行业共识, 需要专业人才, 需要顶层设计, 需要数据共享, 需要用户体验。从四川省先进产业链和价值链角度看, 四川省先进材料产业要实现智能制造和整体数字化转型, 需要重点集中于以下三个方面: ①研发数字化; ②生产数字化或智能制造; ③产品数字营销和智能应用。同时, 还需要数字基础设施建设、组织结构数字化支撑以上所有价值链活动的数字化转型（图 8-2）。

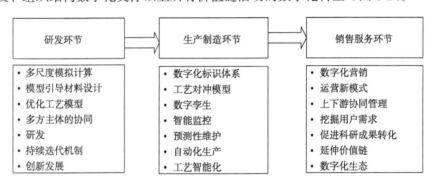

图 8-2   四川省先进材料产业数字化转型方向

1. 研发数字化

研发环节的数字化通过数字技术手段利用历史经验和数据计算, 通过模型引导材料设计, 主要是为了让产品的性能和可靠性得到提升。依靠多尺度模拟计算预测材料设计对产品机械性能和可靠性的影响, 优化工艺模型以获得微结构、纳米结构工艺设计等先进制造工艺参数。通过构建专门的产业数字化综合服务平台, 联合上下游企业、科研机构、客户等多方主体的协同研发, 极大缩短产品研发周期、降低研发成本, 而且基于平台沉淀的知识机理, 可以形成材料研发的持续迭代机制, 促进先进材料的创新发展, 满足市场的个性化需求, 真正推动中国制造。

2. 智能制造

制造环节是先进材料产业的核心环节，先进材料产业的生产设备、生产工艺等要求高。通过数字化标识体系的建立，可以实现材料全生命周期数字化管控，通过监控原材料的质量波动，通过工艺对冲模型实现产品性能的稳定控制；通过建立数字孪生，进行建模计算，从机理层面建立预警标准，实现智能监控和预测性维护；通过生产大数据分析，关键环节模拟仿真，数据可视化能够促进相关人员的科学决策。利用大数据、人工智能和数字孪生技术可以建设自动化生产线，减少人工成本，提高生产效率和产品质量。

3. 数字营销和服务

四川先进材料产业的"产学研"转换效率不高，新技术研发难以转化为市场化应用。通过数字化转型，企业可以利用大数据、人工智能等技术挖掘用户需求，促进科研成果转化。同时，也可利用积累的技术，为第三方提供数据检测服务，输出行业数字化解决方案等，不断延伸价值链，打造新的商业模式，创造产业新的价值增长点。

8.3　四川省先进材料产业数字化转型典型案例分析

8.3.1　典型企业案例的选择

攀钢集团有限公司（简称攀钢）和天原集团作为四川省能源化工领域的龙头企业，近年来紧紧抓住数字化转型机遇，布局工业互联网、智能制造等领域，并取得良好成效。二者深刻理解数字化平台的价值，积极构建工业互联网产业生态，从数据链接到数字化赋能不断优化自身商业逻辑。攀钢、天原集团的数字化转型有深远的影响力，从企业延伸到产业，对四川省能源化工产业数字化转型具有重要带动作用。

1）攀钢集团

攀钢集团是四川省经济和信息化厅指导下的"四川省工业互联网产业联盟"发起成员。近年来，攀钢认真落实国家"两化融合"发展战略，按照鞍钢集团统一部署，结合自身发展实际，不断深化"两化融合"建设，顺应信息技术发展趋势，推进自动化、信息化、数字化、智能化转型平台建设，构建集智能装备、智能工厂、智能互联于一体的智慧制造体系，攀钢数字化转型饶有成效，接下来将进一步依托数字化转型打造世界一流新材料企业。

2）天原集团

天原集团是四川省内化工领域的数字化建设排头兵，立足于"一体两翼"发展战略，坚守化工产业阵地，布局循环可持续发展的产业链，积极向新材料、新能源产业转型升级，目前已经拥有完整的"资源能源—氯碱化工产品—化工新材料及新能源电池材料"的一体化循环产业链。天原集团数字化建设起步早，在管理数字化、智能制造方面拥有同行领先优势，作为氯碱产业的龙头企业，是行业率先布局工业互联网和建设工业互联网平台的企业，其数字化转型事迹被中国化工报社"智慧化工中国行"专栏报道。

天原集团致力于创建具有国际竞争力的以新材料新能源产业为核心业务的特大型综合现代企业集团；从战略方向、管理模式、研发体系、供应链体系、制造体系和服务体系等展开变革，按"新产业投资，现代供应链服务先行"的"+现代供应链服务"模式，开展现代供应链服务，同时配套开展现代物流等经济业务，实现"产业+供应链"双轮驱动，不断利用数字技术加速创新和转型的制造业企业。现已荣获"国家级企业管理现代化创新成果一等奖"、"国家级技术创新示范企业"、"国家首批能效领跑者标杆企业"、"中国石油和化学工业百强企业"和"国家'两化'融合贯标试点企业"等称号，是在加快推动绿色高质量可持续发展等方面起到积极示范作用的全国行业领跑者、行业标杆企业。

8.3.2　攀钢集团的数字化转型分析

1. 企业数字化战略

始终坚持"正派经营不容妥协、安全不容妥协、品质不容妥协"的经营理念、始终坚持"平台、跨界、产融、生态"的经营思路，始终坚持"积微速成，深彻变革，一体两翼"的经营策略，牢记高效绿色开发攀西战略资源的国家使命，把攀钢建成以特钢钒钛产业为主导、精品钢铁产业为支撑、物联和科技产业为重点、相关产业协调发展的钒钛资源综合利用优秀企业，让客户满意、员工幸福。

2. 攀钢集团的数字化转型历程

攀钢集团数字化建设可以分为三个阶段：2013~2017 年，是数字化建设起步阶段，攀钢开始顶层设计和信息系统建设，平台建设逐步启动；2018~2019 年，是数字化样本打造和加速建设阶段，攀钢加大数字化基础设施投入、推动智能制造生产线建设；2019 年至今，是数字化升级、数智化加速阶段，攀钢将数字化标杆生产线在全集团推广，运用 5G、物联网和智能技术推动生产线升级，加快管理、营销体系数字化建设，形成"无人化工厂+平台化运营+协同化生态"的商业模式（图 8-3）。

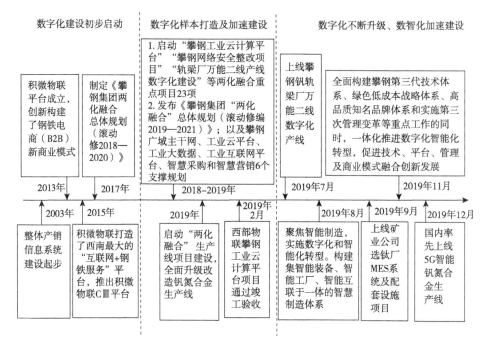

图 8-3　攀钢集团的数字化转型历程图

3. 攀钢集团数字化转型主要内容

攀钢集团数字化转型从信息化和自动化基础设施短板开始建设,依靠数字技术推动信息化和自动化深度融合,不断提升智能制造和智慧决策水平,依托数字技术和数字化建设打造全球钒领域标杆企业和国际一流钛化工企业。

1)数字基础设施建设成效显著,加快攀钢集团数字化转型升级

在信息化主干网建设方面,公司完成办公、生产、视频的信息化主干网建设,覆盖各二级单位,快速完善了公司信息化建设基础设施。

在工业互联网平台建设方面,攀钢旗下积微物联集团股份有限公司(简称积微物联)打造了西南最大的"互联网+钢铁服务"平台,推出积微物联 CⅢ(Complex+Customer+Cash)平台,致力于构建全要素产业互联网生态圈。在攀钢"两化融合"工作部署中,积微物联积极发挥 CⅢ平台优势,以新技术为驱动,携手星云智联公司,从点到面,深度服务"两化融合"建设。

2019 年,作为攀钢"两化融合"建设的基础,云平台项目的竣工有效解决了攀钢现有系统的部署模式问题,也极大地降低了信息系统建设的总体投资成本,为攀钢深化"两化融合",推进数字化智能化转型工作按下"快进键",为打造世界一流新材料企业提供了强有力的保障。

在智能创新实验室方面,攀钢联合四川大学、电子科技大学、北京普能世纪

科技有限公司共建钒钛新能源材料联合实验室，其主要任务是结合四川丰富的钒钛资源，开发钛酸锂负极材料、钒基储氢等新能源材料与器件产品和孵化相关企业。同时，为更好地利用新技术服务产业链客户，积微物联还联手清华四川能源互联网研究院等，共同发起了四川省工业大数据创新中心，与浙大网新科技股份有限公司（简称浙大网新）等联合开发西南云计算智慧产业基地，与阿里云共建国内首个数字钢铁研究实验室，与华为合作推进企业数字化转型、智慧园区、数字化研究院等项目，与中国移动创建工业互联网联合创新实验室，在 5G 领域开展合作。

2）生产数字化

完成物资仓储系统建设，实现了各类供应物资的进厂、仓储、领用全面管理，有力支撑起厂内物资的规范化、流程化、标准化管理，全面提升公司各单位管控水平。在供应端协同方面，依托采购系统、物资系统、排号系统及物资计量集中值守系统，实现供需在线互动与内外业务协同和降本减员增效，可减少 20%人员投入。在厂内运输数字化及协同方面，通过车辆管理、系统调度、自助打单、无人计量等系统集成，实现在线业务协同。

在生产过程方面，运用工业机器人、无人行车、无人搬运车（automated guided vehicle，AGV）等智能装备实现自动化、智能化运行和监控。例如，2019 年 12 月上线运行的钒氮合金两化融合示范线建设项目，采用工业机器人、无人行车、AGV 等智能装备，利用 5G 通信技术打通工序间物流断点，实现全生产线——计划接收、调度排产、工序跟踪与成本计算，全程管控的无人化、自动化生产。在设备管理方面，完成设备管理信息系统建设，打造了设备点检定修、四大标准、状态监测信息化平台，全面提升设备管理标准化水平。

在公司生产管控方面，公司完成生产管控中心的视频监控、业务应用软件系统建设，实现了各产线关键点位视频、主设备状态视频与参数、当日报表数据等可视化功能，充分发挥出公司生产信息集中与集成的管控作用。此外，利用大数据和人工智能等技术手段，积微物联开发生产现场安全作业行为智能管控系统，提高现场作业安全管理水平；以积微指数挖掘数据价值，孵化市场价格预判服务；协助打造"钢铁大脑"，对炼钢工艺实现全流程数据检测及数据挖掘分析，助推企业提质增效；围绕工艺智能化、管控精益化，构建数字化管理应用大数据平台，助力数字化工厂建设。

3）营销数字化

加强钒、钛产品业务流程管理，根据钒、钛产品业务特点制定并优化业务流程，完善营销管理制度，固化于销售管理系统中，全面控制各关键风险点，营销管理水平不断提升。攀钢以提升竞争力为核心目标，重点围绕劳动生产率、成本、质量、效率等指标优化，有序抓好"两化融合"项目，以面向采购生态圈的数智化采购平台、面向现代化产业链的数智化营销平台和国内领先的钒钛、钢铁核心业务数智化生产经营平台为主攻方向。线上，攀钢构建了积微海川钢铁、积微云采、积微指数、积微运网等 26 大板块的积微族群。线下，攀钢打造了成都达海、云南达海覆盖西南的实体仓储加工物流基地。

在销售发货协同方面，优化发货和提货流程及操作体验，打通从销售合同到提单、派车及预约进场、自助服务、提货出厂的全流程，提升提货效率 30% 以上。在废旧资源管理方面，通过积微循环平台，实现对废旧资源的汽运、铁运、计量、结算的在线管控。

疫情期间，积微物联坚持疫情防控和服务两手抓，为国内产业复工服务。线下成都达海库存量曾一度高达 120 万吨，居国内单体仓储量之首；线上则依托平台技术优势和资源优势，先后推出了"积微跟踪排查服务平台""直播看货""车辆运输轨迹查询""在线电子签章"等一系列数字化新产品，助力企业复工复产。

大数据智能服务客户，满足客户需求。持续完善顾客满意度调查和改进体系，将终端客户作为重点服务对象，充分了解、分析用户需求和产品应用信息，对于顾客满意度相对低的产品加大调查频次，了解顾客需求，提出产品和服务改进方案并持续跟踪情况，解决用户反映的问题，提高用户满意度。

4）管理数字化

攀钢围绕将信息化思维融入生产经营管理的理念，要求管理者树立数字化智能化思维，推进数字化智能化转型，借助物联网、大数据、人工智能等信息技术，全面打造数字化攀钢，赋能新攀钢建设，确保实现企业效率、效益最大化。在视频会议系统方面，建成专线硬视频会议系统，形成分布各二级单位的 17 个远程一体化会场，公司会议效率得到大幅提升，会议成本明显降低。在公司办公自动化（office automation，OA）、工资等信息系统方面，已完成协同办公系统、工资发放等专业信息系统建设，有力提升了公司办公运行与工资管理效率。

攀钢集团在做钢铁第三代技术体系、绿色低成本战略体系、高品质知名品牌体系和实施第三次管理变革等重点工作的同时，一体化推进数字化智能化技术、平台、管理及商业模式融合创新发展。同时，坚持战略发展和管理创新导向与引领，对接攀钢战略规划，融入公司第三次管理变革、第三代技术体系进步与绿色低成本制造，倒逼组织重构、流程再造、岗位再设计等体制机制创新，不断完善攀钢数字化智能化转型发展的顶层设计。

4. 攀钢集团数字化转型路径

自 2017 年以来，攀钢坚持信息化建设与提高工业化水平并举，规范信息化管理制度，坚持规划引领，不断完善"两化融合"顶层设计，新一轮"两化融合"项目建设掀开序幕，持续规划加速数字化、智能化建设（图 8-4）。

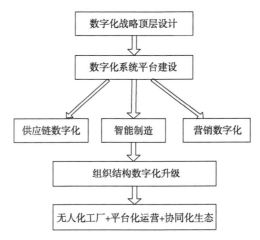

图 8-4　攀钢集团数字化转型路径图

5. 攀钢集团数字化转型成效

1）持续深化降本增效，主营业务显著增长

积微物联平台年交易额已突破 1 000 亿元，链接用户近 5.5 万家，累计交易量达 2 亿吨。成都达海、云南达海等覆盖西南的实体仓储加工物流基地，拥有或管理的厂房面积超过 60 万平方米，仓储吞吐能力超 3 000 万吨，钢材加工线 50 条，加工能力 600 万吨的攀钢智慧供应链信息系统，率先取得中国银行间市场交易商协会资产支持票据（Asset-Backed Medium-term Notes，ABN）发行许可、储架规模 40 亿元。

在物流运输方面，充分利用互联网优势，降低销售物流成本，合理减少运输费用；优化生产组织，充分利用生产场地库存，减少二次倒运，降低生产物流成本。

2）生产线升级，提质增效、竞争力提升

加快生产信息化建设，加强生产全过程监控，提升日常生产运行管控水平，使生产稳定运行，充分释放产能；抓好新建产线达产，实现规模效益最大化；抓好资源平衡和品种结构调整工作，实现产量规模和品种效益目标。攀钢聚焦鞍钢集团构筑"三大事业"战略，在普钢、特钢、钒、钛四大支柱产业领域实施技术驱动产业链向中高端延伸，建成了攀长特 4 500 吨挤压机等项目，钒铝合金产线、钒氮合金数字化改造等项目，棒线材产品制品公司成为攀钢新的利润增长点。此外，2019 年，攀钢钛精矿、海绵钛产量位居国内第一[①]，钛合金产品形成的批量产业链优势得到进一步巩固。

---

① 攀钢日报. 转型升级促发展[EB/OL]. https://szb.pzhsteel.com.cn/pgrbpc/202006/02/content_10512.html，2020-06-02.

以市场需求为导向，做好品种结构调整工作，实现品种结构效益最大化；加大新产品开发及产品应用研究力度，强力推进技术营销，积极培育技术竞争优势和利润增长点，增强成本、质量及技术服务的竞争力。

3）商业模式创新

打造了积微物联 CⅢ 钢铁、钒钛供应链一体化项目，采用线上线下结合的 O2O 方式，深耕 B2B，创新构建了钢铁电商新商业模式。坚持"互联网思维""平台思维""数据即资产"理念，一体化推进数字化技术、平台、管理及商业模式融合创新发展，建成"无人化工厂+平台化运营+协同化生态"的"智慧攀钢"运营模式。

8.3.3　宜宾天原集团的数字化转型分析

1．企业数字化战略

天原集团坚定不移地推进"一体两翼"发展战略，将现有装置按照智能化、信息化、自动化要求进行改造，提高资源运用效率，全面提升运营管理水平，保持低能耗高效率的持续生产能力，系统运行质量和主要消耗量处于行业先进水平。目前，公司已成为氯碱行业产品最齐全的企业之一，也正在全力转型为绿色化工新材料和先进化学电池材料的技术型企业集团。

2．天原集团的数字化转型历程

天原集团信息化发展可分为三个阶段。2002~2006 年，是信息化起步阶段，公司实现了业务电子化；2007~2014 年，是公司实现基础业务与管理信息化全面协同阶段；2015~2019 年，是公司全面实施管理信息化和智能制造阶段（图 8-5）。

3．天原集团数字化转型主要内容

1）管理数字化

天原集团较早的信息化建设，使得涉及组织层级、等级的企业内部垂直边界被打破，同时涉及职能部门的水平边界也将打破，组织结构实现了扁平化。天原集团在战略转型升级过程中深入推进管理创新，坚持"创新为本"核心价值理念，不断提升公司管理现代化水平，不断增强经营发展创新变革的能力，改革的广度和深度不断在延伸。

天原集团深入推进"对标世界一流化"工作，瞄准优势氯碱化工和新材料、新能源等一流企业，全面化、系统化制定五年对标实施计划，全面构建对标管理数字化平台，实现"线上+线下"系统化对标管理全覆盖、全追踪、全考核，公司核心竞争能力实现新提升、新突破。不断推进高效流通商贸业务、供应链管理业务、营销模式创新，运用数字化技术优化交易和风险管控模式；建设集团运营管控中心、数据决策分析平台。

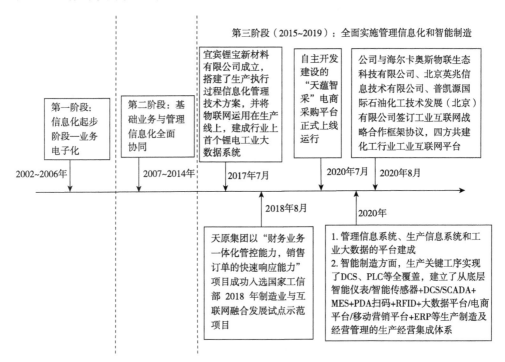

图 8-5　宜宾天原集团的数字化转型历程图

DCS，distributed control system，分布式控制系统

PLC，programmable logic controller，可编程逻辑控制器

SCADA，supervisory control and data acquisition，数据采集与监视控制

2019 年，天原集团开展管理创新成果、创新创造案例"1+4"专题发布活动，表彰推广创新成果、案例 42 个，天原集团独创推行的《数字化转型背景下基于对标世界一流化目标的"管理创新+效能监察"两位一体的管理变革》成果，荣获第十二届"全国石油和化工企业管理创新成果""2019 年度四川省企业管理现代化创新成果"一等奖殊荣，《构建数字化交易风险监控平台》成果荣获二等奖，代表了四川省企业管理现代化的最高水平，也代表了全国石油和化工企业管理的先进水平和发展趋势。

此外，天原集团也在运用物联网方案积极完善产品生产管理模式。依托 EcoStruxure 架构，企业应用了包含 ATV310H、ATV610、ATV630 系列变频器、C65 系列、NG125 系列小型断路器，以及 AVEVA InTouch 软件、AVEVA Historian 实时数据库和实验室信息管理系统（laboratory information management system，LIMS）。在此基础上，结合企业现实的业务需求，企业与施耐德电气合作，开发了覆盖整套锂电池正极材料生产装置的 MES，搭建了生产执行过程信息化管理技术方案，从而在企业中实现了从上游原材料到下游产成品质量控制一体化的管理模式。

2）生产数字化

天原集团搭建了协同管理系统、ERP 系统、大宗原料系统、项目管理系统、物资进出全程联网集成系统、移动营销系统、智能物流系统、智能仓储、电子招标采购系统、MES、LIMS、SCADA 系统等，实现了系统集成协同应用。管理系统与生产过程控制自动化相辅相成，在宜宾锂宝形成锂电产业链工业大数据的平台数据基础。

对生产型子公司开展智能制造整体规划和统筹实施工作，加速推进工厂自动化、信息化、智能化生产建设，提升公司在研发、生产和服务上的整体营运水平。应用工业互联网、大数据等信息技术，快速提升整体运营能力和效率。应用锂电正极材料产业的以质量全程追溯为核心的智能生产 MES 的成功经验，完成对塑料管材管件和生态环保地板产业的 ERP 整体升级。

具体而言，在智能制造方面，公司的生产关键工序实现了 DCS、PLC 等全覆盖，企业服务总线实现了集成联动。公司建立了数字化全量仿真智能制造实验室，建立了从底层智能仪表/智能传感器+DCS/SCADA+MES+PDA 扫码+RFID+大数据平台/电商平台/移动营销平台+ERP 等生产制造及经营管理的生产经营集成体系。天原集团自主开发了具有国际先进水平的氯化法钛白粉技术，该技术不仅打破了国外公司的技术垄断，而且采用智能制造的新模式，率先建立了国内领先的氯化法钛白粉智能工厂。

在宜宾锂宝新材料生产线上，公司搭建生产控制执行系统，全面实现了生产管理与生产控制智能化，建设数字化智能工厂。该智能制造系统基于生产制造执行系统，集成并协同数字化装备、DCS、PLC、MES、SCADA、LIMES、无人计量值守等自动化、信息化技术，搭配行业首创的集前驱体、正极材料、电芯、组装等锂电全产业链工业大数据系统，基本完成了数据纵向到顶、横向到边的数据应用，使得天原集团率先在国内三元正极材料行业实现数字化智能工厂。

3）营销数字化

公司以市场开发和超前的研发来引领整个高端先进制造产业的发展，全力推进"微笑曲线"两端化和生产制造智能化，狠抓营销和研发两端，大力开展技术革命，挖掘研发潜力，通过市场调研、技术引进等方式拓展边界，加快推进研发超前化、产品品牌化，实现科技、先进制造、研发、设计、检测等技术性服务和市场营销的高度融合，建立更具创造力、创新力的"哑铃型组织"。

2020 年 7 月 23 日，由天原集团自主开发建设的"天蕴智采"电商采购平台正式上线运行。"天蕴智采"电商采购平台为改革传统采购模式、提高采购效率、降低采购成本、推进电子化、信息化技术的应用，实现采购转型创新。天原集团将传统产业模式与电商营销相结合，不断拓展延伸新营销模式，秉承公司"绿色化工专家，真诚合作伙伴"理念，将"天蕴智采"打造成一个具有综合竞争优势的专业化工工业品电商采购平台。

"天蕴智采"电商采购平台，定位于专业化工工业品采购平台，在高效、便捷满足内部需求的前提下对外开放运营。需求部门对标准、通用物资自助下单；采购部门开展专业化、非标准设备物资的采购，负责平台运营、渠道拓展优化、年度/战略合同签订、潜在客户发掘、市场开发等重点工作。天原集团将利用"天蕴智采"平台实现企业内部的采购、销售、贸易，以电子商务方式对上下游渠道资源、行业、区域等方面进行整合及推广。

4. 天原集团数字化转型路径

天原集团数字化转型路径，如图 8-6 所示。

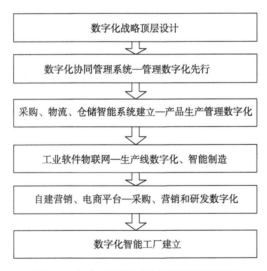

图 8-6　宜宾天原集团数字化转型路径图

5. 天原集团数字化转型成效

1）产品提质，降本增效

天原集团实现了从原料进厂、生产制造到产品入库全环节的数字化、透明化管理和监控，建立起全集成数字化工厂管理模型，从而有效减少了现场操作人员数量，降低了员工的劳动强度，降低了人为因素对生产运行的影响，节约了公司人力成本。同时，生产控制过程的自动化，数据精准可控、可追溯，云计算、大数据平台支撑，保证了生产过程管理的精准、高效。该智能生产执行系统与同行业相比，有效提高生产效率 25%以上，降低了生产成本。更重要的是，该系统能够自动收集、检查、分析各环节关键数据，自动发现问题并发出预警，提供改善依据，有效地确保产品品质的高度稳定，大大提高了产品的良品率。

天原集团坚持深化创利中心改革，全面构建"以内部市场化为导向、以利润为中心、利益共享风险共担责任体系"的创利中心管理，立足新战略定位，完善分配体系，探索共享体系新模式，深度挖掘各创利中心潜力、激发能力、激活活力，实现公司竞争力、盈利能力的全面提升。

2）商业模式创新

"天蕴智采"电商采购平台，以平台为载体，对外开展贸易、技术、工程、金融等服务，把采购人员培养成氯碱化工行业专业物资采购/销售工程师，将队伍打造成化工装备采购专业化服务公司，将传统的采购部门转型变革为平台运营组织和市场营销主体，变采购为销售，变内部服务为市场服务，彻底实现采购转型变革，实现"电商+大数据+供应商资源"、"电商+行业资源"、"电商+贸易"和"电商+运维"的整合。

8.3.4　案例小结

1. 典型案例数字化转型影响因素

整体而言，影响攀钢集团和天原集团数字化转型的主要因素可以划分为三个方面（表 8-5）。

表 8-5　先进材料产业数字化转型影响因素

维度	攀钢集团、天原集团
技术	底层数字基础设施建设、数字技术生产能力
组织	数字战略顶层设计、组织结构、组织合作资源
环境	政府政策支撑、行业特征

其一，技术维度，包括底层数字基础设施建设及数字技术生产能力。攀钢旗下积微物联打造了西南最大的"互联网+钢铁服务"平台，解决了钢铁营销等问题，搭建攀钢工业云计算平台，有效解决了攀钢现有系统的部署模式问题，也极大地降低了内部信息系统建设的总体投资成本。同时，不断采用工业机器人、无人行车、AGV 等智能装备，利用 5G 通信技术，实现设备、产品、生产的数字化，促进了攀钢数字化生产线建设。天原集团由于信息化建设起步早，信息系统比较完善，数字化转型难度相对较低。天原集团拥有领先的生产技术能力，宜宾锂宝新材料生产线实现了从原料进厂、生产制造至产品入库全环节的数字化、透明化管

理和监控，建立起全集成数字化工厂管理模型，建立了国内首个三元正极材料行业的数字化智能工厂。

其二，组织维度，主要包括数字战略顶层设计、组织结构及组织合作资源。攀钢一直坚定规划引领不断完善"两化融合"顶层设计，不断推动生产、管理等全方位的数字化转型。同时，攀钢建立了积微物联平台公司提供技术支持，攀钢还联手电子科技大学、四川大学、中国移动、华为、阿里云、浙大网新和清华四川能源互联网研究院等高校和企业，不断推动硬件、软件系统和云平台建设，推进企业数字化转型、智慧园区、数字化研究院等项目。天原集团在各个阶段都有明确的转型目标，并且成立了专门的技术规划管理部门、信息化及智能制造办公室等相关部门提供数字化转型技术支持，也与海尔等联合成立工业互联网平台公司，鼎力支持数字化建设。此外，天原集团还不断利用自身的合作资源，如与产业链中铝物资、永丰钛业和攀钢集团等建立合作关系，推动技术升级、平台建设和产业链升级，也与四川大学等建立数字化人才培养合作关系，助推其数字化转型。

其三，环境维度，主要包括政府政策支撑及行业特征。四川省政府大力支持企业数字化转型，攀钢 2019 年 12 月上线运行的钒氮合金两化融合示范线建设项目，获得 2019 年四川省省级工业发展资金扶持。钢铁及钒钛材料行业需要 "产业互联网新模式"，积极实践"互联网+先进制造"，助推钢铁行业企业转型和产业链升级，以解决产能过剩、大面积亏损、合同衔接困难、资金链可能断裂、融资环境日益恶化等相关问题。新能源锂电池材料是国家重点支持的产业，省政府领导多次参观天原集团，国家和四川省均针对新能源行业出台了相关的产业规划。天原集团搭建了自己的电商平台，其氯碱化工、钛化工、新材料、新能源等产品适合线上与线下结合销售的营销模式。

2. 典型案例分析总结

综上所述，先进材料两大典型案例企业的数字化转型具有如下异同。

相同之处在于：①两者数字化战略的顶层设计都非常完善，高度重视数字化转型。②两者都成立了相关的工业互联网平台公司，为企业数字化转型提供技术支持。③平台企业、产业链其他合作伙伴、高校和科研机构等合作伙伴，对两者数字化转型起了重要作用。④政府政策是企业数字化转型的重要推手。

不同之处在于：①两个企业的数字化转型过程和重点不同。对于攀钢这种大集团而言，面临产能过剩和亏损问题严重，只能先改造自身的生产线，提质增效，降低成本；同时，更要考虑如何打通营销渠道，销售堆积产能，于是最先成立了积微物联产业互联网平台，搭建 B2B 平台电商销售模式。对于天原集团这种相对小型的企业，先从管理信息化建设入手，能够快速调动整个企业，提高数字化建设效率，因此天原集团从最早的信息化到现在的数字化建设，都是先完善内部管理系统，再协同带动生产系统和营销系统的数字化转型。②就组织结构而言，攀钢没有成立专门的信息管理部门对数字化建设进行管理，但天原集团设置了专门的信息部门进行数字化战略的顶层设计和管理。③攀钢的资金来源更多依靠政府支持或者自筹，而天原集团积极利用资本渠道，与投资机构合作进行融资。

8.4　基于典型案例分析的数字化转型路径总结

8.4.1　四川省先进材料产业数字化转型路径分析

1. 路径一：以数字化平台建设为支撑，打造标杆数字化生产线

攀钢的数字化转型过程是从顶层设计着手，建立云平台等数字基础设施，然后逐步对各个生产线进行数字化改造，将改造的生产线打造为标杆，然后逐步在整个集团内部进行推广示范；同时，强化管理者数字化转型意识，推动管理的数字化转型。攀钢的数字化转型路径是先从产品生产线的数字化改造开始，提质增效，再做好数字化营销平台建设，不断赋能全产业链的数字化建设（图8-7）。

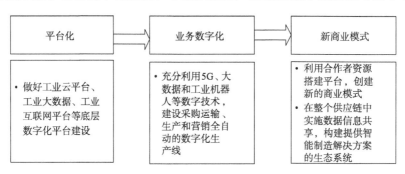

图 8-7　四川省先进材料产业数字化转型路径之一

首先，做好工业云平台、工业大数据、工业互联网平台等底层数字化平台建设。云平台能有效解决企业现有系统的部署模式问题，也极大地降低了信息系统建设的总体投资成本，为推进数字化智能化转型工作按下"快进键"，将为打造世界一流新材料企业提供强有力的保障。构建数字化管理应用大数据平台，围绕工艺智能化、管控精益化，能够助力数字化工厂建设。

其次，充分利用5G、大数据和工业机器人等数字技术，建设采购运输、生产和营销全自动的数字化生产线。用好数字化工具和手段，聚焦效益、效率、成本降低，把所有经营要素都变成数字产品，用其指导生产经营，促进产业链数字化。

最后，利用合作者资源搭建平台，创建新的商业模式，在整个供应链中实施数据信息共享，构建提供智能制造解决方案的生态系统。新商业模式带动产业上下游的生态协同数字化转型实践，一体化推进硬件、软件系统和云平台建设，实现互联互通，通过改变价值创造方式与价值获取方式，重构商业模式，创造多赢的局面。

2. 路径二：以基础设施数字化和内部管理数字化，协同带动行业数字化

天原集团的数字化转型路径是，通过内部管理系统数字化转型搭建的协同管理系统、ERP 系统等，使得管理系统与生产过程控制自动化相辅相成，协同带动生产、营销数字化转型，重点抓管理数字化建设。天原集团不仅自主开发建设了"天蕴智采"电商采购平台，还不断与产业链上下游的公司合作，利用自身和合作伙伴的资源联合共建工业互联网平台，推动智能制造和数字化转型升级（图 8-8）。

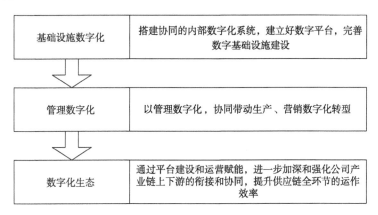

图 8-8　四川省先进材料产业数字化转型路径之二

首先，建立完善的数字化管理系统。先进材料企业应该在战略转型升级过程中深入推进管理创新，不断提升公司管理现代化水平，不断增强经营发展创新变革的能力，努力建立具有国际竞争力的以新材料产业为核心业务的特大型综合现代企业集团。

其次，以管理数字化，协同带动生产、营销数字化转型。搭建好实时数据库，完善生产执行过程中的信息化管理技术方案，从而在企业中实现从上游原材料到下游产成品质量控制一体化的管理模式。

最后，使用合作伙伴资源，通过平台建设和运营赋能，进一步加深和强化公司产业链上下游的衔接和协同，提升供应链全环节的运作效率，进而助推整个产

业的资源整合、效率提升与模式转型，积极吸引更多合作伙伴，不断拓宽产业生态，助力公司转型升级。

8.4.2 四川省先进材料产业数字化转型的重点与难点

1. 先进材料产业数字化转型的重点

在攀钢这类钢铁、钒钛新材料企业的转型路径中，数字化转型的重点在于建立好底层工业互联网平台，促进生产线数字化流程改造，实现智能制造；同时，做好线上线下的营销转型是进行价值获取的关键。

在天原集团这类新材料企业的转型路径中，数字化转型的重点在于构建管理的数字化高水平。它在信息化建设的三个阶段都重点抓管理数字化发展。当然，其数字化转型的难点在于，如何构建整个企业的管理系统、生产系统和销售系统的全方面协同。

2. 先进材料产业数字化转型的关键难点

（1）先进材料产业目前处于从业务信息化向数字化转型的过渡阶段，数字化智能化整体水平不高，支撑数字化智能化转型的基础薄弱。云平台建设投入大，利用工业机器人、5G技术等数字技术来改造生产线，需要供应链、厂内运输、仓储系统及生产车间全方位协同数字化转型，整体改造生产线流程所需资金的持续投入大。

（2）集团整体规模庞大，各单位自动化信息化发展极不平衡，信息系统覆盖面依然不足，制约企业发展的短板还较突出。此外，全员信息化思维与素养有待提高，数字化智能化复合型人才普遍缺乏。

（3）产业行业标准尚未建立，行业内部数据传输不畅，导致产能过剩问题突出，不利于整个产业数字化转型升级。

8.5 政策建议

四川印发《新材料产业2020年度工作重点》，提出从规划引领、重大项目投资、创新能力建设、产业集群培育、开放合作力度和新产品推广应用六个方面着手，以传统产业转型升级和重大装备、重大工程需求为导向，突破一批基础共性和关键核心技术，推动特色优势产业和重点关键材料领域形成新的增长动能，培育一批支撑成渝产业体系的新材料配套集群，加快产品推广应用，构建产学研用紧密结合的新材料产业发展支撑体系，《新材料产业2020年度工作重点》提出阶段性量化目标,到 2020 年营业收入增长 10%以上。

8.5.1　推动先进材料产业数字设施建设

一是深入推进"5G+工业互联网"基础设施建设,建立四川工业互联网专家委员会提供智力支撑;二是四川省内各市(州)要分析区域经济特征,充分考虑当地新材料产业发展特色,梳理完善应用场景,加强政策引领,有计划有重点地推行工业互联网应用;三是加快先进材料产业工业互联网公共服务平台建立,加快中小企业上云,促进产业数字化转型;四是支持工业互联网平台商、服务商与银行、保险、融资租赁等金融机构对接合作,减轻企业一次性数字化投入的负担成本;五是探索成立产业数字化转型发展基金,推动各级政府产业基金按照市场化运作方式,为相关先进材料企业提供数字化转型资金支持。

8.5.2　加快行业数字化协同创新体系建设

一是建立由政府牵头、数字化服务企业、产业内企业参与的多方协调联动的先进材料产业数字化协同创新体系,统筹先进材料产业发展规划;二是建立以数字企业和产业内企业为主导的先进材料数字化技术创新体系,鼓励企业与高等院校合作,推动集成电路、芯片、先进制造与智能装备等新材料关键共性技术重点突破,重点攻克一批"卡脖子"技术,实施一批数字化转型项目;三是建立数字技术创新应用转化体系,建立数字创新投资基金和加快数字创新成果转化,建立多渠道资金的创新投入和成果转化机制体系;四是改革财政科技计划和组织实施,鼓励数字人才引进和企业创新投入,加强数字技术创新重点领域路线,并按技术路线图整合产业链。

8.5.3　切实推动数字化转型的相关惠企政策落地

一是加快先进材料园区数字化建设,支持园区企业应用智能装备与系统、物联网、大数据等新一代技术进行的升级改造项目;二是支持园区上下游企业区域5G 专网建立,建设园区整体物流管控平台,降低企业数字化转型成本;三是支持企事业单位在化工区内举办智慧园区领域的重大学术交流研讨、论坛和会展,园区内公共管理服务由相关政府部门统一采购;四是确保政策执行有效,省政府领导和部门主要负责人可以带头宣传解读重大政策文件,召开新闻发布会和做好新闻报道,推动数字化转型相关政策普及面和执行落地;五是设立商业模式创新基金,鼓励企业加强数字资源整合和优化配置,加强商业和服务模式创新。

8.5.4 创新专业型和复合型人才培养体系和考核机制

一是大力推动数字创新人才引进战略，提供良好的高端人才保障体系，营造良好的政策环境吸引人才聚集，完善人才激励机制，支持开展股权激励和科技成果转化奖励试点；二是对未来先进材料产业的人才做好顶层规划，鼓励在川高校或研究院探索新型工科复合型人才培养模式，布局战略性产业的人才培育体系；三是鼓励企业制定数字化转型规划和路线，加强内部数字化人才的培养，提高员工应用数字技术与生产流程深度融合的能力，完善数字人才培养考核体系和激励机制。

第9章 四川省能源化工产业数字化转型分析

9.1 四川省能源化工产业发展现状分析

9.1.1 四川省能源化工产业发展背景

1. 四川省能源化工产业概述

广义上，能源化工行业不仅指能源开采业，还包括以能源初级产品为原料的能源加工业及其延伸产业。根据《2017年国民经济行业分类（GB/T 4754—2017）》标准，能源化工行业涵盖煤炭开采和洗选业、石油和天然气开采业、石油加工、炼焦和核燃料加工业、化学原料及化学制品制造业、化学纤维制造业五大行业。进一步，参照多个以能源化工为主导的省份统计部门规定，还将化学纤维制造业、橡胶制品业、塑料制品业、电力与热力四个细分行业划入能源化工行业。此外，如果按价值链和产业属性细分，可将能源化工行业划分为能源开采业、能源加工业和化工产业。

据四川发布的《绿色化工产业培育方案》，四川省将聚焦化工新材料、精细化工、天然气化工、盐化工、硫磷钛化工、石油化工、锂钾综合开发、工程设计咨询、化工装备制造等领域，开展优化产业布局，培育创新平台，突破一批关键技术，培育壮大市场主体等行动。四川省各经济区域化工产业重点发展方向，如表9-1所示。

表9-1 四川各经济区化工产业重点发展方向

区域	化工产业重点发展方向
成都平原区	石油化工、化工新材料以及高端精细化学品石墨烯及核石墨等先进碳材料等
川南经济区	精细化学品、重油（沥青）加工、现代煤化工、现代氯碱化工、氟化工、化工新材料等
川东北经济区	天然气化工以及化工新材料、杂卤石钾盐、煤炭等
攀西-川西北经济区	高载能化工以及钛化工、磷化工、石墨等产业

2. 四川省能源化工产业发展规模

四川的能源化工产业依赖于省内资源分布情况。四川省能源化工产业基本包括前述的九个细分行业，建立了较完备的产业体系，重点集中于清洁能源、绿色化工、节能环保等相关行业，具有明显的四川特色，如表 9-2 所示。四川是中国重要的清洁能源、盐化工和化肥生产基地，水力资源、天然气资源、页岩气地质资源高居全国第一，核电装备设计、研发和生产能力全国第一。同时，四川还是全国重要的天然气化工生产和研发基地，四川化肥、三聚氰胺、钛白粉等产能居全国前列。

表 9-2　四川能源化工产业细分行业及产值

四川能源化工产业	2018 年产值/亿元	2022 年产值/亿元（预计）
清洁能源	2 287	3 000
石油化工	925	1 500
精细化工	1 186	1 500
化工新材料	1 018	1 300
天然气（页岩气）	825	1 300
天然气化工	480	600
盐化工	244	500
硫磷钛化工	209	400

依托于丰富的自然资源，四川省能源化工产业规模较大，保持快速增长，如石油煤炭及其他燃料加工业、有色金属冶炼和压延加工业增加值均保持两位数增长，产业发展空间广阔。

2017 年，四川能源化工产业主营业务收入为 5 904 亿元。2019 年，新建重要能源化工大型项目 41 个，投资额 713 亿元，全省能源化工产业主营业务收入超过 7 400 亿元，产业增长达 9.3%。其中，石油和天然气开采业、化学原料和化学制品制造业、医药制造业、黑色金属冶炼和压延加工业增加值增速持续高于全省规模以上工业平均水平。预计到 2022 年，全省能源化工产业主营业务收入达到 1 万亿元。就产值而言，四川省能源化工产业产值逐年增加，成为经济发展的五大支柱之一，但相较于资源优势，能源化工产业的巨大经济潜力仍未释放。

3. 四川省能源化工企业发展状况

就企业分布而言，四川省能源化工企业集中在制造业和电力、燃气、水的生产和供应业，但制造业占全省制造行业单位总数比重仅 3.2%，采矿业占该行业单位总数的 18.2%，说明四川能源化工产业链不长，主要集中于能源开采业。根据四川省统计数据，2019 年全省能源化工产业共有单位数 3 404 个，具体数据如表 9-3 所示。

表 9-3　2019 年四川能源化工产业单位数及占比

四川能源化工细分行业类别	单位数	占该行业单位总数比重
制造业	1 208 个	3.2%
采矿业	221 个	18.2%
电力、燃气、水的生产和供应业	1 975 个	56.5%

资料来源：遂宁市统计局.四川省"5+1"现代产业从业人员和人才状况简析. https://stjj.suining.gov.cn/web/stjj/tjfxykt/-/articles/8193536.shtml，2019-06-20

　　就能源化工企业规模而言，企业整体规模不大、国际竞争力不足等问题突出。据四川省经济和信息化厅发布的四川企业百强榜单，2018 年四川能源及发电业仅 9 户入围，较 2017 年减少 3 户；在 2019 年四川企业百强中仅有 11 户能源及发电企业入围，且排名整体不高。

　　四川能源化工产业链完备，上市公司分布在化工产品、清洁能源和电力行业，但整体而言企业规模不大，主营业务收入与沿海地区相差较大。主要代表性上市公司有利尔化学、新金路、宏达股份、厚普股份、华西能源、广安爱众、大通燃气、雅化集团、明星电力、川投能源等，如表 9-4 所示。

表 9-4　2019 年四川能源化工行业上市公司主营业务收入情况

企业名称	主营业务收入/亿元	主营业务或产品
利尔化学	41.6	除草剂、杀菌剂、杀虫剂及 NDI（萘二异氰酸酯）、2-甲基吡啶等部分化工中间体
新金路	23.19	聚氯乙烯树脂（PVC）和烧碱
宏达股份	25.45	锌锭、锌合金及磷酸盐系列产品、复合肥等
厚普股份	5.43	清洁能源整体解决方案的服务商
华西能源	36.23	高效节能锅炉、洁净燃煤锅炉、环保锅炉、新能源综合利用锅炉及其配套产品
广安爱众	22.19	水力发电、供电、天然气供应、生活饮用水、水电气仪表校验安装和调试
大通燃气	10.4	以天然气能源为主的清洁能源供应业务，具体是城市燃气业务、LNG（液化天然气）业务和分布式能源业务
雅化集团	31.97	民爆产品：工业炸药、工业雷管和工业索类；锂产品：氢氧化锂、碳酸锂等锂系列产品
明星电力	16.08	水力发电、电力销售和自来水生产、销售
川投能源	8.38	以清洁能源为主业，同时研发轨道交通电气自动化系统，生产经营光纤光缆等高新技术产业
乐山电力	22.23	电力、天然气、自来水、宾馆等四大业务
四川美丰	29.29	尿素、复合肥、氮氧化物还原剂、三聚氰胺、硝酸、硝铵、包装塑料制品及 LNG 等化工产品
川能动力	6.73	为风力发电和光伏发电，以及新能源综合服务业务
泸天化	12.43	尿素、复合肥等化肥类产品，液氨、甲醇、二甲醚、稀硝酸系列、浓硝酸、液体硝酸铵及四氧化二氮等化工类产品

9.1.2　四川省能源化工产业发展的 SWOT 分析

1. 能源化工产业发展的优势（S）分析

1）矿产资源丰富，利于产业发展

四川矿产集中分布在川西南（攀西）、川南、川西北三个区，并各具特色。川西南的黑色、有色金属和稀土资源优势突出，其他矿产也很丰富，并且组合配套好，是我国的冶金基地之一；川南地区以煤、硫、磷、岩盐、天然气为主的非金属矿产种类多，蕴藏量大，是我国化工工业基地之一；川西北地区稀贵金属（锂、铍、金、银）和能源矿产特色明显，是潜在的尖端技术产品的原料供应地。川西北（甘孜、阿坝）、攀西地区水能资源、风能资源也极为丰富，是中国最大的水电开发和西电东送基地。

2）产业基础良好，产业体系完备

四川整体产业基础较好，目前转向高端发展阶段，以数字化转型来推动全产业链的转型升级，实现高端能源产业链发展。四川能源化工产业链高端发展主要突出两个链条。一是石油化工产业链：引进关键环节的重大项目，做大做强产业链。重点围绕乙烯、芳烃、苯—对二甲苯（邻二甲苯）、苯乙烯、丙烯酸及酯、苯酚—丙酮、塑料（橡胶）加工等产品链招商引资，形成炼化一体化产业链。二是天然气化工产业链：打造天然气—合成氨—高效复合肥产业链，发展高效复合肥产业；打造天然气—乙炔和天然气—氢氰酸产业链，发展下游精细化工产品；打造天然气制烯烃和合成油—化工产业链，实现石油化工和天然气化工互补发展。

2. 能源化工产业发展的劣势（W）分析

1）产业创新投入和创新能力不足

从研发投入来说，2017 年能源化工产业的制造业、采矿业及电力、热力、燃气及水生产和供应业的规模以上工业企业研发投入分别为 289.69 亿元，9.95 亿元和 1.45 亿元，研发强度均未超过 1%。到 2019 年，上述行业研发投入分别为 355.3 亿元，25.6 亿元和 7 亿元，研发强度仅采矿业超过 1%，为 1.05%。2019 年，四川省科技经费投入力度进一步加大，R&D 经费投入保持较快增长，投入强度有所提高，但研发强度仍然不高。

从创新产出来说，据 2019 年发布的《四川省 "5+1" 现代产业专利分析报告》，2017 年 1 月至 2018 年 6 月四川省能源化工产业，发明申请量、发明授权和有效发明仅占全省发明总量的 10%。《四川省能源化工产业专利导航》报告显示，2018 年，四川省能源化工领域中石油化工、清洁能源和精细化工三个领域专利申请量最多，但全国占比均低于 5%，技术创新优势不突出。此外，大数据、云计算及物联网相关专利占比不高，数字创新成果少，数字创新能力相对较弱。

2）具有较高素质的信息技术人才匮乏

四川省能源化工业从业人员学历相对较低，技能人员多以专科学历为主。据遂宁市人民政府统计，四川省能源化工业专科及以上学历人员数为 5.4 万人，其中制造业专科及以上学历人员数为 1.5 万人，仅占该行业专科及以上学历人员总数的 2.1%；采矿业专科及以上学历人员数为 0.4 万人，占该行业单位专科及以上学历人员总数的 57.1%；电力、燃气、水的生产和供应业专科及以上学历人员数 3.5 万人，占该行业单位技能人员总数的 21.2%。

3）企业数字化认识不足、转型升级意识薄弱

能源化工行业存在惯性思维，急功近利，认为只要建立好数字基础设施，沿用在硬件基础设施建设中的经验即可，由此产生制约数字化建设的错误理念。而且，一些企业认为数字化转型仅仅是信息部门的责任，这种局限的思维观念导致化工企业的数字化系统跟自身的管理和业务流程匹配不上，最终导致投资的浪费与设备的闲置，数字化建设难以增强企业核心竞争力。

3. 能源化工产业发展的机会（O）分析

1）国家和地方政府政策支持

国家不断推动各地数字化转型，从国家战略层面牵引地方政府和企业发力，刺激产业数字化转型。四川省委省政府积极推动"5+1"产业的数字化转型，尽管还没有形成完善的政策体系支撑，但也发布了诸多促进数字经济发展的政策。2019年，四川被确定为国家数字经济创新发展试验区，并且建立了四川大数据中心等相关机构，以支撑能源化工产业数字化转型。同时，在国家大力推行循环经济、绿色发展和节能减排的政策牵引下，大型能源化工企业也在重视能源流、信息流等的管控，不断提高数字化监控能力。

2）智能制造是大势所趋，化工行业的流程属性契合数字化改造

在石化行业中，集成自动化系统和数字化工厂早已向行业内渗透，与离散工业不同，化工行业从开采到加工、化工整个产业链，都是规范的流程操作。流程工业的炼油化工行业有很多显著特点：炼化企业通常是由一系列不同装置、单元组成的；其产品生产过程是连续、不可分割的，工艺非常固定且复杂的；其市场需求变化多端、瞬息万变，炼化生产过程的各类参数需要随时调整。在能源化工行业的场景下，智能设备和工业机器人能发挥更大的作用，尤其是，化工企业的设备联系紧密，容易切入数字化转型阶段。

4. 能源化工产业发展的威胁（T）分析

1）能源化工企业数据基础、管理基础、技术基础的建设较差

四川省能源化工企业目前数字化建设缓慢，大多数企业没有建立完善的技术

设施和管理标准，没有运用大数据、工业互联网平台等数字化技术或设备，导致企业的基础数据失真或残缺，不利于企业数字化建设。

2）能源化工行业间信息及数据传输不畅

行业间的信息数据传输没有建立标准体系，存在信息沟通不畅等问题，不利于产业的数字化转型，降低了数字化转型的效率。作为能源化工产业的支柱，四川省清洁能源产业仍然面临着弃水与用电成本高并存，资源优势难以转化为能源优势两大痛点，"资源诅咒"效应突出。例如，四川省清洁能源资源丰富，这是构建现代产业体系的有利条件，但电力供需丰枯不均、通道受限的问题凸显，一边是上游发电企业弃水弃电，一边是用电企业成本高，资源利用效率低下。

3）化工产业发展不足，化工产业园区较少

四川虽然已经建成成都石化基地、南充石化基地、乐山盐磷化工集中发展区、眉山金象化工园区等专业化工园区，但总体来看四川省专业化工园区较少，部分园区规划、建设和管理水平较低，配套设施不足，产业集中度较低等问题也很突出。尤其是与东部沿海地区相比，企业利润不高，高端产品较少，产业规模相差一倍以上，且区位优势不足，只有少数企业与大型跨国化工集团有合作，与国内外产业链配套协调程度不高，这些都限制了化工行业数字化转型。归纳如图9-1所示。

优势（S）	劣势（W）
（1）矿产资源丰富，利于产业发展 （2）产业基础良好，石油化工产业链和天然气化工产业体系完备	（1）产业创新投入和创新能力不足 （2）较高素质的数字化人才匮乏 （3）企业数字化认识不足，意愿不强
机会（O）	威胁（T）
（1）国家和地方政府政策支持 （2）化工行业的流程属性契合数字化	（1）能源化工企业技术基础设施建设差 （2）能源化工行业间信息及数据传输不畅 （3）化工产业发展不足，产业园区较少

图 9-1　四川省能源化工产业 SWOT 分析矩阵

9.2　四川省能源化工产业数字化转型发展状况分析

9.2.1　四川省能源化工产业数字化发展瓶颈、需求及必要性分析

1. 四川省能源化工产业数字化发展瓶颈

中国是全球最大的能源生产国和消费国，四川能源化工产业不仅对四川产业、经济发展起重要支撑作用，同时还在不断输出能源资源推动国家经济增长。然而，近年来由于全球能源化工行业具有周期性和商品化等特点，产业发展面临较大的

挑战和压力。产业变革势在必行，数字化、智能化和网络化成为构建清洁低碳、安全高效的现代能源体系的必经之路，四川能源化工产业面临做大做强的机遇。目前，四川省能源化工产业存在发展不足、结构不优、创新能力不强等问题，也面临着资源利用效率过低、绿色产能不足、落后产能过剩、产业集约化程度低等问题，化石资源、能源大量消耗，环保压力日益突出。四川能源产业结构持续优化、应对全球气候变化、提高经济效益和推动能源化工产业数字化转型成为产业重点发展方向。但四川能源化工产业数字化存在以下问题。

1）能源化工产业整体数字化程度低，发展不充分

四川省能源化工产业在数字化、智能化发展战略上暂未形成体系，能源化工行业虽然应用场景丰富，但 5G、人工智能、云计算、VR 和 AR（augmented reality，增强现实）等数字技术没有得到广泛使用，整个产业的数字化程度不高。这主要体现在以下方面：其一，在能源开采方面。地理信息系统（geographic information system，GIS）、物理仿真和无人机等技术在钻探、油藏气藏分析、设计钻井工程等方面运用有限，导致传统单点管理和经验式管理效率效益低，作业现场偏远导致管理成本高、决策失效等问题；油气田的站点覆盖面广泛，人工运维成本较高；油气田站点工艺流程烦琐，设备种类繁多，设备数字化技术应用较分散，难以形成有效的预测性管理，应急抢修难度增加，管道运营维护成本提高。其二，在能源加工方面。各类数据标准不统一，数据治理水平低，过程不透明，生产异常情况不能精准定位、生产运行状态难以实时监测预警，生产成本居高不下，设备管理成本较高，绿色效益效率较低。其三，在产品销售服务方面。用户数据缺少、分散，难以支撑商业精细化运营和快速决策，区域零散数据难以促进价值增值；未构建贯通上下游和合作伙伴之间的协作平台，数字化产品和服务的创新较少，不能及时响应市场需求，同时受政策等宏观环境影响，供应链抗风险能力也较弱。

2）能源化工产业数字化投资不够，区域间基础设施建设落后且不均衡

四川省水力、天然气、页岩气等地质资源主要分布在攀西、川南和川东北地区，区域的发展水平制约着能源化工产业的数字化发展水平。四川省区域资源还未有效转变为经济优势，除成都平原区外，其他地区基础设施建设也存在较大短板，路网等要素分配不均衡，5G 基站等新型基础设施建设缓慢，数字化配套设施水平较低，信息化、数字化建设缓慢。此外，省内重点工业园区的"云-网-端"建设进展缓慢，大部分园区没有形成明确的数字化转型规划和投资计划，能源化工企业在数字化方面的预算不足并且实际投入较低。四川能源化工产业整体数字化转型的痛点突出，面临较大压力。

3）传统企业对数字化重视程度不够，数字技术应用能力较低

四川省内能源化工企业在 ERP、仓库管理系统、资产管理系统、MES、供应链管理系统等方面使用率较低，只有较少的企业部署了相关系统，信息化基础薄

弱。此外，较少的企业设置了数字化部门或专门的首席数字官等，大部分企业没有明确的数字化战略规划和转型路线。企业内部数据难以流动，大多靠人工干预，尤其是在设备的数据采集利用方面，仅有部分较早开始数字化转型的企业能够加以集成利用，实现预测性维护和管理决策，大部分企业数据资源闲置，数据的采集、利用、增值能力十分有限。由于能源化工产业的企业大多属于流程型企业，固定资产设备较多，企业内部、企业之间的信息化连接不足，相应的数据安全无法保障，能源大数据公共平台建设不完备，各企业的数字资源分散，产业上下游未形成有效的数据共享和利用，产业整体的数字技术应用能力较低。

4）数字化人才和技能缺失，能源化工行业员工数字素养有待提高

数字技术与能源化工产业业务的深度融合过程中，数字人才和技能匮乏成为能源化工企业面临的重要问题。企业数字化转型需要熟悉数字化工具、技术使用价值和使用方法的复合型人才。数字化人才的加入能推动企业生产、运营和管理等全方面的数字化转型。这类复合型人才需要同时具备化工和数字化两个领域的知识，培养难度较大，化工行业的 IT 技术型人才招聘难度更大。

2. 四川省能源化工产业的数字化需求分析

1）建设清洁低碳、安全高效的现代能源体系的需求

优化能源结构，实现清洁低碳发展是"十三五"以来的重点发展方向。促进能源化工产业注重安全、环保、技术、质量等标准，淘汰落后产能，是目前能源化工行业转变发展方式的主要手段。在应对全球气候变化的形势下，建立现代化清洁能源体系的同时，还要注重产业的高质量发展。因此，利用数字化的机遇，能源化工产业可以更好更快地实现缓解过剩产能、淘汰落后产能、转变能源结构、提高产业绿色发展质量、优化资源利用效率和提高经济效益等目标。

2）降低生产成本，促进安全生产的需求

能源化工产业属于传统行业，产业链较长，产业环节复杂，但工艺流程很固定，上下游联系也很紧密。勘探开采、炼化加工和储运销售都是产业的核心环节，也是产业数字化转型的重点环节。天然气、石油、矿石等自然资源分布的地形条件相对恶劣，开采条件复杂，同时炼化加工的安全事故也频发，整个行业的潜在危险较多。通过 5G、VR/AR 和大数据等数字技术，能够对勘探开采、炼化加工、生产运输、设备状态、能耗、质量等业务数据进行及时洞察，促进企业实时了解生产过程中的各类复杂问题，及时进行科学决策，实现降本增效、安全生产。

3）推动业务优化，提高运营效率的需求

传统的能源化工产业链——开采、储运、炼化、销售到市场，一方面，无法获取市场需求信息，导致产能过剩、供需不均等问题；另一方面，无法获取市

场数据，通过市场反馈数据进行产品、业务流程的改进，产品质量更新缓慢。面临巨大的结构性成本压力，能源化工产业的企业需要新的运营模式。只有通过建设打通上下游企业的综合性能源数据平台，推动企业的数字化转型，才能不断推动产业的运营模式、服务和技术的创新，运用大数据等数字技术提高运营效率和质量，实现业务流程优化，业务场景的智能化，创造新的价值。

3. 四川省能源化工产业数字化转型必要性

（1）四川省能源化工行业面临资源利用率低、绿色产能不足、落后产能过剩、产业集约化程度低等问题，能源化工产业数字化转型是产业高端发展、优质升级的必经途径。

（2）通过集约化、园区化和技术改造升级，可以实现降本增效、节能减排和可持续发展；以技术研发、数字技术创新为突破和引领，突出产品多元化、深加工和精细化，大力延伸产业链，能从整体上促进四川能源化工产业结构的转型升级。

（3）数字化转型也是延伸产业链，增强企业间合作，提高技术、产品竞争力的重要手段，能够加快形成更加紧密的、上下游互联互通的产业体系，增强整个产业的竞争实力和价值创造能力。

9.2.2　四川省能源化工产业数字化转型方向分析

数字化转型要坚持价值导向，核心目标是带来效率效益的提升，价值的增长。能源化工产业数字化转型是利用新一代信息技术如物联网、人工智能、工业机器人等技术实现业务转型、创新与增长，包括智慧化产品与服务、提升综合营销能力、加强管理控制、探索新的商业模式等。从产业链、价值链角度，企业不断利用数字技术，以客户为核心，推动业务数字化到数字化业务的转变，推动业务、组织和技术的协同优化，产业链各环节的数字化赋能，实现产业链上下游企业的互联互通，数据资源的共享，打造共赢共生的数字化能源化工产业生态。

具体而言，从产业链和价值链的角度，四川省能源化工产业数字化转型主要包括以下几个方面：①产业上游—勘探和开采的数字化；②产业中游—需要实现炼化和化工生产的数字化；③产业下游—成品油、天然气的贸易批发和加油站零售等业务，需要实现销售和服务的数字化（图 9-2）。

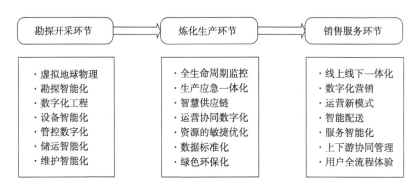

图 9-2　四川省能源化工产业数字化转型方向

1. 勘探和开采环节：智能开采和智能储运

自动化、数字化和智能化开采是能源开采业的发展方向，也是能源开采业数字化转型的重要方向。其一，智能采矿是以开采环境数字化、采掘装备智能化、生产过程遥控化、信息传输网络化和经营管理信息化为特质，以实现安全、高效、经济、环保为目标的采矿工艺过程。勘探的设备越来越智能化，基于无人机的勘探、油藏气藏分析、井下情报获取、油气储层预测等可以实现测量精度准度、效率的提升。高精度地质成像技术、红外传感器、无人机、深井自动化钻机、测井交互精细融合处理平台、油储建模与仿真、智能测井芯片、人工智能、3D/4D 快速成型技术、数字孪生、地理信息系统，可以实现勘探开采的综合作业成本降低。其二，智能储运是利用云计算、大数据分析、物联网、移动应用等技术来实现管道智能系统架构设计和智能物流平台建设，进而对于储运过程进行智能分析预警、快速协作响应及安全高效运行。红外成像技术、数字孪生、机器人、传感器、AR/VR、大数据分析、边缘计算、远程监控系统、自动化防泄漏预警技术、区块链、地理信息系统等数字技术，预测风险因素，形成应急预案并通过流程自动化等技术提高应急处理效率，促进实时监控和运营成本的降低。

2. 炼化和化工生产环节：智能炼化和数字监控

在能源化工行业复杂的现场环境中，智能炼化是基于工业互联网平台，利用传感器、自适应感知、精确控制与执行等数据采集技术，实现设备全生命周期的实时态势感知、远程故障诊断和预测性维护。数字监控基于工业互联网，利用传感器、AR 眼镜、无人机、智能机器人等工具，大幅提高了巡检的实时性、精准性和可视性，提高巡检效率。横向上实现从原油生产、运输、仓储到炼化生产、油品仓储、物流、销售的整个供应链的协同优化，使生产和供应及时响应市场变化，打造智慧供应链；纵向上基于石油分子工程与管理技术，实现炼厂的计划优化、调度优化、全局在线优化，最终实现资源的敏捷优化，全产业链的协同优化，

QHSE（质量、健康、安全和环境）的溯源与监控。

3. 销售和服务环节：数字营销和智能服务

数字营销和智能服务是以用户需求为导向，通过数字技术赋能，并深入企业业务场景的一整套营销体系，最终实现运用数字技术激活、重构产业价值链，促进企业数字化转型运营和价值获取的关键阶段。能源化工企业可通过移动设备、数字屏幕、移动支付、可穿戴设备、区块链、AR/VR、大数据分析、5G、智能合约、红外线、机器人、物联网等数字技术，打通供应、存储、生产、渠道、营销环节，实现销售、支付、服务的创新体系，为商家和用户提供线上线下一体化支持与服务，引导客户自助服务，减少人工干预，缩短业务办理时间，提高用户服务响应速度和质量，降低用户服务成本，提高用户满意度。同时，可以利用全域数据分析结果，及时响应市场需求，实现精准营销，以及销售利润率的提升，此外，产业链上下游协同管理，有利于促进智能配送能力的提升，降低资金风险和供应链风险。

9.3　四川省能源化工产业数字化转型典型案例分析

9.3.1　典型企业案例的选择

中国石油西南油气田公司（简称西南油气田）和四川金象赛瑞化工股份有限公司（简称金象赛瑞化工或川金象）是四川省能源化工领域数字化转型的排头兵，引领能源化工领域技术创新，不断深化数字技术的应用，推进业务上云用数赋智。经过多年实践，两家公司稳步推进智能制造进程，推动生产协同高效，促进提质增效和绿色发展，为四川省能源化工产业数字化转型积累了许多宝贵经验。因此，本章选择西南油气田和金象赛瑞化工作为四川省能源化工产业数字化转型的典型案例。

1. 西南油气田

西南油气田公司隶属中国石油天然气集团有限公司，主要负责四川盆地的油气勘探开发、天然气输配、储气库及川渝地区的天然气销售和终端业务，具有天然气上中下游一体化完整产业链，是我国西南地区最大的天然气生产供应企业。公司深耕四川盆地 60 余年，建立了我国第一个完整的天然气工业体系，所属二级单位 42 个，员工近 3 万人，资产总额近千亿元。天然气用户遍及川渝地区，拥有千余家大中型工业用户、1 万余家公用事业用户及 2 500 余万家居民用户，在川渝地区市场占有率达 77%。

在构建"数字中国石油"战略目标指引下，2020年，西南油气田公司将全面建成数字化油气田，正加速从数字化向智能化迈进。西南油气田公司围绕两化融合总体目标，紧密结合主营业务，全力建设以"岗位标准化、属地规范化、管理数字化"和"自动化生产、数字化办公、智能化管理"两个"三化"为特色的油气田，构建由点到面的数字化转型举措，目前总体建成数字化油气田，对于省内其他油气开发公司数字化转型具有很强的借鉴意义。

2. 金象赛瑞化工

四川金象赛瑞化工是一家典型的以天然气为原料、以生产销售化工原料、化肥为主营业务的化工企业，在产业布局方面，金象赛瑞化工目前拥有两大核心业务：一是以硝基复合肥、液体肥等化肥产品为主的肥料板块；二是以三聚氰胺等为主的化工产品板块。其三聚氰胺产能和产量位居全球第一，硝基系列复合肥、硝酸铵等肥业相关产品的产销量在全国居领先地位。金象赛瑞化工利用大数据技术和工业互联网平台，实现数字化转型，由注重创新生产转向用户导向，不断满足用户的需求，形成全过程、全要素协同的循环经济及智能化产业链模式。

金象赛瑞化工通过产业、产品、服务、渠道、管理等全方位的综合改革，实现智慧转型的跨越式发展，是中国石油和化工行业技术创新示范企业，位列2018中国石油和化工企业500强第268位、2019四川企业100强第92位、2019四川制造业企业100强第41位；荣获四川省政府质量奖等殊荣，被工信部认定为"绿色工厂"。金象赛瑞化工凭借强大的研发优势，形成了行业内独具特色的一体化、规模化、集约化的"以天然气为原料生产合成氨、硝酸、硝铵、尿素、三聚氰胺、硝基复合肥"全过程协同的循环经济产业链模式，对于省内其他化工企业数字化转型升级具有很强的借鉴意义。

9.3.2 中石油西南油气田的数字化转型分析

1. 企业数字化战略

西南油气田是能源化工行业数字化的先锋企业，一直致力于现代化油气田的建设，大力推进数字化改革建设，提出了"三步走"发展战略：到2020年，全面建成300亿战略大气区；到2025年，成为国内最大的天然气生产企业，初步建成智能油气田；到2030年，全面建成智能油气田和国内最大的现代化天然气工业基地。

2. 西南油气田的数字化转型历程

西南油气田数字化建设可分为三个阶段：2014~2018年，是数字化试点建设阶段，西南油气田数字化建设在龙王庙组气藏先试先行。龙王庙组气藏按照"一个气田、一个调控中心"进行设计和建设。依托完善的物联网基础设施，龙王庙调控中心可以实时掌握从气藏、井筒、地面管网到净化厂的全气田、全天候、全时段的生产状态，可以对整个气田的生产进行科学组织和调配，还能实施远程控制；2018~2020 年，是数字化系统升级和推广应用阶段，西南油气田加大数字化投入，将龙王庙智能油气田建设经验在全作业区推广；2020 年至今，是数字化、智能化加速建设阶段，西南油气田建立起完善的工业控制系统和物联网系统，覆盖勘探、开发、工程技术、生产运行、管道、设备、科研、经营等八大领域，同时应用 AR、VR、机器人、无人机等新一代信息技术，实现了所有生产单元的自动化生产及各管理层级的"数字化办公"（图 9-3 ）。

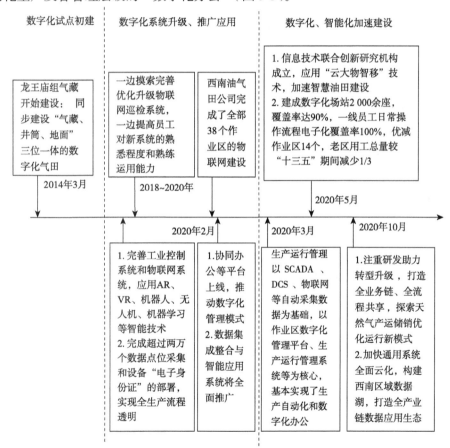

图 9-3　西南油气田的数字化转型历程图

3. 西南油气田数字化转型主要内容

1）数字基础设施建设支持数字化建设

西南油气田公司逐步建成以物联网为基础的"云网端"基础设施体系、以 SOA（service-oriented architecture，面向服务的架构）技术基础平台为抓手整合油气生产数据；进而开展油气生产物联网完善工程和作业区数字化管理平台建设及推广；最终建立覆盖勘探开发、工程技术、生产运行、管道设备、科研经营及综合移动办公等全业务链的信息化应用支撑；持续推进龙王庙、页岩气两个智能油气田示范工程。

2）重点建设数字化生产流程和模式

数字化智能监控，数字技术广泛渗透，助力勘探开采到炼化生产全流程透明可控。西南油气田公司底层基础设施为数字化气藏、数字化井筒和数字化地面三大基础平台，在此基础上，不断拓展工业物联网和数字化应用，不断完善巡检机器人、AR 智能设备、自动安防系统等新一代信息技术，全面完成了超过两万个数据点位采集和设备"电子身份证"的部署，借助同沟敷设和同杆架设的光纤链路，实现设备互联互通，让气藏拥有全面感知和自动操控的"神经脉络"，从地下到地面实现了全生产流程透明可控。此外，为创新页岩气开发模式，西南油气田建立数字化工作流程，开创"业务标准化、标准流程化、流程信息化、信息平台化"勘探开发一体化协同模式，培育气田低成本开发、精益生产新型能力。

同时，西南油气田也在不断运用云大物移智、区块链、工业机器人、量子计算等技术，建立覆盖全产业链的智能生态系统，赋能天然气勘探开发生产运营模式创新。例如，在龙王庙组气藏实践中运用了"工作流大数据分析""一体化数字仿真模型"等智能管理系统，在充分考虑气藏水侵、管输效率、环空带压等条件的基础上，通过对气藏、井筒和地面集输模型一体化耦合的运算，及时提出最优的调产辅助决策方案，成功应对了春节以来两次最大规模（660 万米^3/天）的压产调整，极大缩短了气藏调产实施时间、保障了系统安全受控、提高了气藏采收率。

3）生产流程数字化助推管理数字化

数字化、智能化推动管理链条缩短、管理层级减少、管理效率提高，生产组织优化转型升级，大气区管理智能化，数字监控运用成效突出。数字化技术手段的深度融合、智能化管控手段的成型运用、员工素质的不断提升，助力西南油气田管理模式数字化转型升级。龙王庙组气藏一改以往"一井一站一套人马"的传统模式，建立起"单井完全无人值守、中心井站区域管理、调控中心集中控制、机关远程支持协作"的智能气田管理新模式。不断摸索完善、优化升级物联网巡检系统，不断提高员工对 AR 等新设备、新系统的熟练运用能力，通过培养更多信息化复合型人才，促进信息化建设更快发展。

4）研发数字化助力数字化系统升级，推动数智化建设

西南油气田高度重视技术创新和研发投入，充分利用数字技术与研发运用的结合，构建了数据集成整合与智能应用系统、物联网平台、作业区数字化平台、设备综合管理系统等数字化转型的底层设施，不断推动数字人才培养和产学研合作，加速了其研发数字化转型。

从人才培养方面看，西南油气田正在加快信息技术复合型人才培养，与华为公司、诸多高校科研机构在人才培养、智能化建设等方面开展深度合作；打造"油公司"模式研发体系，培育了高素质的人才队伍；立足"油公司"定位，构建了完整开放的科研体系，为天然气大发展提供全面的技术支撑；积极推动"企业+企业""企业+专业院校"之间的联合创新，结合人才培养战略，采取人才互送、定向培养、专项指导等方式，加快大数据、物联网等数字技术创新。

从科研合作方面看，为了加快数字化智能技术的联合创新，以促进数字化、智能化的建设，西南油气田还成立了联合创新研究机构。该机构包括西南油气田智能（智慧）油气田工程实验室、西南油气田勘探开发梦想云技术研发与支持中心、石油石化行业电子信息研究院和四川省工业大数据创新中心能源化工分中心。合作对象包括西南石油大学、重庆邮电大学、华为公司、中控科技、中油瑞飞、联想、中国移动、中国电信等 10 余家国内外知名院校、企业。预计到 2022 年，将建成拥有九个成员的专业研究联合机构，用以持续提升公司天然气产业价值链信息技术竞争能力，全面推进建成国际领先的智能油气田。

在科技投入方面，西南油气田大力投入资金进行研发。"十二五"期间累计投入科研经费 21 亿元，在 10 个技术方向形成了 12 个技术系列 96 项特色技术，达到国际先进水平，成为我国天然气工业的奠基者和技术标准的主要制定者。

在科研产出方面，西南油气田公司针对智能气田建设已申请四项国家发明专利，公司正逐步形成具有自主知识产权的智能气田建设技术系列。2019 年，西南油气田三项新技术首次入选《矿产资源节约和综合利用先进适用技术目录（2019版）》，填补了国家部委相关新技术目录的空白。

4. 西南油气田数字化转型路径

西南油气田公司找到了"互联网+油气开采"数字化转型路径，持续推进"两个三化"管理推动生产组织优化转型升级，掌握了数字化气田设计和建设技术，推进"油公司"模式下公司数字化转型纵深发展（图 9-4）。

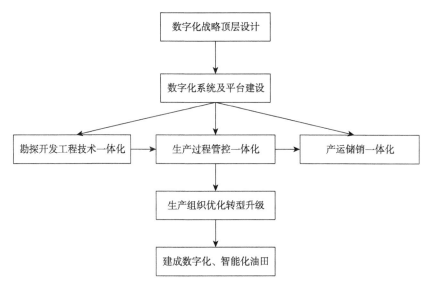

图 9-4　西南油气田数字化转型路径图

5. 西南油气田数字化转型成效

1）管理模式创新

通过完善的工业控制系统和物联网系统，西南油气田应用 AR、VR、机器人、无人机、机器学习等智能技术，前端实现了自动采集、联锁控制、自动布防，中端实现了实时监控、状态诊断、集中管控，后端初步实现智能分析、辅助决策、全生命周期管理，构建了"单井无人值守+区域集中控制+调控中心远程支持协作"的管理新模式和"电子巡井+定期巡检+周期维护+检维修作业"的运行新模式。

2）成本下降、效率提高

西南油气田建成龙王庙智能气田示范工程，开辟智能化管理新形态，单井全面实现无人值守，实现就地可视化示范和远方远程支持，消除了作业安全风险，用工总数仅为传统模式的 30%。创新页岩气开发模式，培育气田低成本开发、精益生产新型能力，平均采购周期缩短至 7 天。

目前，西南油气田"技术＋管理＋核心操作技能"的用工模式逐渐成形稳固，已由传统的劳动密集型生产转型为技术密集型的智能气田。现已建成数字化场站 2 000 余座，覆盖率达 90%，无人值守场站超过 70%。一线员工日常操作流程信息化覆盖率 100%，优化减少作业区 7 个，全面实现生产现场"自动化生产、数字化办公"。

9.3.3 四川金象赛瑞化工的数字化转型分析

1. 企业数字化战略

金象赛瑞化工用技术创新推动绿色发展的战略，来实现为人类美好生活提供更好的"象"牌产品和服务的愿景。在新形势下，金象赛瑞化工开始从纯粹的氮肥生产企业向农业服务和作物全程营养解决商转型。

2. 金象赛瑞化工的数字化转型历程

金象赛瑞化工的数字化转型可分为两个阶段：2017~2019 年，是数字化转型的初始阶段，金象赛瑞化工从产品创新、品牌建设、人才建设服务方面开展数字化转型；2019 年至今，是数字化深入发展阶段，金象赛瑞化工开始打造"产品创新+服务变革"数字化新商业模式（图 9-5）。

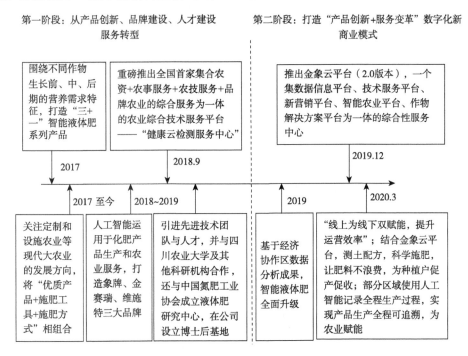

图 9-5 金象赛瑞化工的数字化转型历程图

3. 金象赛瑞化工数字化转型主要内容

1) 数字基础设施逐步建设

数字基础设施的构建成效显著，数据体系和平台成为支撑金象赛瑞化工产品质量的重要保证。川金象作为化肥企业领域代表，在人工智能的前期构建阶段，明确要做到服务前置，搭建金象云平台，做到数据的高效累积分析。之后，携手合作伙伴一起建设服务性平台——金象云平台，该平台是在检测服务中心搭建的，是一个集数据信息平台、技术服务平台、新营销平台、智能农业平台、作物解决方案平台于一体的综合性服务中心。

2）研发数字化

在产品的研发思路上，川金象围绕市场需求，如解决土壤问题、植株病虫害、果实品质和同质化问题等，从下游的大数据分析结果来指导产品配方调整，不断实现产品创新，推动产品升级。

川金象非常重视产品和技术的创新，一方面，它与国内外科研机构和高等院校建立良好的合作关系，不断推动人工智能技术运用于产品研发；另一方面，通过自主研发和创新，川金象已全面掌握合成氨、硝酸、硝酸铵、硝基复合肥、尿素、三聚氰胺整个循环经济产业链各环节的核心技术，并已逐步摸索开发出具有自身特色的专有技术群。进一步，川金象根据作物生长习性与营养需求，针对性地对科研成果进行转化。

3）生产数字化

川金象使用人工智能记录全程生产过程，实现产品生产全程可追溯，为农业赋能。用精准的数据体系来做支撑，用数据来推动产品生产，保证产品质量。川金象是做氮肥起家的企业，优势是硝态氮，但过去只是生产单一的硝态氮。如今，在硝态氮的基础上，川金象投入了大量的人力、物力来增强产品的功能性、长效性、配套性。

4）营销数字化

川金象构建了国内国外的营销网络体系，不仅注重营销产品，也重点关注数字化营销服务，形成"产品+服务"的营销模式。川金象与合作伙伴共同搭建农资综合服务平台——金象云，关注经销商、种植户的需求，以此拓展更广阔的农资市场。

对于经销商，金象云能够实现对各种农业要素和资源的整合，将行业的概况及发展方向彼此进行无缝衔接，通过各方努力改变传统化肥销售的模式，做到共享共赢。对于种植户，金象云实体终端直接扎根于农村服务农户，真正使"三农"服务落地，使种植户成为金象云检测服务中心平台的最大受益者。

通过大数据分析，川金象一方面能够补充人工智能经验数据库，另一方面可以出具科学的作物方案，并通过管理方案对品质进行控制，对农产品进行品牌化。在此基础上，川金象打造了集信息数据、检测数据、果品品质检测数据的大数据平台，建立了强大的技术服务体系和技术服务平台，以及能够针对市场需求，提供精准定制产品的新品研发平台、果品销售平台及人工智能平台。

4. 金象赛瑞化工数字化转型路径

川金象的数字化转型路径主要是"产品创新+服务变革"。技术变革改变了价值创造方式与价值获取方式，从而改变了企业的商业模式。一方面，川金象从内部打破，建立农业服务数据化平台，把前沿科技运用到农业生产中，不断利用大数据、人工智能等技术助力产品创新和生产流程优化。

另一方面，从服务升级入手为农户带来更高的价值，成立金象云检测服务中心。金象云检测服务中心主要致力于农作物的种销两端技术服务，以会员制为基准，为会员种植户提供六大免费服务，解决农户投入高、同质化种植、农产品价格低的痛点。川金象形成依靠服务打破农资行业传统的流通模式，即"厂家—经销商—零售商—农户"模式，在此模式下，厂家供产品，经销商作资金和仓储端，零售商进行配送。

同时，川金象将合作伙伴、农户全部纳入资金价值网络中，改变价值创造和获取方式，重塑了商业模式。川金象的金象云是市场突围的途径，也是价值服务的载体，借用大数据信息，为渠道商赋能，为终端用户解决问题。金象云在新的市场规则下，也在重构自己的核心竞争体系，从产品到模式，从渠道到团队全面进行数字化转型。川金象的数字化转型路径，如图 9-6 所示。

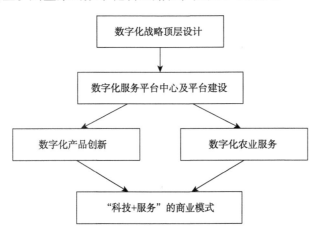

图 9-6　金象赛瑞化工数字化转型路径图

5. 金象赛瑞化工数字化转型成效

1）产品创新

川金象在大数据分析的基础上，及时应对市场变化，满足农户日益增长的需求，不断地调整自身的产能与产品结构，迅速向高端复合肥、智能液体肥及新型功能性肥料转型，不断提质增效，不仅打造了自身的三大品牌产品，还受到市场的广泛欢迎。

2）商业模式创新

川金象运用金象云连接企业、经销商和种植户，打通企业与经销商、种植户之间的最后 1 公里，通过建立集农资、农事服务、农技服务、品牌农业于一身的农业综合技术服务平台，并与客户共建共享农业大数据平台，实现了企、商、户三方共赢。

9.3.4 案例小结

1. 典型案例数字化转型影响因素

根据西南油气田（产业上游、中游企业）和金象赛瑞化工（产业下游企业）两个典型案例，可将影响能源化工产业链数字化转型的主要因素归纳为三个方面（表 9-5）。

表 9-5 能源化工产业数字化转型影响因素

维度	西南油气田、金象赛瑞化工
技术	底层数字基础设施建设、数字技术生产能力
组织	数字战略顶层设计、组织结构、组织合作资源
环境	政府政策推动、行业特征

其一，技术维度，主要包括底层数字基础设施建设和数字技术生产能力。西南油气田打造以物联网为基础的"云网端"基础设施体系，进而建立覆盖勘探开发、工程技术、生产运行、管道设备、科研经营及综合移动办公等全业务链的信息化应用支撑，实现生产流程自动化运行过程。川金象则搭建"健康云检测服务中心"和金象云平台，利用大数据分析结果，加入人工智能等技术不断进行产品的研发创新，同时也在不断利用金象云平台进行产品营销和服务升级。

其二，组织维度，主要包括数字战略顶层设计、组织结构和组织合作资源。西南油气田从战略方向确定要在 2025 年初步实现智慧油田建设，不断加快数字技术运用，推动组织结构升级，形成能源开采领域独特的"技术+管理+核心操作技能"用工模式，全面实现"自动化生产、数字化办公"。充分利用组织合作伙伴资源加强数字技术研发，与高校合作培养数字化人才等，加快自身数字化转型进程。川金象搭建云平台的战略目标也很明确，就是要打造一个综合性的数字化平台服务中心，进而实现"科技+服务创新"的商业模式。川金象也在不断利用合作伙伴的资源，如与德国巴斯夫公司合作研发，促进数字化产品研发和服务升级，将合作伙伴、农户全部纳入资金价值网络中，改变价值创造和获取方式，重塑商业模式。

其三，环境维度，主要包括政府政策推动和行业特征。油气领域是国家命脉，政府大力支持能源化工行业数字化转型，并且能源化工行业生产过程的相关特征使西南油气田的数字化转型能够快速切入生产流程。此外，化工行业绿色化是政策方向，川金象建立了绿色战略，在循环经济产业链上，不断利用数字技术加快数字化转型，进一步节能增效。在化工产品行业，市场需求瞬息万变，川金象必须利用大数据等技术推动产品研发、生产和服务升级。

2. 典型案例分析总结

本章将西南油气田和川金象的数字化转型异同归纳如下。

相同之处在于：①底层数字设施建设都是必需的，尤其是工业互联网平台和数字化管理系统。②数字化战略的顶层设计能够帮助企业找到正确的方向，助力企业数字化转型。③组织资源尤其是合作伙伴资源，有利于企业数字化建设。④政府政策是能源化工企业数字化转型的重要推手。

不同之处在于：①像西南油气田这类能源开采加工企业，数字技术能力重点运用于生产过程之中，推动企业整体转型。像川金象这类化工加工企业，数字技术能力不仅助力产品生产数字化转型，还能帮助其数字化服务转型。②行业特性决定了数字化转型的重点不同，由于能源开采加工行业处于能源化工产业链上游，重点在于如何安全高效地勘探开采和运输，因此生产过程数字化转型是最先切入的点；化工加工行业处于产业链下游，更注重市场，其数字化转型更注重市场大数据带动的产品和服务的数字化转型升级。

9.4　基于典型案例分析的数字化转型路径总结

9.4.1　四川省能源化工产业数字化转型路径分析

1. 路径一：建设底层数字化信息系统，建立标杆数字化智能油气田

西南油气田的数字化转型路径是先确定了数字化战略的顶层设计，从搭建底层数字化信息系统，再到充分利用数字化技术推进智能生产线建设，逐步推动组织管理模式及研发数字化转型，打造龙王庙组气藏等标杆化的数字油气田，然后实现由点到面的数字化转型的推广，最终实现整个集团的全面智慧油田建设（图9-7）。

首先，构建底层数字化平台，集成油气生产数据；并逐步建设数字化管理平台和全业务链的信息化应用支撑平台，通过先进示范性建设，以点带面，促进数字化平台的应用和完善。

数字基础设施建设
- 建成以物联网为基础的"云网端"基础设施体系、以SOA技术基础平台为抓手进行油气生产数据整合;
- 开展油气生产物联网完善工程和作业区数字化管理平台建设及推广

生产流程的数字化
- 采集存储生产流程的数据,按照行业的标准对数据进行清洗和处理,进一步实现开发利用,推进业务流程的数字化;
- 不断拓展工业物联网和数字化应用,建立覆盖全产业链的智能生态系统,赋能天然气勘探开发生产运营模式创新

打造运营新模式
- 对数据进行分析,对生产、制造等进行全流程分析,找到运营管理的规律和重点问题,不断挖掘数据资源价值,促进效率效益提高;
- 打造"业务标准化、标准流程化、流程信息化、信息平台化"勘探开发一体化协同模式

图 9-7　四川省能源化工产业数字化转型路径之一

其次,不断拓展工业物联网和数字化应用,不断完善巡检机器人、AR 智能设备、自动安防系统等新一代信息技术。有效利用云大物移智、区块链、工业机器人、量子计算等技术,采集存储生产流程的数据,按照行业的标准对数据进行清洗和处理,进一步实现开发利用,推进业务流程的数字化,建立覆盖全产业链的智能生态系统,赋能天然气勘探开发生产运营模式创新。

最后,打造"业务标准化、标准流程化、流程信息化、信息平台化"勘探开发一体化协同模式,不断促进数字化智能油气田建设。建立数据信息与生产环节的对应关系,利用大数据、人工智能等技术进行数据分析,进而实现生产、制造等全流程分析,找到运营管理的规律和重点问题,不断挖掘数据资源价值,促进效率效益提高。

2. 路径二:数字技术助力产品升级,创建"产品创新+服务创新"新模式

川金象是典型的化工生产企业,它的数字化转型路径是从产品数字化,再到数字化服务,成为一个集数据信息平台、技术服务平台、新营销平台、智能农业平台、作物解决方案平台于一体的综合性服务中心。具体而言,川金象是先利用人工智能等技术打造智能生产线和智能产品(如智能液体肥等),打造川金象的名牌产品,建立市场声誉。进一步,在转型过程中发现行业痛点,搭建一体化综合服务平台,从做产品转型为"产品创新+数字服务"的模式,充分利用平台大数据,进行产品升级满足市场,同时运用大数据服务于经销商、农户,解决行业难点,实现企业的整体转型升级(图 9-8)。

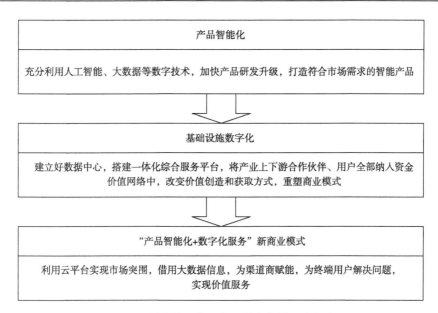

图 9-8　四川省能源化工产业数字化转型路径之二

首先，充分利用人工智能、大数据等数字技术，加快产品研发升级，打造符合市场需求的智能产品。一方面，使用人工智能记录全程生产过程，实现产品生产全程可追溯，用精准的数据体系来做支撑，用数据来支撑产品生产，保证质量。另一方面，及时应对市场变化，满足市场需求，不断调整自身的产能与产品结构。

其次，建立好数据中心，搭建一体化综合服务平台，将产业上下游合作伙伴、用户全部纳入资金价值网络中。数据采集建立在企业的基础设施平台上，企业应当利用数字平台聚集产业上下游企业，收集数据，为业务需求赋能。

最后，利用云平台实现市场突围，借用大数据信息，为渠道商赋能，为终端用户解决问题，实现价值服务。数据的采集、分析和价值挖掘的最终目的是实现价值增值，为企业创造价值，企业不断利用数字化技术重构自己的核心竞争体系，实现从产品到模式，从渠道到团队全面数字化转型，改变价值创造和获取方式，重塑商业模式。

9.4.2　四川能源化工产业数字化转型的重点与难点

1. 能源化工产业数字化转型的重点

对于西南油气田这类以能源开采和运输为主的能源化工企业，数字化转型的重点在于实现生产流程的全自动化，可以先重点实现勘探开发、工程技术、生产运行、管道设备等方面的数字化，再逐步推动科研经营及综合移动办公的数字化建设，最终实现整个企业的数字化转型。

对于川金象这类化工生产企业，数字化转型的重点在于如何利用数字技术去创造符合市场需求的产品，如何进行产品智能化快速升级。此外，该行业产品的多样性使得每个企业都能从产品升级入手，并逐步拓展数字化服务，真正助力智慧农业建设。

2. 能源化工产业数字化转型的关键难点

其一，基础设施投入大，生产流程不够规范。数字化设备、平台及信息系统的底层数字设施搭建投入资金大。并且，企业原始生产流程的规范性会影响采集数据的可用性，进而导致能源开采业在企业生产数字化方面转型受阻。

其二，数字化转型是持续的过程，数字化人才跟不上转型脚步。尽管数字化不断推动员工素质提高，但相关数字技术研发、数字化系统建设维护仍需要高精尖的人才，因此数字化人才的培养仍是迫切问题。

其三，由于化工行业产品受制于地域特性，产品必须符合当地地质等要求，所以数字化采集设备必须遍及每个区域，投入相对较高；同时，如何营销推广数字化化工产品和服务，让客户接受也是一大难点。

其四，能源行业内、企业部门之间的数据壁垒较大，数据流通渠道尚未打通，"数据孤岛"问题凸显，数据的所有权、使用权的权属不明晰，能源产业数据也没有接通到政府部门，无法充分发挥数据价值。

其五，省内大部分能源化工企业数字化转型战略和路线规划不清晰，尽管大多数化工企业在不断地产生大量数据，但大部分企业并未采用数字化技术，没有进行如传感器等数字设备投入，来帮助企业收集数据并分析，没有依靠大数据去发掘并提高产量和周转率、降低能源消耗和减少维修成本。

9.5　政策建议

四川省发展改革委发布了《关于四川省 2020 年国民经济和社会发展计划执行情况及 2021 年计划草案的报告》，该报告指出，四川省"十三五"能耗强度目标全面完成，加快推进清洁能源示范省建设。《四川省国民经济和社会发展第十四个五年规划和二〇三五年远景目标纲要》提出，四川将聚焦"5+1"现代工业体系，深入实施制造强省战略，加快建设有国际竞争力的能源化工产业集群，发展壮大"5+1"现代工业体系，加快推进制造业向数字化、网络化、智能化转型。

9.5.1　加强能源化工产业数字化转型基础设施的建设

一是加快推进以 5G 基站为代表的新一代数字基础设施建设，满足企业低时延、高可靠、广覆盖的工业网络需求；二是引进一批智能设备生产供应商、智能生产方案解决商、平台运营服务提供商，为企业数字化转型奠定基础；三是完善政企联动协调机制，成立专门工作小组，鼓励能源化工产业内企业开展数字基础设施建设；四是建立能源化工产业数字化综合服务平台，促进产业上下游数据互联互通。

9.5.2　完善能源化工产业数字化转型的行业标准和政策环境

一是按照国家统一的标准体系，联合产业联盟、协会统筹制定能源化工产业智能制造综合标准化指南，制定能源化工行业标准化的数据安全治理体系；二是在现有行业标准上，对标国际一流标准，吸取发达国家经验，制定与国际接轨的行业数字化标准体系；三是构建能源化工产业数字化转型的政策体系，政府要发挥主导作用，强化财政专项资金统筹，引导各级财政资金加大对能源化工企业重大平台、重大项目及试点示范的支持；四是统筹谋划四川省能源化工产业数字化转型总体规划，确定阶段性目标。

9.5.3　打造能源化工工业互联网应用示范企业

一是鼓励四川省内大型能源化工企业积极参与数字化转型，为省内其他企业提供更多的示范样本；二是制定能源化工产业数字化成熟度标准体系，为企业数字化投入和产出提供参考，完善数字化转型的专项奖补体系；三是完善四川能源化工行业的工业互联网应用标杆示范项目遴选标准，由各地结合实际进行遴选和培育，省财政对标杆示范项目予以奖补，总结示范经验大力推广，并择优推荐为国家级标杆示范项目；四是政府联合标杆企业开展数字基础设施改造或建设，将工业互联网平台、标杆示范生产线经验与政府渠道资源整合，推进能源化工产业数字化转型建设。

9.5.4　建立能源化工产业数字化人才培养体系和培育机制

一是要营造专业服务环境，构建能源化工行业复合型人才激励体系，以引进或短聘等方式，吸引优秀人才来川工作；二是激发行业协会、中介机构在数字技能人才培养中的作用，建立好数字人才培养体系；三是加强企业内部培养，支持开发面向能源化工行业的实体化+功能软件化的模拟训练系统，建设多种生产场景的控制操作模拟训练平台，提高员工的数字素养；四是加强校企合作，鼓励省内高校探索性地根据市场人才需求开设相应的培训课程，支持企业与电子科技大学、四川大学、西南石油大学等知名院校建立校企合作关系，建立企业数字化复合型人才培养基地。

第10章 四川省装备制造产业数字化转型分析

10.1 四川省装备制造产业发展现状分析

10.1.1 四川省装备制造产业发展背景

1. 四川省装备制造产业概述

装备制造业是为各经济部门进行简单生产和扩大再生产提供装备的各类制造业的总称，是国家工业的心脏和国民经济的生命线，具有资本密集（需要很大的财力投入）、技术密集（生产过程中对技术和智力要素的依赖程度大）、劳动密集（需要大量的人力参与产成品的制造）三大显著行业特征。依据《国民经济行业分类》（GB/T 4754—2017），装备制造业包括金属制品业、通用设备制造业、专用设备制造业、交通运输设备制造业、电器机械及器材制造业、通信设备与计算机及其他电子设备制造业、仪表仪器制造业、金属制品和机械及设备维修业八个行业大类中的重工业。

四川省装备制造产业整体实力强劲，是中国重要的重大技术装备制造基地和三大动力设备制造基地之一，是全国重要的高端装备、智能制造和节能环保装备制造基地，构建了以成都为中心的装备制造产业带，构筑了成都、德阳、泸州、自贡四大产业基地，建设了以航空航天、核能及核技术应用、新一代轨道交通、清洁能源装备、节能环保装备等为引领的高端装备产业集群。在动力设备等传统装备制造领域技术领先，各类装备畅销海内外，产量国内领先。

2. 四川省装备制造产业发展规模

2019 年，四川省装备制造企业数量共 8 352 个，占全省制造业企业总数的22.1%。就企业规模来看，以航空工业成都飞机工业（集团）有限责任公司（简称航空工业成飞）为代表的 10 余家企业进入 2019 年四川省百强企业。2019 年四川省共投资各类装备制造项目 280 个，投资额达 4 643.28 亿元，全省装备制造业主营业务收入 7 709.2 亿元，前三季度产业同比增长 8.6%（扣除汽车制造业）。铁路、船舶、航空航天及各类运输设备制造业工业增长突破 10%。预计到 2022 年，全省装备制造产业规模将突破 12 000 亿元。

3. 四川省装备制造产业结构

从典型区域来看。作为四川省省会与经济中心，成都力争到 2020 年装备制造产业规模达 8 000 亿元，建设 10 个以上示范引领性强、特色优势突出、配套功能完善的产业园区，打造具有国际影响力和竞争力的高端装备制造产业基地。德阳初步建成"世界级重大装备制造基地"，具有省级及以上工业园区 7 个、区域合作共建园区 2 个、工业集中发展区 1 个，基本形成了集中度较高的现代装备制造产业体系，基本实现了从材料端到产品端的全产业链覆盖，培育了一批国际竞争力强、行业影响力强、产业带动力强的世界知名装备制造企业，形成了技术水平先进、配套体系完善、加工能力较强的千亿级装备制造产业集群。

从行业来看，在航空与燃机领域，四川省是中国四大飞机制造基地之一，拥有航空与燃机科研院所、生产制造企业 100 多家，具有较完整的航空器研发制造和配套产业体系，拥有"翼龙""云影"等无人机品牌，预计 2022 年全省航空与燃机产业规模将达 2 200 亿元；在智能装备领域，有成都哈工大机器人科技产业园、天府智能制造产业园等园区，聚焦发展高档数控机床、工业机器人、增材制造、智能物流等领域，预计到 2022 年智能装备产业主营业务收入将超 1 500 亿元；在轨道交通领域，四川省拥有中车轨道交通产业园等基地 10 个，形成了科技研发、勘探设计、工程建设、运营维护、装备制造全产业链格局，预计到 2022 年全省交通产业产值将达 2 500 亿元；在新能源与智能汽车领域，四川省全省汽车保有量居西部第一，一汽大众、一汽丰田、吉利沃尔沃、德国博世、美国德尔福、加拿大麦格纳等企业在川落户。

总体而言，装备制造产业作为全省重点培养的五大万亿级支柱产业之一，发展态势良好，是四川省经济发展的重要组成部分，但是，四川省装备制造业产业在发展过程中仍存在问题，如经济效益不高、结构不优、后劲不足等。目前，四川省装备制造产业集中于市场竞争激烈、产品附加值低的发电成套设备、油气化冶金成套装备等传统行业，而航空航天装备、先进轨道交通装备、新能源汽车等高端装备制造总体占比不高，高端数控等先进装备基本处于缺失状态。

10.1.2　四川省装备制造产业发展的 SWOT 分析

1. 装备制造产业发展的优势（S）分析

1）装备制造业传统领域实力强劲，基础扎实

四川省在动力设备、航空装备、核工业和钻采设备等领域具有强劲实力，为数字化转型提供了良好的基础。在动力设备制造方面，四川省是全国三大动力设备制造基地之一，发电设备研制具有全球竞争优势，产量连续多年居世界首位。在航空装备领域，四川省是全国重要的航空装备研制基地，军用型号飞机和发动机批量装备，高端大型无人机远销国外，模锻压机压制能力世界领先。核工业领域，四川占据全国核工业的半壁江山，核电装备研发制造能力一流。钻采设备领域，四川是全国陆地石油、页岩气钻采设备研制基地之一，拥有全球最大的陆地钻机组装厂，其成套装备出口位居全国第一。省内装备制造产业发展状况良好，为产业数字化转型提供了坚实的技术基础和资金保障。

2）装备制造业创新资源有效共享，产学研合作紧密

四川省积极推动区域创新资源共享，提升装备制造业创新能力，促进产业数字化进程。四川省以成都为中心建设装备制造产业带，共建装备制造共性技术研究中心，不断推动和促进产教融合，依托四川省内高校搭建科技研发、实验教学平台，培养智能创新人才和高级技术人才。同时，打造了智能装备制造业创新中心、核技术制造业创新中心等一批创新平台，以助力装备制造产业共性技术和关键技术的技术攻关，有效解决装备制造企业数字化过程中的创新难题和技术难题。

2. 装备制造产业发展的劣势（W）分析

1）高端人才不足，数字运用和创新人才不足

装备制造产业是四川省"最缺人"的专业，行业整体学历水平不高，缺少专业技术人才，抑制了行业数字化转型的应用与进程。2019 年四川省装备制造单位8 353 个，期末从业人员 35.7 万人，但技术人员仅 5 万人，约占总从业人数的 14%，专科以上学历人员总数仅 12.8 万人，约占总从业人数 35.9%。全省 183 家企业的233 类岗位、缺乏各类人才 2 137 人，其中与产业直接相关的专业、技术类人才需求紧迫。

2）创新投入不断增加，但研发强度不高

四川省装备制造产业创新投入不断增加，但创新投入强度明显不足，抑制了行业数字化的应用与发展。据统计，2019 年四川省全省装备制造产业 R&D 经费182.5 亿元，投入强度 1.26%，远低于全国装备制造产业 R&D 投入强度（2.07%）。

从具体行业来看，通用设备制造业 R&D 投入强度 1.45%，专用设备制造业 R&D 投入强度 1.31%，汽车制造业 R&D 投入强度 0.67%，各类运输设备制造业 R&D 投入强度 2.15%，电器机械和器材制造业 R&D 投入强度 1.39%，均明显低于 2.15%、2.64%、1.60%、3.81%、2.15% 的全国平均研发投入强度。

3. 装备制造产业发展的机会（O）分析

1）内外需不断增加，为装备制造业提供广阔市场

国内外各类装备需求不断攀升，为四川省装备制造产业提供广阔市场。目前，我国处于扩大内需、加快基础设施建设和产业转型升级的关键时期，对先进装备有巨大市场需求。例如，"一带一路"建设也为四川省装备制造产业提供了广大的市场与契机。同时，许多国家出现了再工业化的趋势，经济发展模式和理念发生转变，为四川装备制造产业承接国际转移提供可能性，装备制造产业迎来发展机遇。

2）政府高度重视，政策加持助力装备制造业发展

装备制造业是经济发展的重要一环，各级政府为加快装备制造业转型升级，促进产业良性发展，出台了许多政策。"十一五"期间，先后出台了《国务院关于加快振兴装备制造业的若干意见》和《装备制造业调整和振兴规划》，为装备制造产业长远发展打下基础。"十二五"期间，《成渝经济区区域规划》将装备制造业列为重点支持发展的八大支柱产业，促进建成全国重大装备制造业基地，为四川装备制造业提供强劲动力。而后，四川省将装备制造业纳入重点发展的五大支柱产业，为行业发展和数字化提供新的政策机遇。

4. 装备制造产业发展的威胁（T）分析

1）高端技术、基础材料受制于人，制约装备制造业转型升级

四川省高端先进装备关键共性技术、先进工艺、核心装备、基础原材料及零部件受制于人，导致四川省装备制造业整体发展后劲不足，制约了装备制造产业数字化转型升级。

2）产业竞争不断加剧，对装备制造产业提出挑战

高端装备制造产业包括传统产业转型升级和战略性新兴产业发展所需的高技术高附加装备，是各国抢占产业链、价值链高端市场的重点领域。从全球发展格局来看，各国在高端装备制造业各有优势，如美国的航空航天，日本的精密数控等。近年来，美国、德国等国纷纷推出"再工业化"战略，力图以科技优化提升装备制造业，利用高端制造保持产业优势，对我国高端装备制造业的发展提出挑战与要求。同时，中美之间围绕战略性新兴产业方面的摩擦不断增多，已经成为装备制造产业发展的重大不确定因素。

四川省装备制造产业数字化的 SWOT 分析，如图 10-1 所示。

优势（S）	劣势（W）
（1）装备制造基础好 （2）装备制造业创新资源共享，产学研合作紧密	（1）高端人才不足，数字化人才缺失 （2）创新投入不断增加，但研发强度不高
机会（O）	威胁（T）
（1）内外需求不断增加 （2）政府高度重视，政策支持力度不断加大	（1）高端技术、高端材料受制于人 （2）产业竞争不断加剧

图 10-1　四川省装备制造产业 SWOT 分析矩阵

10.2　四川省装备制造产业数字化转型发展状况分析

10.2.1　四川省装备制造产业数字化发展瓶颈、需求及必要性分析

1. 四川省装备制造产业数字化发展瓶颈

装备制造业承担着为国民经济各部门提供工作母机，带动相关产业发展的重任，是推动工业领域实现创新驱动发展和数字化转型升级的重要领域，对国家和区域产业经济高质量发展具有重要作用。四川省传统产业占比大，数字化需求大，加快发展智能装备产业，对推动全省数字化转型升级具有关键作用。当前，四川省装备制造业，尤其是智能装备产业处于全国中游水平。高档数控机床、工业机器人等高端装备制造是四川省的短板，其供需不平衡问题突出，省内企业实施数字化车间、智能工厂改造多采购国外及省外智能装备产品，本地产品难以支撑大规模实施的产业数字化进程。当前仍存在以下问题。

1）装备制造业研发数字化程度低，创新能力不足

装备制造产业作为集资金、技术和劳动于一体的密集型产业，在研发领域具有专业性强、技术含量高的特点。随着大量新技术、新工艺的深入应用，装备制造业对研发的要求不断强化。目前川内装备制造业仍处于 "大"而不"强"的阶段，部分关键领域和关键零部件核心技术受制于人。装备制造业在研发过程中对数字孪生、3D 打印等新型数字技术的应用不足，难以实现在产品设计、建模仿真、样机制造和设计反馈等阶段的数字化转型。

2）装备制造业数据运用能力不足，数字化转型受限

大数据产业快速发展，为装备制造业注入了新的生产动力。四川省装备制造业会产生大量数据，如经营管理数据、设备运营数据、外部市场数据等。但在数据管理和分析能力上存在短板，因运营流程复杂，行业内企业信息系统、管理系统众多，系统管理相互独立，导致数据储存分散，缺乏统一的权威标准，形成数据孤岛，整体仍处于将数据作为管理辅助工具的阶段，难以将数据转化为有效资源进行利用，无法深入挖掘数据的潜在价值，赋能管理决策、技术研发、用户服务。

3）装备制造业数字化成本高，转型意愿低

装备制造产业数字化转型前期的数字基础设施建设需要大量资金投入。数字化转型企业不得不投入大量资金，却又面临转型投资回报不确定、资金链断裂的风险，导致装备制造企业，尤其是中小企业数字化转型意愿低。如何在有效的投入下，既保证短期收益，又保障长期发展，是川内装备制造企业数字化转型亟待解决的问题。

4）装备制造业从业人员数字素养不足，制约数字化转型

装备制造产业数字化转型是在传统制造业基础上融入新一代数字技术，进行产业升级。整个转型过程不是传统制造业与数字技术的简单叠加，而是两个行业的深度融合，这需要一批既熟知制造业又懂数字技术的人才。然而，这类人才培养难度大，相关人才严重缺失，在一定程度上制约了装备制造产业数字化转型的进程。

2. 四川省装备制造产业的数字化需求分析

1）推动产品开发，提升管理效率的需求

提升创新能力和管理效率是装备制造企业增强自身竞争力的关键。一方面，利用数字技术，能够对产业关键技术与关键零部件的研发、设计环节的数据、文档等进行全程管理，促进数字化研发设计与协同，缩短研发周期；另一方面，通过数字化管理系统，收集物料流动、库房物料、加工质量、设备等数据并进行有效利用，提升生产计划与管理的决策效率。

2）提高生产效率，降低生产风险的需求

装备制造业作为传统的制造业，生产制造是其核心环节，也是装备制造产业数字化转型的重要环节。利用数字化技术，可以对生产全过程的能耗、设备状态等数据进行实时监控，通过对生产过程的全流程追踪，可以及时排查生产过程中出现的问题，减少生产过程中安全事故的危险和潜在风险，提升生产效率和生产安全性。

3）建立用户思维，推动生产柔性化的需求

高端装备产品的复杂度、制造工艺的难度和高定制化的程度为装备制造企业带来巨大挑战。面对装备制造业"多品种、小批量、高复杂"的制造特性与数字时代"高质量、短周期、低成本"的矛盾，高端装备制造企业如何实现全生命周期的高效率和充分柔性已成为其面临的最大问题。因此，依托数字化体系，推动装备制造产业柔性化生产，满足用户多样化的需求，提升整体灵活性，是装备制造业发展的主要方向。

4）促进商业模式转变，提升经济效益的需求

四川高端设备制造缺口明显，呈现出投资效益不高的问题。随着数字化进程和工业互联网的发展，装备制造业发展迎来新的增长点，即服务型制造。通过先进的物联网技术采集智能装备产品的海量运行数据，应用工业大数据技术，提升产品性能，并对产品全生命周期的健康状态进行管控。从制造企业向制造、服务一体化转型，实现由生产型企业向服务型企业的价值链延伸转变。

3. 四川省装备制造产业数字化转型必要性

（1）装备制造产业是各行各业发展的基石，装备制造产业数字化转型为其他行业数字化转型提供了有力基础。生产数字化是企业数字化转型中的重要一环，装备制造产业承担着为各行业提供生产母机的重任，装备制造产业率先实现数字化，进行柔性生产，为企业提供各类差异化的数控设备，能有效促进其他行业的数字化转型。

（2）数字化转型有利于缩短装备制造业研发周期，降低研发成本，促进产业技术快速进步与发展。装备制造产业关键技术仍受制于人，通过数字化加快研发速度，降低开发成本，快速追赶与先进国家的差距，有利于提升装备制造产业整体竞争力，促进产业良性发展。

（3）数字化转型有利于装备制造产业突破现有发展瓶颈，实现产业快速发展。现阶段，四川省装备制造产业面临经济效益不高、结构不优、后劲不足的问题。数字技术有利于装备制造业的业务流程、产品和服务、商业模式创新，推动装备制造企业提质、降本、增效。

（4）装备制造产业的数字化转型，有利于帮助装备制造产业寻找新的盈利增长点，为企业发展注入新的活力，实现四川省产业结构整体升级，促进四川省数字经济高质量发展。

10.2.2　四川省装备制造产业数字化转型方向分析

装备制造产业数字化转型是利用物联网、人工智能、大数据等新一代数字技

术赋能传统装备制造业，通过数字化实现对设计、生产、管理、营销等环节的数据采集和流程管理，逐步实现以用户为核心，满足市场产品和服务的需求，实现由生产型企业向服务型企业的价值链延伸，推动整个产业迈向高端。

具体而言，基于装备制造产业价值链，四川省装备制造数字化聚焦于销售、服务、办公、创新、设计、管理、制造七大场景，包含决策模式（智能决策）、运营模式（智能管理、智能物流、智能研发）、生产模式（智能产线、智能车间、智能工厂）、产品服务（智能装备、智能产品、智能服务）及盈利模式（数据挖掘与分析服务、投资与融资服务）共五个业务方面（图 10-2）。

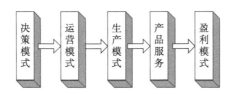

图 10-2　四川省装备制造产业数字化转型方向

1. 数字化赋能装备制造决策模式

智能设备提供了超过人类的计算能力，与人类主要依赖经验进行判断相比，它能够更加快速地给出准确的解决方案，在计划与调度、图像识别、过程质量监控等领域有重大应用。一方面，运用新一代智能设备与工业互联网，收集生产过程中人员、设备、物资等的相关数据，通过大数据分析形成预测模型，并对决策提供支持，如可以对生产状态进行实时监控和预测分析，提前预警设备停工、质量事故、设备效率下降等状况。另一方面，通过销售、客户反馈等信息数据，解决产能过剩、红海竞争等问题，帮助装备制造企业在激烈的行业竞争中获益。

2. 装备制造业数字化下的新型运营模式

在管理方面，利用云平台实现对营销、采购、人力资源的精细化运营，利用数字技术，在企业运营的各个方面推进"数据驱动"的理念。例如，建立符合装备制造企业要求的数字化平台，实现对人、财、物的集中管控。在销售管理中，将产品、库存、销售、订单等管理模块进行整合，实现对数据的及时分析和对市场的快速反应。

在仓储物流方面，把物流过程智慧化、网络协同化，将货物的数量、地点、质量、价格等数据化，做到货物识别、地点跟踪、物品溯源、物品监控和实时响应。同时，用自动化立体仓库、多层仓储服务车、自动搬运车等智能设备，将仓储信息连入工业互联网，并对企业的人员、物料、信息进行协调管理，使整体生产高效运转，并降低企业仓储物流的成本。

将数字孪生技术、VR、计算机网络、高性能仿真、物联网等前沿数字技术运用在产品研发之中。既可采用面向产品全生命周期的数字化设计系统，在数字孪生系统中进行产品设计，也可运用仿真数据优化、高效实验设计、智能优化等技术提高产品性能。例如，用高性能仿真代替花费较高的实物性能试验，能有效缩短研发周期和降低研发成本。

3. 装备制造产业生产数字化

数字化时代，用户思维越来越重要，满足不同用户的个性化需求，进行柔性生产将是装备制造产业数字化转型的重点。装备制造业内部出现大规模制造、小批量研发定制、大规模个性化定制并存的状态。通过快速调整产线、资源重组，搭建自适应的柔性制造系统，并利用柔性线、机器人、AVG 等智能制造装备，构建数字化生产工厂，提高生产柔性，已成为应对挑战的重要举措。运用智能检测和装配智能自动检测设备，准确分析产品的外形尺寸和组件的准确位置，进行自动化检测、装配，实现产品质量评定控制，能够有效提高产品生产效率。

4. 数字化背景下装备制造的服务转型

随着工业互联网、VR 等技术的快速发展，远程运维服务成为装备制造业数字化转型的一项重要举措。运用物联网技术采集智能装备运行过程中产生的海量数据，通过远程读取数据，应用大数据技术对产品全生命周期的健康状态进行监控，为产品的运维和性能优化工作提供支持，以实现装备制造企业向制造服务一体化转型，实现价值链延伸。

10.3　四川省装备制造产业数字化转型典型案例分析

10.3.1　典型企业案例的选择

本章选取东方汽轮机有限公司（简称东汽）和航空工业成都飞机工业（集团）有限责任公司作为四川省装备制造产业数字化转型的典型案例。作为四川省高端装备制造行业中的代表，两个企业都十分重视研发投入和技术创新，技术水平在行业内处于领先地位，二者从事数字化转型工作时间已久，目前数字化转型已经初现成效。

1）东方汽轮机有限公司

东方汽轮机有限公司是东方汽轮机厂的承续公司，隶属于中国东方电气集团公司，是我国研究、设计、制造大型发电设备的高新技术企业，是大型船舰用动力主、辅机定点生产企业，也是我国三大汽轮机制造基地之一。经过 40 多年的建设发展，东汽已成为拥有总资产 127 亿元，核心制造能力 2 800 万千瓦，年工业总产值超过 100 亿元的现代化企业。近几年，东汽十分重视数字化建设，坚持以数字化带动工业化、以工业化促进数字化，有效促进企业的快速发展。

2）航空工业成都飞机工业（集团）有限责任公司

航空工业成都飞机工业（集团）有限责任公司，简称航空工业成飞，地处四川省成都市西郊黄田坝，占地面积 470 万平方米，现有在册职工 1.5 万人，是我国民机零部件重要制造商，为国防建设和国民经济发展做出了重要贡献。航空工业成飞先后荣获高技术武器装备发展建设工程重大贡献奖、全国质量奖、中国企业自主创新奖、中央企业先进集体等 400 多项省部级以上荣誉。

10.3.2　东汽的数字化转型分析

1. 企业数字化战略

东方汽轮机作为东方电气的子公司，秉持其"12345"新发展战略（图 10-3），以成为具有全球竞争力的世界一流企业，实现能源装备制造的中国梦为愿景，努力实现发展方式的跨越与发展规模的跨越，坚持打好风电产业振兴、国际业务做强、现代服务业做大三大攻坚战，努力打造新能源、国际业务、现代服务业、新型成长产业四个百亿产业，做好深化改革、科技创新、质量立企、成本领先、管理提升五大工程。东方汽轮机坚持实施自主开发与引进技术相结合的高起点发展战略，以打造自主技术领先、国内一流、国际知名的现代化企业为目标，不断加快自主技术研发，加快管理创新，加快技术改造步伐，实现制造装备的数字化，加强海外市场开拓，在国际市场占有更大的份额，抢占世界发电设备技术的制高点。

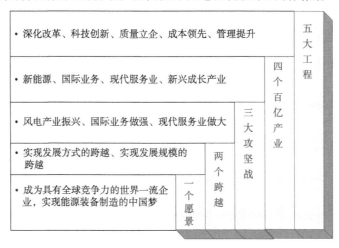

图 10-3　东方电气"12345"战略

2. 东汽的数字化转型历程

东汽的数字化转型历程，如图 10-4 所示。

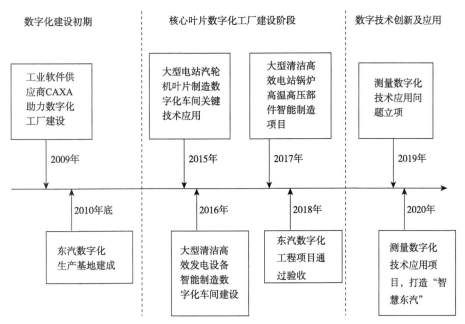

图 10-4　东汽的数字化转型历程图

CAXA，北京数码大方科技股份有限公司

3. 东汽数字化转型主要内容

第一阶段：数据体系建设

东方汽轮机以"基础数据"为突破口，实现产品数据从研发到制造的贯通。通过建立产品工程数据管理体系，打破研发与制造系统间的数据壁垒，满足生产计划上线的需求，并不断优化和深化基础数据平台及其应用。东方汽轮机数据管理平台以硬件、网络、操作系统为支撑，包括 PLM 系统一体化基础平台、以项目为主线的过程管理数据平台和面向领域特征的行业构件数据管理平台。在此基础上，形成项目管理、产品数据管理、工艺数据管理、制造执行管理的 PLM 产品一体化解决方案（图 10-5）。

第二阶段：数据高质量应用

数据的价值在于有效利用。东方汽轮机在建立产品数据集成共享平台后，从数据应用着手，将数字化融入采购、仓储、制造等价值链各环节，优化业务流程，构建支撑全业务链的应用系统（图 10-6）。

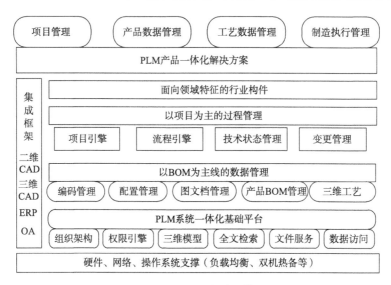

图 10-5　东汽数据管理体系

CAD，computer aided design，计算机辅助设计

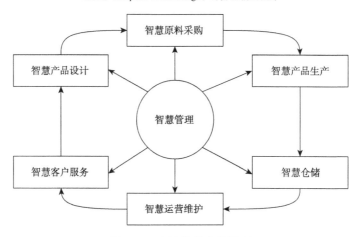

图 10-6　东汽的数字化转型

1）智慧产品设计

在产品设计方面，东方汽轮机建立产品工程数据管理体系，打破数据壁垒，突破研发生产中的难点。在产品设计中，通过数据驱动设计制造一体化，通过三维数据建模，制作工艺建模，将研发周期从 3~5 年缩短至 6 个月。

2）智慧原料采购

在原料采购方面，建立采购、管理、供应商的协同平台，从供应商的注册、评估、招标、采购、订单确认、订单监控、送货公司和开票、采购全过程实现网络协同。供应商平台接收采购订单的信息，反馈采购订单的执行进度，包括包装发运、上传质量保证书、产品质检动态的相关信息等。通过供应商协同，规范整个采购行为，实现阳光采购，提高了供应商效率并降低了企业的采购成本。

3）智慧产品生产

在产品生产方面，在工厂中通过网络生产线的数控编程，推动产品虚拟化装备取代实物装备，极大程度上节约了生产资源。通过三维设计、工艺、制造一体化平台的应用，使长期积累的技术经验能够自动提取、自动比对、自动关联、自动更新，快速录入保存质量数据，快速追溯和分析评估全生产流程。此外，通过覆盖多个生产部门的自动焊接、叶片柔性制造、库存管理、自动转运等智能改造，提高生产效率和质量稳定性。

4）智慧仓储

在仓储方面，基于物联网推进智能仓储建设，使原材料从入厂到出库做到"六清"，做到过程精细管控，结果准确无误。从过去的结果导向转向过程导向，将原来的人工导入转变为数据的实时自动采集，将人工找货转变为自动检货。

5）智慧运营维护

通过对既有机组的长期运行规律进行总结和建模，打造具有较强自适应性的机组"一键启停"功能；利用边缘计算、大数据分析和深度学习等新技术，在远程监控机组温度、压力、振动等信号的基础上，对机组运行状态进行实时评估和预警，提升电厂安全生产水平。东汽的 iPACOM 风电智慧系统，集成 18 大功能模块，形成数据融合、能力共享的工业大数据集控分析平台，实现安全性保障、发电量提升、自动化运营、健康度预警、预测性运维、电网适应性控制、网络安全管理等有效落地。

6）智慧客户服务

在客户服务方面，建立远程检测诊断系统，在电厂进行前端数据接入，在总部建立远程争端中心和控制系统，开发专项诊断功能。通过开发手机客户端，可使得用户在手机端接入，并定期向客户推送诊断报告。打造客户在线服务平台，网上商城。例如，"东方 E 购"平台是基于用户备品备件采购协议建立的集用户订单合同管理、备品备件销售为一体的信息化服务平台，开创了电站服务产业"互联网+服务"新模式，平台实现了备品备件双边协议管理、商品管理、订单管理、物流跟踪等功能，为做大电站服务产业提供了有力支撑。

7）智慧管理

东汽创建网络培训平台，以管理学院牵头构建东方电气学习云平台。学习云平台实现与 OA、HR、企业微信等系统对接，初步实现网络学习和在线培训管理功能，学习内容包括生产制造、信息技术及区块链等热点。同时，对多个系统进行整体管理和智能化改造，将公司级项目管理与生产计划和合同管理相结合，建立多维度的项目管理系统，提升预测和决策的精准度。在人力资源管理等方面采用数字化技术，提升管理效率，降低管理成本。

4. 东汽数字化转型路径

东方汽轮机在推动数字化的过程中，紧密结合发展需求，做好发展规划和推进策略，建立信息技术中心，搭建产品数据集成共享平台，经过多年的探索和实践，以基础数据为突破口，以数据应用驱动业务流程优化（图10-7）。

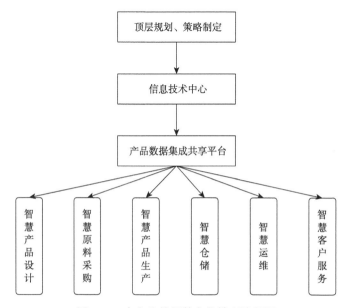

图10-7 东方汽轮机数字化转型路径图

5. 东汽数字化转型成效

1）数字化提升生产能力和经济效益

东汽建设叶片分厂数字化车间，完成了内部信息化系统的集成、外部供应链的集成及产品端到端的集成。叶片分厂数字化车间的制造能力显著提升，车间基本实现核心业务数字化管理，实现产品全生命周期有效管控和批量化制造，加强了对设备、物流、质量的计算机管控能力，提高数控设备综合利用率15%，减少制造质量差错率20%，缩短制造周期10%，降低制造成本10%，产生了显著的经济效益和社会效益。

2）数字化应用助力生产安全

东汽建设数字化5G+电气装备智慧工厂，创新提出"5G+安全生产行为分析""5G+远程对刀"等应用。"5G+安全生产行为分析"通过在厂区内布设有限数量的微基站，实现对员工、车辆、资产微标签位置的实时精准定位捕捉，零延时地将人、车、物的位置信息显示在工厂控制中心，助力工厂高效率开展安全区域管控、人员在岗监控、车辆实时轨迹监控等工作。"5G+远程对刀"利用触碰式测距设备进行立车的自动化精确对刀，取代人工目测，大大降低了工伤风险。智能化应用于发电设备制造工厂人员安全生产行为分析检测、远程立车精准对刀等生产环节，提升了工厂安全监测水平。

3）提升能力和声誉，促进国际化合作

以东汽叶片分厂为代表的制造数字化车间形成了示范基地，显著提高我国离散型企业的管理水平和制造水平，促进了与通用电气、日立、三菱、阿尔斯通等国际著名跨国公司的合作，提升了国外市场份额和企业的核心竞争力。

10.3.3　成飞的数字化转型分析

1. 企业数字化战略

航空工业成飞按照"航空为本，军民结合"的发展战略，利用航空的先进技术积极开拓非航空产品市场，确立了军机、民机和非航空民品齐头并进的产业发展格局。按照"前瞻性、现实性、有所为有所不为、数字化发展"的原则，运用数字化技术改造传统产业，带动产业结构优化升级，促进成飞航空产品研发水平和制造能力提高，提升公司综合竞争力。

2. 成飞的数字化转型历程

成飞的数字化转型历程，如图 10-8 所示。

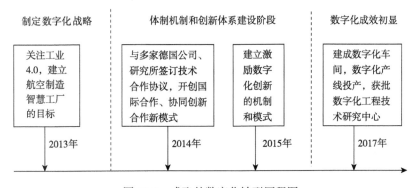

图 10-8　成飞的数字化转型历程图

3. 成飞数字化转型主要内容

1）数字化创新

航空工业成飞承担着重要国防武器装备的研制工作，面对新一轮技术革命的机遇，成飞公司实施创新驱动发展战略，以数字化创新管理机制为基础，深入推进科技创新机制改革，加强技术创新体系建设，打造创新型人才队伍，突破航空装备关键技术，全面贯彻设计制造一体化，着力提升数控技术研发能力。

第一，建立科技创新和产业协调发展机制。按照"前瞻性、现实性、有所为有所不为、数字化发展"的原则，"自主创新，加强基础，重点突破，引领发展"的指导方针，对公司的专业技术发展、科研条件建设和专业人才队伍建设进行规划指引。在事关国家安全和重大战略需求领域，在明确制约产业发展的若干关键技术领域，充分发挥国家重点工程、科技重大专项的引领和带动作用，实现先进制造领域核心技术重大突破。

第二，建立多维度科技创新驱动机制。以提升创新能力为切入点，创立科技创新成果奖励、专利奖励及合理的要素参与者分配创效奖励机制，对特殊贡献者给予重大奖励；加大对技术预先研究和重大技术攻关的奖励力度；制定技术创新成果评价办法；简化评价奖励流程，激发技术人员主动创新的热情。此外，设立"青年科技创新奖"，以充分激发青年科技人员技术创新、发明创造的热情。保持高创新投入，将不低于销售收入10%的资金投入科研创新，为科技创新活动提供有力经费保障。

第三，建立产学研协同创新模式。按照科技发展规划和科研课题立项指南，开展重点课题研究，与国内高校、研究院所和企业开展产学研合作190项，为公司各型号设备研制提供了强有力的技术支撑；与德国多家制造研究所和公司签订了技术合作协议，开创了国际协同创新合作的新模式。同时，建立科学的人才引进与培养机制。通过高端岗位人员的选配，提高博士研究生招聘比例；通过疏通各类人才成长渠道，拓宽和延伸科技人才职业发展通道；通过创建院士、专家工作站，博士后科研工作站，为高等人才提供优质科研环境，促进青年科技人才快速成长。

2）数字化管理

数字化管理技术手段使数控加工车间由传统人工管理方式向计算机信息化管理方式转变，缩短编制时间，经营管理更趋于合理化、精细化，提高了设备利用率和质量管理水平。建立智能制造生产管控系统，涵盖生产计划、采购供应管理、成品管理、库房管理、配送管理（材料、毛坯、零件、成品）、工装计划、送检交接管理等功能，实现了对整个生产过程的控制及闭环管理。

生产制造中采用数字化技术进行管理，推进电子文档管理，确保产品数据的一致性和图样、技术文件的安全性，保证了制造部门计算机文件和设计部门技术状态的一致性。实施计算机辅助生产管理,实现科学高效的生产组织和对生产现场进行全面的动态跟踪管理,促进生产管理模式的变革,提高了生产计划执行的准时率和产品装配的配套率。

3)数字化设计生产

成飞运用模型工艺设计,在数字样机的基础上实现了飞机整机的工艺分离与装配工位的划分,同时实现了三维环境下的装配工艺流程设计、三维工艺布局设计、零件加工工艺仿真、虚拟数字化工厂仿真,形成了完整的三维制造数据集。

在生产制造方面,成飞建成智能单元数十项,包括人机协同的智能蒙皮制造单元,实现制造数据分析、工艺参数自主敏捷决策、智能控制、多工位快速换模、自动上下料、数字化精密成形、切割、检测等功能。自动喷涂单元实现了蒙皮、钣金件、大部分机加件及起落架零件的自动化喷涂。三维智能投影 AR 辅助定位,实现了装配过程中连接件位置、规格及长度等相关信息在工件表面的直接投影显示。大部件自动对合系统,实现了部件自动推进及对合过程的实时监控。

建设智能数控加工及装配生产车间,以 MES、ERP、车间信息协同平台为信息源,并通过对生产过程数据实时采集分析,实现对生产、设备、物流信息的多维度、分层级管控,构建“数字孪生”车间,实现物理工厂与虚拟工厂中人、机、物、环境、信息等全要素相互映射、适时交互、高效协同。例如,成飞首条数字化柔性生产线,通过设备改造,配置机器人、机床系统升级等,开展加工原点自动找正、刀具寿命管理、加工过程监控等基础技术研究。该数字化柔性生产线成为国内首条面向航空结构件制造领域的全负荷运行生产线,为成飞抢占航空智能制造技术领域制高点创造条件。同时,数字化生产线的建设及应用,为后续开展智能生产线的推广建设工作,打造“黑灯工厂”,全面实现从“制造”到“智造”的跨越打下重要基础。

4. 成飞数字化转型路径

成飞组建数控+工厂为牵头单位的攻关团队,构建数字化制造体系,建设数字化工厂及数字化柔性生产线。其以数字化技术集成应用为基础,建立创新型研发组织结构,整合数控制造资源,突破飞机结构件数控制造关键技术,全面建立敏捷精益化数字化生产管理体系,培养和造就数控“三高”人才队伍,全面赋能数字化转型(图 10-9)。

5. 成飞数字化转型成效

1)数字化加快企业研发进程,研发成效显著

成飞数字化创新初见成效:①通过创新体系建设,现已初步建立数字化设计、制造、管理并行的工程体系,实施数字化和工业化的“两化”深度融合,开展基

于 MBD 的三位工艺规划设计等研究，突破基于构型管理的数字化系统设计、制造、数字化工艺设计与仿真、数字化工装设计与 VR 等多项关键技术。②通过建立数字化工艺设计集成环境，逐步实现工艺设计与加工制造过程的并行协同，通过 3C（CAD/CAPP/CAM①）集成技术、基础知识库技术、基于知识融合的快速编程技术等的深入应用，有效突破数控加工瓶颈技术问题，全面提升数控加工技术水平。③遵循"虚实结合、资源共享、上下协同"的原则，切实强化制造技术前瞻性研究，持续提升核心制造技术的优势。

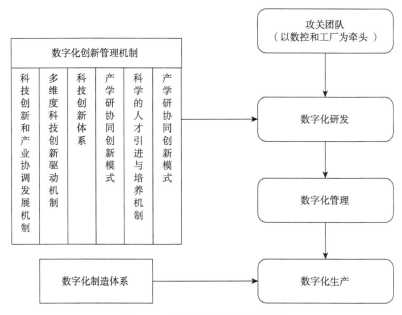

图 10-9　成飞数字化转型路径图

公司推进科技创新改革以来，科技创新水平处于国内前沿，已承担科技部、工信部、国家国防科技工业局等部门主管的重大课题 59 项，在高档数控机床与基础制造技术、材料国产化、新产品与新技术预研等方面取得丰硕成果，获得授权专利 296 项，其中发明专利 60 项，特别是发明专利——综合检测数控铣床精度的"S"形检测试件及其检测方法已正式成为国际标准；获得 36 项计算机软件著作权；制订企业标准 541 项、集团标准 111 项、国家军用及行业标准 32 项；获得 73 项上级科技成果奖励，其中国家级 1 项、省部级 17 项、集团科技奖 51 项、市级 1 项。

---

① CAD，计算机辅助设计；CAPP，计算机辅助工艺过程设计；CAM，计算机辅助制造。

2）生产效率、产品合格率大幅提升

智能生产线上，工人只需要提前在装卸区进行零件装卸，其余工作均由机器自动完成，减轻了人员劳动强度且节约了人力成本。在加工产品范围方面，生产线紧密围绕航空结构件多品种、小批量的生产特点，能够加工多种不同类型、不同材料的航空结构件。在生产柔性方面，可以灵活地对生产计划进行自适应安排，实现了生产计划的订单式管理。目前，该生产线已能够在工厂生产管控中心的统一调度下进行 24 小时自动化生产，设备平均利用率达到 85%，产品合格率达到 99.9%。

10.3.4　案例小结

1. 典型案例数字化转型影响因素

东汽和成飞数字化转型的主要影响因素如下（表 10-1）。

表 10-1　装备制造产业数字化转型影响因素

维度	东汽、成飞
技术	数字基础设施建设、数字创新能力、数字生产制造能力
组织	企业特征、数字战略、机制体系健全
环境	行业特征、政府政策支撑

其一，技术维度，包括数字基础设施建设、数字创新及数字生产制造能力。数字化技术的应用创新在企业数字化转型过程中产生了巨大影响。例如，东汽在数字化转型中十分重视基础数据的作用，通过建设数据系统和数据平台，系统化收集企业内各部门产生的数据，并将这些数据应用于企业研发、制造等环节，促进企业的数字化转型。

其二，组织维度，包括企业特征、数字战略及机制体系健全。成飞与东汽在前期的发展过程中积累了雄厚的实力与技术能力，为企业的数字化转型打下了良好的基础。同时，两者都将数字化转型放在了企业发展的重要位置。其中，成飞更是为了厘清企业数字化转型过程中的技术难题和人才问题，借助内外部资源，促进企业关键技术的创新攻关及"三高"人才培养，有效促进企业数字化转型。

其三，环境维度，主要包括行业特征和政府政策支撑。一方面，装备制造产业作为四川省五大支柱产业之一，受到各级政府的重视，各类利好政策与资金支持助力企业高速发展与数字化转型。另一方面，四川省政府大力支持企业的数字化创新和数字化转型，大力支持装备制造业共性技术研究，促进产学研协同发展及数字化技术落地，助力装备制造企业数字化转型。

2. 典型案例分析总结

综上，东汽和成飞数字化转型过程具有如下异同。

相同之处在于：①两者在组织战略上都十分重视企业的数字化转型，尤其是数字技术在企业中的应用创新；②两者都设立了特定的部门或团队助力企业的数字化转型；③两者都将数字化落实于企业价值链的各个环节，尤其关注企业生产制造环节的数字化转型；④数字化转型过程中善于向外界（政府、高校等）借力，促进企业数字化。

不同之处在于：两个企业在转型过程中的方法和侧重点有所不同。东汽更加重视企业中的各类数据收集与应用，通过建设数据平台，加速企业的数字化转型。成飞在数字化转型过程中则更加重视创新问题和人才培养问题，设计和完善创新机制，有效培养数字化人才和提升创新能力，解决数字化中的技术难点。

10.4 基于典型案例分析的数字化转型路径总结

10.4.1 四川省装备制造产业数字化转型路径分析

1. 路径一：以基础数据及平台为基础，推动全价值链数字化转型

东方汽轮机数字化以基础数据为突破口，建设以数据为基础的东汽数字化管理系统，搭建数据平台并不断优化和深化，推动企业从有数据到用数据转变，促进企业数字化转型（图 10-10）。

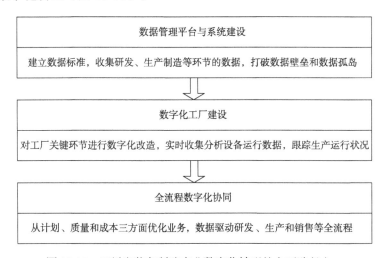

图 10-10 四川省装备制造产业数字化转型的主要路径之一

　　首先，建设数据管理系统及数据平台，数据管理系统和数据平台能够有效收集企业从研发、生产到顾客反馈的一系列数据，打破数据壁垒，为数据开发和使用提供坚实的基础，为企业数字化转型奠定基础。

　　其次，以数据为基础，建设数字化车间，通过实时获取设备生产状态，生产过程实时跟踪和信息采集，关键物料消耗信息实时采集分析，车间生产状态实时报送，实现企业生产流程数字化。

　　最后，有效落实从有数据到用数据的转变，提升数据使用能力，围绕计划、质量、成本三个方面对企业业务流程加以优化，构建数据应用系统，对管理、研发、生产、运维、客户服务等多方面进行数字化改造，促进企业数字化转型。

　　2. 路径二：健全各类数字化机制，促进企业数字化转型

　　成飞通过优化人才管理体系，加快企业内部创新，促进创新成果在生产活动中的应用落地，提高了企业整体数字化水平（图 10-11）。

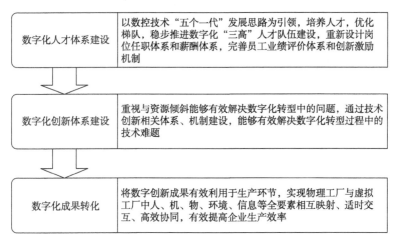

图 10-11　四川省装备制造产业数字化转型的主要路径之二

　　首先，通过优化人才队伍结构，主动适应数控技术及数字化技术发展需要，以数控技术"五个一代"发展思路为引领，培养人才，优化梯队，稳步推进数字化"三高"人才队伍建设，重新设计岗位任职体系和薪酬体系，完善员工业绩评价体系和创新激励机制，奠定数控制造能力提升的人才基础。

　　其次，建设技术创新体系，通过技术创新相关体系和机制建设，能够有效解决数字化转型过程中的技术难题，为企业数字化转型提供有力保障。

　　最后，完善生产体系，建设数字化工厂，提升生产数控程度，将数字化创新成果向产品转化，实现物理工厂与虚拟工厂中人、机、物、环境、信息等全要素相互映射、适时交互、高效协同，有效提高企业生产效率。

10.4.2 四川省装备制造产业数字化转型的重点与难点

1. 装备制造产业数字化转型重点

装备制造业数字化转型过程中的重点，一方面在于如何收集企业各个环节的数据，并促进这些数据在企业内各个部门进行流通和高效应用；另一方面在于如何解决数字化转型过程中的各类技术难题，打破技术壁垒对企业数字化转型的限制，促进企业数字化转型。

2. 装备制造产业数字化转型关键难点

装备制造产业数字化转型关键难点在于：①装备制造企业各类数据收集能力不高，缺乏有效的数据收集、整合、互通平台系统。②技术问题制约装备制造企业数字化转型的效率。③装备制造产业"三高"人才缺乏，数控等数字化生产过程中的应用受限，制约了装备制造企业数字化转型。④装备制造产业数字化成本高。⑤数字化转型风险高，导致装备制造企业数字化转型的意愿不强。

10.5 政策建议

10.5.1 推动数字化基础设施建设，支撑装备制造企业上云

其一，推动数字化基础设施建设，为企业数字化提供有力保障。数字基础设施是企业数字化转型的基础与保障，政府应加快数字基础设施重大工程建设，统筹构建高速、移动、安全、广泛的新一代数字基础设施，如工业互联网、云计算中心等，形成万物互联的网络空间格局，为装备制造业数字化打好基础。

其二，鼓励装备制造企业上云用平台，推动数字化。鼓励基础运营商降低各方面费用，降低装备制造企业上云门槛，支持装备制造企业将生产、运营中的关键环节向云平台迁移。

10.5.2 完善资金保障机制，推动装备制造企业数字化转型

其一，构建企业数字化项目专项补贴体系，为企业数字化提供有力资金保障。建设健全传统企业数字化转型重点项目资金扶持政策及代表型项目奖励政策，设立专项基金支持企业实施数字化、智能化技术的开发与改造。

其二，构建企业数字化转型项目专项贷款补贴体系，减轻企业数字化过程中的资金成本。开辟企业数字化转型过程中特殊的贷款通道，通过补贴降低企业数

字化转型项目的贷款利率，引入产业基金扩展融资渠道，有效解决企业资金紧缺和资金成本过高问题。

10.5.3　建设装备制造业企业集群，凸显龙头企业引领作用

其一，加快建设装备制造企业集群，推进企业数字化转型。企业集群及装备制造业产业园区的打造能够有效降低企业成本，促进企业间的信息交流与共性技术流通，有利于装备制造企业数字化发展。

其二，打造数字化装备制造龙头企业，凸显引领作用。通过龙头企业打造和宣传，为其他企业数字化转型提供可循路径，增强企业数字化转型意愿。

其三，加强装备制造业内各企业交流与合作，推广数字化整体解决方案与优秀案例，鼓励转型标杆企业向外赋能，提供数字化转型服务。

10.5.4　构建新型创新体系，推进装备制造业数字化转型

其一，促进产学研深入合作，为企业数字化提供技术保障。一方面，设立专项基金对共性关键技术问题进行研究，通过政策促进企业与高校共建实验室，攻克技术难点，促进数字化技术进步与落地。另一方面，建立跨行业的国家级装备制造应用开发创新中心，解决装备制造中的共性问题，提供公益性质的公共开发、测试和验证环境，发挥产业孵化器的推动作用。

其二，完善人才引进和人才保障制度，建好人才"引、育、留、用"机制，为企业数字化发展提供有力人才保障。一方面，吸引省外优秀人才来川就业，助力数字化建设；另一方面，将优秀人才留在四川，解决高端人才就业以外的生活问题，如住房、子女入学等。

参 考 文 献

[1] 习近平. 在第二届世界互联网大会开幕式上的讲话[EB/OL]. http://www.xinhuanet.com/
    politics/2015-12/16/c_1117481089.htm. 2015-12-16.

[2] 习近平出席 G20 工商峰会开幕式并发表主旨演讲[EB/OL]. http://politics.people.com.
    cn/n1/2016/0903/c1001-28689034.html. 2016-09-03.

[3] 新华社. 习近平出席全国网络安全和信息化工作会议并发表重要讲话[EB/OL]. http://www.
    gov.cn/xinwen/2018-04/21/content_5284783.htm. 2018-04-21.

[4] 求是网. 习近平: 不断做强做优做大我国数字经济 [EB/OL]. https://baijiahao.baidu.
    com/s?id=1722004223044990800&wfr=spider&for=pc. 2022-01-05.

[5] 刘鹏飞, 赫曦滢. 传统产业的数字化转型[J]. 人民论坛, 2018, (26): 87-89.

[6] 国务院发展研究中心课题组. 传统产业数字化转型的模式和路径[R]. 2018.

[7] 肖旭, 戚聿东. 产业数字化转型的价值维度与理论逻辑[J]. 改革, 2019, (8): 61-70.

[8] 吕铁. 传统产业数字化转型的趋向与路径[J]. 人民论坛·学术前沿, 2019, (18): 13-19.

[9] 李永红, 黄瑞. 我国数字产业化与产业数字化模式的研究[J]. 科技管理研究, 2019, 39(16):
    129-134.

[10] 肖荣美, 霍鹏. 加速产业数字化转型　促进经济高质量发展[J]. 信息通信技术与政策,
    2019, (9): 27-30.

[11] 中国科学院科技战略咨询研究院课题组. 产业数字化转型:战略与实践[M]. 北京:机械工业
    出版社, 2020.

[12] 陈晓红, 李杨扬, 宋丽洁, 等. 数字经济理论体系与研究展望[J]. 管理世界, 2022, 38 (2):
    208-224, 13-16.

[13] 谢康, 肖静华, 周先波, 等. 中国工业化与信息化融合质量:理论与实证[J]. 经济研究, 2012,
    47 (1): 4-16, 30.

[14] 张轶龙, 崔强. 中国工业化与信息化融合评价研究[J]. 科研管理, 2013, 34 (4): 43-49.

[15] 许轶旻, 孙建军. 江苏省企业信息化与工业化融合影响因素及实证研究[J]. 情报杂志,
    2012, 31 (5): 134-138, 165.

[16] 韩先锋, 惠宁, 宋文飞. 信息化能提高中国工业部门技术创新效率吗[J]. 中国工业经济,
    2014, (12): 70-82.

[17] 王晰巍，靖继鹏，杨晔. 信息化与工业化融合的基本理论及实证研究[J]. 情报科学，2009，27（11）：1649-1653，1683.

[18] 李君，邱君降. 2014—2019中国两化融合发展演进与进展成效研究[J]. 科技管理研究，2020，40（21）：175-184.

[19] 谢辉，李纲. 推动以数据为核心的数字经济加速发展[EB/OL]. https://theory.gmw.cn/2022-01/27/content_35477807.htm. 2022-01-27.

[20] 国家工业信息安全发展研究中心，两化融合服务联盟. 中国两化融合发展数据地图（2016）[R]. 北京：国家工业信息安全发展研究中心，2016.

[21] 国家工业信息安全发展研究中心，两化融合服务联盟. 中国两化融合发展数据地图（2020）[R]. 北京：国家工业信息安全发展研究中心，2020.

[22] 中国信息通信研究院. 中国数字经济发展白皮书（2021）[R]. 北京：中国信息通信研究院，2021.

[23] 刘戒骄，孙琴. 中国工业化百年回顾与展望：中国共产党的工业化战略[J]. China Economist，2021，16（5）：2-31.

[24] Boole G. An Investigation of the Laws of Thought：on which are Founded the Mathematical Theories of Logic and Probabilities[M]. London：Walton and Maberly，1854.

[25] Bounfour A. Digital Futures，Digital Transformation：From Lean Production to Acceluction[M]. Berlin: Springer International Publishing，2015.

[26] 黄丽华，朱海林，刘伟华，等. 企业数字化转型和管理：研究框架与展望[J]. 管理科学学报，2021，24（8）：26-35.

[27] 刘淑春，闫津臣，张思雪，等. 企业管理数字化变革能提升投入产出效率吗[J]. 管理世界，2021，37（5）：170-190，13.

[28] Li L，Su F，Zhang W，et al. Digital transformation by SME entrepreneurs：a capability perspective[J]. Information Systems Journal（Oxford，England），2018，28（6）：1129-1157.

[29] Wu L，Lou B，Hitt L. Data analytics supports decentralized innovation[J]. Management Science，2019，65（10）：4863-4877.

[30] 李健旋. 中国制造业智能化程度评价及其影响因素研究[J]. 中国软科学，2020，（1）：154-163.

[31] 周济. 智能制造——"中国制造2025"的主攻方向[J]. 中国机械工程，2015，26（17）：2273-2284.

[32] 李廉水，石喜爱，刘军. 中国制造业40年:智能化进程与展望[J]. 中国软科学，2019，（1）：1-9，30.

[33] 严子淳，李欣，王伟楠. 数字化转型研究:演化和未来展望[J]. 科研管理，2021，42（4）：21-34.

[34] 中国信通院产业与规划研究所，美团研究院. 中国生活服务业数字化发展报告（2020年）

[R]. 2020.

[35] 哈肯. 高等协同学[M]. 郭治安译. 北京：科学出版社，1989.

[36] 王兴明. 产业发展的协同体系分析——基于集成的观点[J]. 经济体制改革，2013，（5）：102-105.

[37] 马丽，李林，黄冕. 发达国家产业协同创新对中部区域产业创新的启示[J]. 科技进步与对策，2014，31（23）：33-37.

[38] 陈芳，眭纪刚. 新兴产业协同创新与演化研究:新能源汽车为例[J]. 科研管理，2015，36（1）：26-33.

[39] 原毅军，高康. 产业协同集聚、空间知识溢出与区域创新效率[J]. 科学学研究，2020，38（11）：1966-1975，2007.

[40] Nelson R R，Winter S G. An Evolutionary Theory of Economic Change[M]. Cambridge，Mass: Belknap Press of Harvard University Press，1982.

[41] Dosi G. Opportunities，incentives and the collective patterns of technological change[J]. Economic Journal，1997，107（44）：1530-1547.

[42] Setterfield M. Handbook of Alternative Theories of Economic Growth[M]. Gloucestershire: Edward Elgar Publishing，2010.

[43] 黄凯南，乔元波. 产业技术与制度的共同演化分析——基于多主体的学习过程[J]. 经济研究，2018，53（12）：161-176.

[44] Tornatzky L G，Fleischer M，Chakrabarti A K. Processes of Technological Innovation[M]. Lexington: Lexington Books，1990.

[45] 谭海波，范梓腾，杜运周. 技术管理能力、注意力分配与地方政府网站建设——一项基于 TOE 框架的组态分析[J]. 管理世界，2019，35（9）：81-94.

[46] Chen G，Kang H，Luna-Reyes L F. Key determinants of online fiscal transparency：a technology-organization-environment framework[J]. Public Performance ＆ Management Review，2019，42（3）：606-631.

[47] 韩娜娜. 中国省级政府网上政务服务能力的生成逻辑及模式——基于 31 省数据的模糊集定性比较分析[J]. 公共行政评论，2019，12（4）：82-100，191-192.

[48] 王君泽，宋小炯，杜洪涛. 基于解释结构模型的我国工业互联网实施影响因素研究[J]. 中国软科学，2020，（6）：30-41.

[49] Solow R M. A contribution to the theory of economic growth[J]. The Quarterly Journal of Economics，1956，70（1）：65-94.

[50] Romer P M. Increasing returns and long-run growth[J]. The Journal of Political Economy，1986，94（5）：1002-1037.

[51] 朱勇，张宗益. 技术创新对经济增长影响的地区差异研究[J]. 中国软科学，2005，（11）：92-98.

[52] 朱勇，吴易风. 技术进步与经济的内生增长——新增长理论发展述评[J]. 中国社会科学，1999，（1）：21-39.

[53] Su Y，An X. Application of threshold regression analysis to study the impact of regional technological innovation level on sustainable development[J]. Renewable & Sustainable Energy Reviews，2018，89：27-32.

[54] Witt U. How evolutionary is Schumpeter's theory of economic development?[J]. Industry and Innovation，2002，9（1/2）：7-22.

[55] Freeman C. Technology，Policy，and Economic Performance：Lessons from Japan[M]. London：Pinter Publishers，1987.

[56] Nelson R R. National Innovation Systems：A Comparative Analysis[M]. New York：Oxford University Press，1993.

[57] Porter M E. The competitive advantage of nations[M]. New York：Free Press，1990.

[58] North D C. Institutions，Institutional Change and Economic Performance[M]. New York：Cambridge University Press，1990.

[59] 柳卸林，高雨辰，丁雪辰. 寻找创新驱动发展的新理论思维——基于新熊彼特增长理论的思考[J]. 管理世界，2017，（12）：8-19.

[60] 沈琼，王少朋. 技术创新、制度创新与中部地区产业转型升级效率分析[J]. 中国软科学，2019，（4）：176-183.

[61] 赵玉林，谷军健. 制造业创新增长的源泉是技术还是制度?[J]. 科学学研究，2018，36（5）：800-812，912.

[62] 王希元. 创新驱动产业结构升级的制度基础——基于门槛模型的实证研究[J]. 科技进步与对策，2020，37（6）：102-110.

[63] 洪银兴. 论创新驱动经济发展战略[J]. 经济学家，2013，（1）：5-11.

[64] 程郁，陈雪. 创新驱动的经济增长——高新区全要素生产率增长的分解[J]. 中国软科学，2013，（11）：26-39.

[65] 张来武. 科技创新驱动经济发展方式转变[J]. 中国软科学，2011，（12）：1-5.

[66] 张来武. 论创新驱动发展[J]. 中国软科学，2013，（1）：1-5.

[67] 洪银兴. 关于创新驱动和协同创新的若干重要概念[J]. 经济理论与经济管理，2013，（5）：5-12.

[68] 辜胜阻，吴华君，吴沁沁，等. 创新驱动与核心技术突破是高质量发展的基石[J]. 中国软科学，2018，（10）：9-18.

[69] 白俊红，王林东. 创新驱动对中国地区经济差距的影响:收敛还是发散?[J]. 经济科学，2016，（2）：18-27.

[70] 王海燕，郑秀梅. 创新驱动发展的理论基础、内涵与评价[J]. 中国软科学，2017，（1）：41-49.

[71] 沈坤荣，曹扬. 以创新驱动提升经济增长质量[J]. 江苏社会科学，2017，（2）：50-55.

[72] 陶长琪，彭永樟. 从要素驱动到创新驱动：制度质量视角下的经济增长动力转换与路径选择[J]. 数量经济技术经济研究，2018，35（7）：3-21.

[73] 刘思明，张世瑾，朱惠东. 国家创新驱动力测度及其经济高质量发展效应研究[J]. 数量经济技术经济研究，2019，36（4）：3-23.

[74] 杨浩昌，李廉水，刘耀彬. 区域制造业创新驱动力评价及其差异研究[J]. 科学学研究，2021，39（10）：1908-1920.

[75] 潘宏亮. 创新驱动引领产业转型升级的路径与对策[J]. 经济纵横，2015，（7）：40-43.

[76] 张银银，邓玲. 创新驱动传统产业向战略性新兴产业转型升级:机理与路径[J]. 经济体制改革，2013，（5）：97-101.

[77] 纪玉俊，李超. 创新驱动与产业升级——基于我国省际面板数据的空间计量检验[J]. 科学学研究，2015，33（11）：1651-1659.

[78] 王海兵，杨蕙馨. 创新驱动与现代产业发展体系——基于我国省际面板数据的实证分析[J]. 经济学（季刊），2016，15（4）：1351-1386.

[79] 张亚明，宋雯婕，武晓涵，等. 科技创新驱动产业升级的多重并发因果关系与多元路径[J]. 科研管理，2021，42（12）：19-28.

[80] 郑威，陆远权. 创新驱动对产业结构升级的溢出效应及其衰减边界[J]. 科学学与科学技术管理，2019，40（9）：75-87.

[81] Coad A，Rao R. Innovation and firm growth in "complex technology" sectors：a quantile regression approach[J]. Cahiers De La Maison DES Sciences Economiques，2006，37（4）：633-648.

[82] 邱国栋，马巧慧. 企业制度创新与技术创新的内生耦合——以韩国现代与中国吉利为样本的跨案例研究[J]. 中国软科学，2013，（12）：94-113.

[83] 吴晓怡，张雅静. 中国数字经济发展现状及国际竞争力[J]. 科研管理，2020，41（5）：250-258.

[84] 汪阳洁，唐湘博，陈晓红. 新冠肺炎疫情下我国数字经济产业发展机遇及应对策略[J]. 科研管理，2020，41（6）：157-171.

[85] 马化腾，孟昭莉，闫德利，等. 数字经济：中国创新增长新动能[M]. 北京：中信出版集团，2017.

[86] 王彬燕，田俊峰，程利莎，等. 中国数字经济空间分异及影响因素[J]. 地理科学，2018，38（6）：859-868.

[87] 张勋，万广华，张佳佳，等. 数字经济、普惠金融与包容性增长[J]. 经济研究，2019，54（8）：71-86.

[88] 毛光烈. 工业数字化工程的内涵剖析及体系建构研究[J]. 杭州电子科技大学学报（社会科学版），2020，（1）：1-6.

[89] 易明，李奎. 信息化与工业化融合的模式选择及政策建议[J]. 宏观经济研究，2011，（9）：80-86.

[90] 任毅，东童童. 工业化与信息化融合发展述评及其引申[J]. 改革，2015，（7）：47-56.

[91] 焦勇，王韧，李成友. 基础设施如何影响中国信息化与工业化融合[J]. 宏观经济研究，2019，（10）：130-143.

[92] 杨蕙馨，焦勇，陈庆江. 两化融合与内生经济增长[J]. 经济管理，2016，38（1）：1-9.

[93] 吕文晶，陈劲，刘进. 工业互联网的智能制造模式与企业平台建设——基于海尔集团的案例研究[J]. 中国软科学，2019，（7）：1-13.

[94] 王媛媛，张华荣. G20国家智能制造发展水平比较分析[J]. 数量经济技术经济研究，2020，37（9）：3-23.

[95] 毛友芳. 因子分析法下全国智能制造竞争力评价体系的构建与分析[J]. 技术与创新管理，2020，41（1）：83-90.

[96] 孟凡生，赵刚. 传统制造向智能制造发展影响因素研究[J]. 科技进步与对策，2018，35（1）：66-72.

[97] 戚聿东，蔡呈伟. 数字化对制造业企业绩效的多重影响及其机理研究[J]. 学习与探索，2020，（7）：108-119.

[98] Luo X，Zhang W，Li H，et al. Cloud computing capability：its technological root and business impact[J]. Journal of Organizational Computing and Electronic Commerce，2018，28（3）：193-213.

[99] Tang C，Huang T C，Wang S. The impact of internet of things implementation on firm performance[J]. Telematics and Informatics，2018，35（7）：2038-2053.

[100] 王雪冬，聂彤杰，孟佳佳. 政治关联对中小企业数字化转型的影响——政策感知能力和市场感知能力的中介作用[J]. 科研管理，2022，43（1）：134-142.

[101] 蔡跃洲. 中国共产党领导的科技创新治理及其数字化转型——数据驱动的新型举国体制构建完善视角[J]. 管理世界，2021，37（8）：30-46.

[102] 余维臻，刘娜. 政府如何在数字创新中扮演好角色[J]. 科学学研究，2021，39（1）：139-148.

[103] Reischauer G. Industry 4.0 as policy-driven discourse to institutionalize innovation systems in manufacturing[J]. Technological Forecasting and Social Change，2018，132：26-33.

[104] 许恒，张一林，曹雨佳. 数字经济、技术溢出与动态竞合政策[J]. 管理世界，2020，36（11）：63-84.

[105] 黄群慧. 论中国工业的供给侧结构性改革[J]. 中国工业经济，2016，（9）：5-23.

[106] 刘淑春. 中国数字经济高质量发展的靶向路径与政策供给[J]. 经济学家，2019，（6）：52-61.

[107] 梁琦，肖素萍，李梦欣. 数字经济发展、空间外溢与区域创新质量提升——兼论市场化的门槛效应[J]. 上海经济研究，2021，（9）：44-56.

[108] 陈爽英，雷波，冯海红. 发达地区和欠发达地区工业数字化的组态路径——基于"技术-组织-环境"的理论框架分析[J]. 科学学研究，2022，40（3）：410-419，453.

[109] 杨贤宏，宁致远，向海凌，等. 地方经济增长目标与企业数字化转型——基于上市企业年

报文本识别的实证研究[J]. 中国软科学, 2021, (11): 172-184.

[110] 曾德麟, 蔡家玮, 欧阳桃花. 数字化转型研究: 整合框架与未来展望[J]. 外国经济与管理, 2021, 43 (5): 63-76.

[111] 池仁勇, 郑瑞钰, 阮鸿鹏. 企业制造过程与商业模式双重数字化转型研究[J]. 科学学研究, 2022, 40 (1): 172-181.

[112] 李婉红, 王帆. 智能化转型、成本粘性与企业绩效——基于传统制造企业的实证检验[J]. 科学学研究, 2022, 40 (1): 91-102.

[113] 肖静华, 吴瑶, 刘意, 等. 消费者数据化参与的研发创新——企业与消费者协同演化视角的双案例研究[J]. 管理世界, 2018, 34 (8): 154-173, 192.

[114] Yoo Y, Henfridsson O, Lyytinen K. Research commentary—the new organizing logic of digital innovation: an agenda for information systems research[J]. Information Systems Research, 2010, 21 (4): 724-735.

[115] Teece D J. Profiting from innovation in the digital economy: enabling technologies, standards, and licensing models in the wireless world[J]. Research Policy, 2018, 47 (8): 1367-1387.

[116] 赵宸宇. 数字化发展与服务化转型——来自制造业上市公司的经验证据[J]. 南开管理评论, 2021, 24 (2): 149-163.

[117] Ragesh G K, Baskaran K. Cryptographically enforced data access control in personal health record systems[J]. Procedia Technology, 2016, 25: 473-480.

[118] Stone D L, Deadrick D L, Lukaszewski K M, et al. The influence of technology on the future of human resource management[J]. Human Resource Management Review, 2015, 25 (2): 216-231.

[119] Carlson J R, Carlson D S, Zivnuska S, et al. Applying the job demands resources model to understand technology as a predictor of turnover intentions[J]. Computers in Human Behavior, 2017, 77: 317-325.

[120] 李廉水, 鲍怡发, 刘军. 智能化对中国制造业全要素生产率的影响研究[J]. 科学学研究, 2020, 38 (4): 609-618, 722.

[121] 刘亮, 刘军, 李廉水, 等. 智能化发展能促进中国全球价值链攀升吗?[J]. 科学学研究, 2021, 39 (4): 604-613.

[122] 陈修颖, 苗振龙. 数字经济增长动力与区域收入的空间分布规律[J]. 地理学报, 2021, 76 (8): 1882-1894.

[123] 孙早, 侯玉琳. 工业智能化如何重塑劳动力就业结构[J]. 中国工业经济, 2019, (5): 61-79.

[124] 赵涛, 张智, 梁上坤. 数字经济、创业活跃度与高质量发展——来自中国城市的经验证据[J]. 管理世界, 2020, 36 (10): 65-76.

[125] 孔高文, 刘莎莎, 孔东民. 机器人与就业——基于行业与地区异质性的探索性分析[J]. 中国工业经济, 2020, (8): 80-98.

[126] 韩民春, 韩青江, 夏蕾. 工业机器人应用对制造业就业的影响——基于中国地级市数据的实证研究[J]. 改革, 2020, (3): 22-39.

[127] Li X. China's regional innovation capacity in transition: an empirical approach[J]. Research Policy, 2009, 38 (2): 338-357.

[128] Kim T Y, Kim E, Rark J, et al. The Faster-Accelerating Digital Economy[C]//Kim T Y, Heshmati A. Economic Growth. Berlin: Springer, 2014: 163-191.

[129] Wang Y S, Li H T, Li C R, et al. Factors affecting hotels' adoption of mobile reservation systems: a technology-organization-environment framework[J]. Tourism Management, 2016, 53 (4): 163-172.

[130] 陈思丞, 孟庆国. 领导人注意力变动机制探究——基于毛泽东年谱中 2614 段批示的研究 [J]. 公共行政评论, 2016, 9 (3): 148-176, 189-190.

[131] 袁宏伟. 数字经济与实体经济深度融合[J]. 企业管理, 2020, (1): 24-25.

[132] 杜运周, 贾良定. 组态视角与定性比较分析(QCA): 管理学研究的一条新道路[J]. 管理世界, 2017, 33 (6): 155-167.

[133] Fiss P C. Building better causal theories: a fuzzy set approach to typologies in organization research[J]. Academy of Management Journal, 2011, 54 (2): 393-420.

[134] Guan J, Liu S. Comparing regional innovative capacities of PR China based on data analysis of the national patents[J]. International Journal of Technology Management, 2005, 32 (3/4): 225-245.

[135] 张国兴, 高秀林, 汪应洛, 等. 中国节能减排政策的测量、协同与演变——基于 1978-2013 年政策数据的研究[J]. 中国人口·资源与环境, 2014, 24 (12): 62-73.

[136] Gil-Garcia J R, Dawes S S, Pardo T A. Digital government and public management research: finding the crossroads[J]. Public Management Review, 2018, 20 (5): 633-646.

[137] Chen Y, Li H, Zhou L. Relative performance evaluation and the turnover of provincial leaders in China[J]. Economics Letters, 2005, 88 (3): 421-425.

[138] Ragin C C. Redesigning Social Inquiry: Fuzzy Sets and Beyond[M]. Chicago: University of Chicago Press, 2008.

[139] 周源. 制造范式升级期共性使能技术扩散的影响因素分析与实证研究[J]. 中国软科学, 2018, (1): 19-32.

[140] 李君, 邱君降, 成雨. 工业企业数字化转型过程中的业务综合集成现状及发展对策[J]. 中国科技论坛, 2019, (7): 113-118.

[141] 刘刚, 张昕蔚. 欠发达地区数字经济发展的动力和机制研究——以贵州省数字经济发展为例[J]. 经济纵横, 2019, (6): 88-100.

[142] 马书琴, 李卓昇. 我国信息化与工业化深度融合的影响因素及变化机制分析[J]. 情报科学, 2020, 38 (6): 38-43.

[143] 沈运红，黄桁. 数字经济水平对制造业产业结构优化升级的影响研究——基于浙江省 2008—2017 年面板数据[J]. 科技管理研究，2020，40（3）：147-154.

[144] 黄浩. 互联网驱动的产业融合——基于分工与纵向整合的解释[J]. 中国软科学，2020，（3）：19-31.

[145] 孟德友，李小建，陆玉麒，等. 长江三角洲地区城市经济发展水平空间格局演变[J]. 经济地理，2014，34（2）：50-57.

[146] 吴俊，姜尚杨帆，李晓华. 我国区域 5G 产业政策比较研究——基于政策目标、工具和执行的分析[J]. 情报杂志，2020，39（6）：104-112.

[147] Ma L. The diffusion of government microblogging: evidence from Chinese municipal police bureaus[J]. Public Management Review，2013，15（2）：288-309.

[148] 张森，温军，刘红. 数字经济创新探究：一个综合视角[J]. 经济学家，2020，（2）：80-87.

[149] 孟凡生，赵刚. 创新柔性对制造企业智能化转型影响机制研究[J]. 科研管理，2019，40（4）：74-82.

[150] 任本燕. 基于创新驱动背景下的数字经济发展路径研究[J]. 经营与管理，2020，（4）：6-9.

[151] 由雷，李修全. "数字经济"背景下的地区创新驱动发展模式研究——以北京市为例[J]. 中国经贸导刊（理论版），2018，（8）：36-39.

[152] 刘军，曹雅茹，鲍怡发，等. 制造业智能化对收入差距的影响研究[J]. 中国软科学，2021，（3）：43-52.

[153] 焦勇. 数字经济赋能制造业转型：从价值重塑到价值创造[J]. 经济学家，2020，（6）：87-94.

[154] 何帆，刘红霞. 数字经济视角下实体企业数字化变革的业绩提升效应评估[J]. 改革，2019，（4）：137-148.

[155] 康瑾，陈凯华. 数字创新发展经济体系:框架、演化与增值效应[J]. 科研管理，2021，42（4）：1-10.

[156] 梁向东，阳柳. 国家自主创新示范区创新驱动效率测度及政策评价[J]. 中国软科学，2021，（7）：131-142.

[157] 邵宜航，张朝阳，刘雅南，等. 社会分层结构与创新驱动的经济增长[J]. 经济研究，2018，53（5）：42-55.

[158] 周柯，唐娟莉. 我国省际创新驱动发展能力测度及影响因素分析[J]. 经济管理，2016，38（7）：24-34.

[159] 解学芳，臧志彭. 制度、技术创新协同与网络文化产业治理——基于 2000—2011 年的实证研究[J]. 科学学与科学技术管理，2014，35（3）：31-41.

[160] 白俊红，王林东. 创新驱动是否促进了经济增长质量的提升?[J]. 科学学研究，2016，34（11）：1725-1735.

[161] 杨晶，李哲，康琪. 数字化转型对国家创新体系的影响与对策研究[J]. 研究与发展管理，2020，32（6）：26-38.

[162] 王俊豪，周晟佳. 中国数字产业发展的现状、特征及其溢出效应[J]. 数量经济技术经济研究，2021，38（3）：103-119.

[163] 王和勇，姜观尚. 我国区域制造业数字化转型测度及其影响机制[J]. 科技管理研究，2022，42（2）：192-200.

[164] 国务院发展研究中心"我国数字经济发展与政策研究"课题组，马名杰，田杰棠，等. 我国制造业数字化转型的特点、问题与对策[J]. 发展研究，2019，（6）：9-13.

[165] 唐松，伍旭川，祝佳. 数字金融与企业技术创新——结构特征、机制识别与金融监管下的效应差异[J]. 管理世界，2020，36（5）：52-66，9.

[166] 汤临佳，郑伟伟，池仁勇. 智能制造创新生态系统的功能评价体系及治理机制[J]. 科研管理，2019，40（7）：97-105.

[167] 国家工业信息安全发展研究中心，中国两化融合服务联盟. 中国两化融合发展数据地图（2017）[R]. 北京：国家工业信息安全发展研究中心，2017.

[168] 国家工业信息安全发展研究中心，两化融合服务联盟. 中国两化融合发展数据地图（2018）[R]. 北京：国家工业信息安全发展研究中心，2018.

[169] 张明，蓝海林，陈伟宏，等. 殊途同归不同效：战略变革前因组态及其绩效研究[J]. 管理世界，2020，36（9）：168-186.

[170] Trajtenberg M. Economic Analysis of Product Innovation：the Case of CT Scanners[M]. Cambridge MA：The Harvard University Press，1990：125-225.

[171] 柏玲，姜磊，赵本福. 金融发展体系、技术创新产出能力及转化——来自省域动态面板数据的实证[J]. 产经评论，2013，4（1）：15-25.

[172] 章文光，Ji Lu，Laurette Dubé. 融合创新及其对中国创新驱动发展的意义[J]. 管理世界，2016，（6）：1-9.

[173] 孙早，刘李华，孙亚政. 市场化程度、地方保护主义与R&D的溢出效应——来自中国工业的经验证据[J]. 管理世界，2014，（8）：78-89.

[174] 郑万腾，赵红岩，范宏. 数字金融发展对区域创新的激励效应研究[J]. 科研管理，2021，42（4）：138-146.

[175] 张梦婷，钟昌标. 要素市场、制度与创新[J]. 南开经济研究，2015，（6）：54-65.

[176] 杜运周，李佳馨，刘秋辰，等. 复杂动态视角下的组态理论与QCA方法：研究进展与未来方向[J]. 管理世界，2021，37（3）：180-197，12-13.

[177] 杜运周，刘秋辰，程建青. 什么样的营商环境生态产生城市高创业活跃度？——基于制度组态的分析[J]. 管理世界，2020，36（9）：141-155.

[178] Dul J. Necessary condition analysis（NCA）：logic and methodology of "necessary but not sufficient" causality[J]. Organizational Research Methods，2016，19（1）：10-52.